Helga Worm
Die rechtliche Verantwortlichkeit der Richter des Bundesverfassungsgerichts

R. v. Decker's
rechts- und sozialwissenschaftliche Abhandlungen

Band 38

Die rechtliche Verantwortlichkeit der Richter des Bundesverfassungsgerichts

von

Helga Worm

R. v. Decker's Verlag, G. Schenck
Heidelberg 1988

Dr. jur. *Helga Worm,* geboren 1957, Studium der Rechtswissenschaft in Heidelberg, erstes und zweites juristisches Staatsexamen Dezember 1981 und Januar 1985 (Heidelberg bzw. Stuttgart), wissenschaftliche Mitarbeiterin am Lehrstuhl für öffentliches Recht und Völkerrecht der Universität Heidelberg.

Gedruckt mit Unterstützung des Förderungs- und Beihilfefonds Wissenschaft der VG Wort.

CIP-Titelaufnahme der Deutschen Bibliothek

Worm, Helga:
Die rechtliche Verantwortlichkeit der Richter des Bundesverfassungsgerichts / Helga Worm. —
Heidelberg: v. Decker, 1988
  (R. v[on] Decker's rechts- und sozialwissenschaftliche Abhandlung;
  Bd. 38)
  Zugl.: Heidelberg, Univ., Diss., 1988
  ISBN 3-7685-0288-0
NE: GT

© 1988 R. v. Decker's Verlag, G. Schenck GmbH, Heidelberg
Satz: Roman Leipe GmbH, 6729 Hagenbach
Druck: Gulde Druck, 7400 Tübingen
ISBN 3-7685-0288-0

Vorwort

Die vorliegende Abhandlung ist von der Juristischen Fakultät der Ruprecht-Karls-Universität Heidelberg im Sommersemester 1987 als Dissertation angenommen worden. Mein aufrichtiger Dank gilt meinem verehrten akademischen Lehrer, Herrn Professor Dr. Karl Doehring, der mich über die Betreuung der Dissertation hinaus stets in großzügiger Weise gefördert hat. Frau Hannelore Körner sei an dieser Stelle für ihren Einsatz bei der maschinenschriftlichen Abfassung des Manuskripts gedankt.

Der Verwertungsgesellschaft „Wort" sowie der Juristischen Fakultät der Ruprecht-Karls-Universität habe ich für die Gewährung eines Druckkostenzuschusses zu danken, dem Verlag für die Aufnahme in seine Schriftenreihe.

Das Manuskript wurde im Dezember 1986 abgeschlossen.

Heidelberg, Dezember 1987 *Helga Worm*

Inhaltsverzeichnis

Vorwort V
Abkürzungsverzeichnis XI
Einleitung 1

Teil 1 Verfassungsgerichtsbarkeit und Politik 3
  A. *Keine politische Verantwortlichkeit der Verfassungsgerichtsbarkeit* 3
  B. *Keine politische Verantwortung der Verfassungsgerichtsbarkeit* ... 4
    I. Funktion der Verfassungsgerichtsbarkeit — historische Betrachtung (Preußen/USA) 5
    II. Staatsrechtslehre unter der Geltung der Verfassung des Deutschen Reichs von 1919 5
    III. Staatsrechtslehre unter der Geltung des Grundgesetzes 7
    IV. Gerichtscharakter des Bundesverfassungsgerichts 9
    V. Ergebnis und Abgrenzung der weiteren Untersuchung 10

Teil 2 Rechtliche Verantwortlichkeit der Richter des Bundesverfassungsgerichts für ihre Amtsführung 12
  A. *Richterliche Unabhängigkeit* 12
    I. Sachliche Unabhängigkeit 12
    II. Persönliche Unabhängigkeit 12
    III. Richterliche Unabhängigkeit und § 105 BVerfGG 13
  B. *Die spezielle verfassungsrechtliche Funktion des § 105 BVerfGG* .. 19
  C. *Die Tatbestände des § 105 BVerfGG* 22
    I. Dauernde Dienstunfähigkeit (§ 105 Abs. 1 Nr. 1 BVerfGG) 22
    II. Rechtskräftige Verurteilung zu einer Freiheitsstrafe von mehr als sechs Monaten (§ 105 Abs. 1 Nr. 2, 2. Alt. BVerfGG) 24
      1. Pflichtwidrigkeiten im Rahmen spezifisch richterlicher Tätigkeit 24
        a) Strafrechtliches Haftungsprivileg 24
        b) Strafrechtliche Verantwortlichkeit und Gewaltenteilungsgrundsatz 26
        c) Die Verwirklichung des Straftatbestandes der Rechtsbeugung (§ 336 StGB) 27
          aa) „Rechtssachen" im Sinne des § 336 StGB 27
            (1) Organstreitverfahren (Art. 93 Abs. 1 Nr. 1 GG) 29

(2) Abstrakte Normenkontrolle
(Art. 93 Abs. 1 Nr. 2 GG) 31
(3) Bund-Länder-Streitigkeiten
(Art. 93 Abs. 1 Nr. 3; Nr. 4, 1. Alt. GG) 33
(4) Streitigkeiten zwischen Bundesländern
(Art. 93 Abs. 1 Nr. 4, 2. Alt. GG) 35
(5) Streitigkeiten innerhalb eines Landes
(Art. 93 Abs. 1 Nr. 4, 3. Alt. GG) 36
(6) Individualrechtliche Verfassungsbeschwerde
(Art. 93 Abs. 1 Nr. 4a GG) 38
(7) Kommunalrechtliche Verfassungsbeschwerde
(Art. 93 Abs. 1 Nr. 4b GG) 41
(8) Sonstige Zuständigkeiten kraft Grundgesetz
(Art. 93 Abs. 1 Nr. 5 GG) 43
 (a) Verwirkung von Grundrechten
 (Art. 18 Satz 2 GG) 44
 (b) Verbot einer politischen Partei
 (Art. 21 Abs. 2 Satz 2 GG) 46
 (c) Wahlprüfungsverfahren (Art. 41 Abs. 2 GG), Verfahren gemäß Art. 29 Abs. 6 Satz 2 Hlbs. 1 GG, §§ 14 Abs. 3 Satz 2, 36 Abs. 4 Satz 2 des Gesetzes zu Art. 29 Abs. 6 GG sowie Verfahren gemäß Art. 93 Abs. 2 GG, § 26 Abs. 3 Satz 1 EuWG 47
 (d) Präsidenten- und Richteranklage
 (Art. 61, 98 Abs. 2 GG) 49
 (e) Verfahren wegen Mängelrüge bei Ausführung der Bundesgesetze in den Ländern
 (Art. 84 Abs. 4 Satz 2 GG) 50
 (f) Verfassungsstreitigkeiten innerhalb eines Landes
 (Art. 99 GG) 51
 (g) Konkrete Normenkontrolle (Art. 100 Abs. 1 GG), Verfahren bei Zweifeln über Bestand, Inhalt oder Reichweite von Völkerrechtsregeln (Art. 100 Abs. 2 GG) und die aufgrund Divergenzvorlage eingeleiteten Verfahren (Art. 100 Abs. 3 GG) 51
 (h) Verfahren wegen Meinungsverschiedenheiten über die Fortgeltung vorkonstitutionellen Rechts
 (Art. 126 GG) 54
(9) Sonstige durch Bundesgesetz zugewiesene Fälle
(Art. 93 Abs. 2 GG) 55
 (a) Einfachgesetzlich geregelte Verfahren 56
 (b) Insbesondere § 105 BVerfGG 57
(10) Einstweilige Anordnung
(Art. 94 Abs. 2 GG, § 32 BVerfGG) 60
(bb) Tathandlung 62

Zwischenergebnis zu c) 66

      2. Pflichtwidrigkeiten bei Gelegenheit der Amtsführung 66
  III. Rechtskräftige Verurteilung wegen einer entehrenden Handlung
      (§ 105 Abs. 1 Nr. 2, 1. Alt. BVerfGG) 67
      1. Pflichtwidrigkeiten im Rahmen spezifisch richterlicher
         Tätigkeit 67
      2. Pflichtwidrigkeiten bei Gelegenheit der Amtsführung 69
  IV. Grobe Pflichtverletzung, die ein Verbleiben im Amt ausschließt
      (§ 105 Abs. 1 Nr. 2, 3. Alt. BVerfGG) 72
      1. Die Pflichtenstellung der Richter des Bundesverfassungs-
         gerichts 73
         a) Die Pflichten der Richter des Bundesverfassungsgerichts nach
            dem Deutschen Richtergesetz 76
         b) Die Pflichten der Richter des Bundesverfassungsgerichts nach
            dem Bundesbeamtengesetz 81
      2. Der Beurteilungsmaßstab für die Anwendung des § 105 Abs. 1
         Nr. 2, 3. Alt. BVerfGG 83
Zwischenergebnis zu IV 87
Zusammenfassung von Teil 2 88

**Teil 3   Rechtliche Verantwortlichkeit der Richter des Bundesverfassungs-
gerichts für ihr Verhalten außerhalb der Amtsführung** 90

  A. *Die Tatbestände des § 105 Abs. 1 Nr. 2 BVerfGG* 90
    I. Rechtskräftige Verurteilung zu einer Freiheitsstrafe von mehr als
      sechs Monaten (§ 105 Abs. 1 Nr. 2, 2. Alt. BVerfGG) 90
   II. Rechtskräftige Verurteilung wegen einer entehrenden Handlung
      (§ 105 Abs. 1 Nr. 2, 1. Alt. BVerfGG) 91
  III. Grobe Pflichtverletzung, die ein Verbleiben im Amt ausschließt
      (§ 105 Abs. 1 Nr. 2, 3. Alt. BVerfGG) 92
      1. Die Pflichtenstellung der Richter des Bundesverfassungsge-
         richts 93
         a) Die Pflichten der Richter des Bundesverfassungsgerichts nach
            dem Deutschen Richtergesetz 93
         b) Die Pflichten der Richter des Bundesverfassungsgerichts nach
            dem Bundesbeamtengesetz 94
      2. Der Beurteilungsmaßstab für die Anwendung des § 105 Abs. 1
         Nr. 2, 3. Alt. BVerfGG 96
Zusammenfassung von Teil 3 96

Teil 4   Das Entlassungsverfahren nach § 105 BVerfGG 97

  A. *Das Verfahren im formellen Sinne* 97
  B. *Die Ermessensentscheidung des Bundesverfassungsgerichts* 98
  C. *Die Kompetenz des Bundespräsidenten* 99
    I. Zur Frage der formellen Prüfungskompetenz 102
   II. Zur Frage der materiellen Prüfungskompetenz 104

Zusammenfassung von Teil 4 110

Teil 5 Ergebnisse in Thesen 112

Literaturverzeichnis 115

Abkürzungsverzeichnis

AöR	Archiv des öffentlichen Rechts
ArbGG	Arbeitsgerichtsgesetz
BayVGH	Bayerischer Verwaltungsgerichtshof
BBahnG	Bundesbahngesetz
BBG	Bundesbeamtengesetz
BDO	Bundesdisziplinarordnung
BG BW	Beamtengesetz Baden-Württemberg
BGBl.	Bundesgesetzblatt
BGH	Bundesgerichtshof
BGHSt	Entscheidungen des Bundesgerichtshofes in Strafsachen
BGHZ	Entscheidungen des Bundesgerichtshofes in Zivilsachen
BRRG	Rahmengesetz zur Vereinheitlichung des Beamtenrechts (Beamtenrechtsrahmengesetz)
BSG	Bundessozialgericht
BT-Drucks.	Drucksachen des Deutschen Bundestages
BVerfG	Bundesverfassungsgericht
BVerfGE	Entscheidungen des Bundesverfassungsgerichts
BVerfGG	Gesetz über das Bundesverfassungsgericht (Bundesverfassungsgerichtsgesetz)
BVerwG	Bundesverwaltungsgericht
DÖV	Die Öffentliche Verwaltung
DRiG	Deutsches Richtergesetz
DRiZ	Deutsche Richterzeitung
DVBl.	Deutsches Verwaltungsblatt
EuGRZ	Europäische Grundrechte-Zeitschrift
EuWG	Europawahlgesetz
FAZ	Frankfurter Allgemeine Zeitung
FGO	Finanzgerichtsordnung
GA	Goltdammer's Archiv für Strafrecht
GG	Grundgesetz
GVG	Gerichtsverfassungsgesetz
HA	Hauptausschuß des Parlamentarischen Rates
HE St	Höchstrichterliche Entscheidungen in Strafsachen
JA	Juristische Arbeitsblätter
JöR	Jahrbuch des öffentlichen Rechts der Gegenwart
JR	Juristische Rundschau
JuS	Juristische Schulung
JW	Juristische Wochenschrift
JZ	Juristenzeitung

MDR	Monatsschrift für Deutsches Recht
NJW	Neue Juristische Wochenschrift
NStZ	Neue Zeitschrift für Strafrecht
OHG BrZ	Oberster Gerichtshof für die Britische Zone
OLG	Oberlandesgericht
OVG	Oberverwaltungsgericht
OVGE	Entscheidungen der Oberverwaltungsgerichte für das Land Nordrhein-Westfalen in Münster sowie für die Länder Niedersachsen und Schleswig-Holstein in Lüneburg
ParteiG	Gesetz über die politischen Parteien (Parteiengesetz)
RG	Reichsgericht
RGSt	Entscheidungen des Reichsgerichts in Strafsachen
RGZ	Entscheidungen des Reichsgerichts in Zivilsachen
RiG BW	Richtergesetz Baden-Württemberg
SGG	Sozialgerichtsgesetz
SJZ	Süddeutsche Juristenzeitung
StGB	Strafgesetzbuch
StPO	Strafprozeßordnung
VerwRspr.	Verwaltungsrechtsprechung in Deutschland
VVDStRL	Veröffentlichungen der Vereinigung der Deutschen Staatsrechtslehrer
VwGO	Verwaltungsgerichtsordnung
WRV	Verfassung des Deutschen Reiches vom 11. 8. 1919 (Weimarer Reichsverfassung)
ZPO	Zivilprozeßordnung
ZRP	Zeitschrift für Rechtspolitik
ZSchwR	Zeitschrift für Schweizerisches Recht

Einleitung

Das Bundesverfassungsgericht, das am 7. September 1951 in Karlsruhe seine Arbeit aufnahm, entscheidet über Fragen des Verfassungslebens mit einer aus historischer wie aus rechtsvergleichender Sicht einzigartigen Kompetenzfülle[1]. Seiner Judikatur kommt ein bis dahin unbekanntes Ausmaß an politischem Gewicht zu, auch wenn, wie gezeigt werden wird, es sich nach der Konzeption des Grundgesetzes um ein Organ der Rechtsprechung handelt. Wohl aus diesem Grund[2] werden denn auch die Probleme verfassungsgerichtlicher Fälle in der Öffentlichkeit, in Presse, Fernsehen und Rundfunk ebenso heftig diskutiert wie die dann ergehenden Entscheidungen. Doch nicht nur die verfassungsgerichtlichen Judikate erzeugen derartige Wirkungen, auch literarische Äußerungen der Verfassungsrichter oder deren Stellungnahmen zu tagespolitischen Themen rufen in nicht minderem Maße Zustimmung oder Kritik hervor. Als Beispiel seien nur jene Äußerungen des Präsidenten des Bundesverfassungsgerichts Prof. Dr. W. Zeidler bei den „Bitburger Gesprächen" angeführt, die durch den Vorsitzenden der Deutschen Bischofskonferenz Kardinal Höffner öffentlich mißbilligt worden sind. Wegen des von ihm als grundgesetzwidrig qualifizierten Standpunkts des Präsidenten Zeidler — Präsident Zeidler hatte das im Strafgesetzbuch normierte Verbot der Tötung auf Verlangen (§ 216 StGB) als eine „Insel der Inhumanität als Folge kirchlichen Einflusses auf unsere Rechtsordnung" und die befruchtete Eizelle als ein „himbeerähnliches Gebilde" und als eine „wuchernde Substanz der ersten Stunden" bezeichnet — hatte Kardinal Höffner es jedoch nicht bei einer ablehnenden Stellungnahme bewenden lassen, sondern darüber hinausgehend die Forderung erhoben, daß hieraus Konsequenzen gezogen werden müßten[3].

Die durch den geschilderten Sachverhalt aufgeworfene Frage nach der Durchsetzungsmöglichkeit eines derartigen Begehrens erfaßt einen Teil der umfassenderen Problematik, ob und inwieweit Verfassungsrichter für ihr Verhalten rechtlich und/oder politisch zur Verantwortung gezogen werden können. Ebenso wie jene ist auch sie in Rechtsprechung und Lehre völlig ungeklärt, obwohl der Gesetzgeber durch § 105 BVerfGG jedenfalls einen Teilbereich einer gesetzlichen Regelung unterworfen hat. Aufgabe der nachfolgenden Untersuchung soll es deshalb sein, dieses dogmatische Defizit insbesondere durch eine Exegese des § 105 BVerfGG auszugleichen. Da eine politische Verantwortlichkeit, selbst eine solche also, die ohne sanktionsbewährt

---

1 Siehe *K. Schlaich,* S. 1.
2 Vgl. *W. K. Geck,* Bundesverfassungsrichter, S. 1.
3 Vgl. zum Ganzen FAZ v. 16. 1. 1986, S. 1.

zu sein sich auf die Lenkung der Staatsgeschäfte bezieht, naturgemäß nur ein politisches Staatsorgan treffen kann, ist es unerläßlich, im folgenden auch auf die Stellung und Funktion des Bundesverfassungsgerichts nach dem Grundgesetz einzugehen.

Zwar könnte die nachfolgende Darstellung den Eindruck erwecken, als handele es sich nur um theoretische Erwägungen, denn ein Antrag des Bundesverfassungsgerichts gemäß § 105 Abs. 1 BVerfGG, einen Verfassungsrichter zu entlassen, wurde bisher trotz nunmehr 35-jähriger Rechtspraxis nicht gestellt. Vergegenwärtigt man sich jedoch, daß in zahlreichen Fällen über die Befangenheit eines Verfassungsrichters zu entscheiden war und daß hierbei die Möglichkeit der Entlassungsermächtigung sicherlich oft stillschweigend, aber jedenfalls in einer Entscheidung auch deutlich erkennbar in Betracht gezogen worden ist[4], wird evident, daß die Entfernung eines Verfassungsrichters aus dem Amt eine durchaus mögliche Konsequenz pflichtwidrigen Verhaltens darstellen kann. Der schmale Grad zwischen nur vorwerfbarem Verhalten eines Richters und der Nicht-mehr-Hinnehmbarkeit seiner weiteren amtlichen Tätigkeit wird in den bisher durch das Bundesverfassungsgericht entschiedenen Befangenheitsfällen[5] offenbar. Darauf wird im entsprechenden Zusammenhang zurückzukommen sein.

Als weiterer Hinweis dafür, daß die im folgenden behandelte Problemstellung in mittelbarer Zukunft durchaus relevant werden könnte, mag ein Blick auf das Wahlverfahren der Bundesverfassungsrichter dienen. Gemäß § 6 Abs. 5 und § 7 BVerfGG ist für die Richterwahl eine Zweidrittelmehrheit vorgeschrieben, die ohnehin schon und meist nur durch einen Kompromiß erreichbar ist und mit der eine einseitig parteipolitische Besetzung des Gerichts verhindert werden soll. Man möge aber daran denken, daß bei einer weiteren Veränderung der parlamentarischen Mehrheiten es nicht auszuschließen ist, daß ein Richter mit der Unterstützung einer politisch extrem ausgerichteten Bewegung gewählt wird, deren Grundgesetzverständnis von der traditionellen Auffassung abweicht oder zumindest mit ihr in einen schwer auflösbaren Widerspruch geraten kann. In solchen Fällen kann es gefährlich werden, wenn in dem Abstimmungsverhalten jenes Richters Vorgaben der Parteibasis und nicht verfassungsdogmatische Erwägungen ausschlaggebende Bedeutung gewinnen.

---

[4] Siehe BVerfG, Beschl. v. 5. 10. 1977, BVerfGE 46, 34, (42).
[5] Vgl. hierzu ausführlich *W. K. Geck*, a. a. O. (Fn. 2), S. 77 ff.

Teil 1   Verfassungsgerichtsbarkeit und Politik

A. Keine politische Verantwortlichkeit der Verfassungsgerichtsbarkeit

Die Möglichkeit, die Verfassungsrichter für ihr Verhalten politisch zur Verantwortung zu ziehen, sieht unsere Rechtsordnung nicht vor[6]. Diese Aussage kann getroffen werden, obwohl der Begriff „politisch" nicht abstrakt[7] und auch nur vage im Normzusammenhang definiert werden kann[8]. Denn im vorliegenden Zusammenhang handelt es sich bei der Aussage über die mangelnde politische Verantwortlichkeit der Verfassungsrichter um eine rechtliche Feststellung, weil diese nur aufgrund einer Durchsicht der für den Status der Bundesverfassungsrichter maßgeblichen Rechtsvorschriften getroffen werden kann.

Weder das Bundesverfassungsgerichtsgesetz, das in den §§ 4, 98 bis 105 einzelne, den Status der Verfassungsrichter betreffende Fragen regelt, noch das Grundgesetz selbst normieren eine politische Verantwortlichkeit. Auch wird vom Grundgesetz eine solche nicht vorausgesetzt. Das Grundgesetz kennt nur die politische, d. h. die parlamentarische[9] Verantwortlichkeit des Bundeskanzlers und seiner Minister[10], die mittels des konstruktiven Mißtrauensvotums als der stärksten Maßnahme gegenüber dem Bundeskanzler durchgesetzt werden kann. Zwar spricht Art. 65 Satz 1 und Satz 2 GG ausdrücklich nur von der Verantwortung des Bundeskanzlers für die Bestimmung der Richtlinien der Politik und der der Minister für die Leitung ihrer Ressorts. Doch daß in Art. 65 Satz 1 und Satz 2 GG die politische und nicht lediglich die rechtliche Verantwortlichkeit der Regierungsmitglieder für ihre Amtsführung gemeint ist, folgt aus dem vom Grundgesetz konstituierten, parlamentarischen Regierungssystem, in dem die Regierung in ihrem Bestand und damit auch in ihrem Handeln vom Vertrauen des Parlaments abhängig ist[11]. Auch nach dem Bundesverfassungsgerichtsgesetz können die Richter des Bundesverfassungsgerichts in dieser Art politisch nicht zur Verantwortung

---

6 So wohl auch *D. Grimm*, JZ 1976, S. 703 r. Sp., der das BVerfG als politisch unangreifbares Organ bezeichnet.
7 *K. Stern*, Bd. I, S. 18 f.; *W. Besson*, EvStL, Sp. 2553; *K. Doehring*, Staatsrecht, S. 21.
8 Vgl. BVerfG v. 29. 7. 1952, BVerfGE 1, 372 (383 f.) zu Art. 59 Abs. 2 GG; BVerfG v. 22. 5. 1975, BVerfGE 39, 334 (346 ff.) zur politischen Treuepflicht von Beamten; BVerfG v. 2. 7. 1980; BVerfGE 54, 341 (356 ff.) zur politischen Verfolgung im Sinne des Art. 16 Abs. 2 GG.
9 *K. Stern*, Bd. II, S. 316.
10 Zu der Streitfrage, ob auch Minister dem Parlament gegenüber verantwortlich sind, vgl. *H. C. F. Liesegang* in GGK, Art. 65 Rdn. 21, mit eingehenden Literaturnachweisen.
11 BVerfG v. 22. 7. 1969, BVerfGE 27, 44 (56).

gezogen werden. § 105 Abs. 1 Nr. 2 BVerfGG regelt zwar die vorzeitige Beendigung des Amts des Bundesverfassungsrichters gegen seinen Willen wegen gewisser unerwünschter Verhaltensweisen, doch weist diese Norm disziplinarrechtlichen Charakter[12] auf und hält keine politische Sanktion für die normierten Verhaltensweisen bereit. Wie nämlich die Regelung des konstruktiven Mißtrauensvotums in Art. 67 GG als auch die der Versetzung eines politischen Beamten in den einstweiligen Ruhestand, § 31 BRRG, §§ 31 Abs. 2, 36 BBG, § 60 BG Baden-Württemberg, als normierte, politisch motivierte Entlassungsmöglichkeiten zeigen, kann eine solche nur angenommen werden, wenn die Entlassung aus dem Amt wegen mangelnder Übereinstimmung in politischen Ansichten erfolgen soll. Gerade dies ist jedoch kein die vorzeitige Entlassung rechtfertigender Grund nach § 105 BVerfGG.

B. Keine politische Verantwortung der Verfassungsgerichtsbarkeit

Will man unter politischer Verantwortung nicht nur eine „Verantwortlichkeit" sehen, an deren Verletzung Rechtsfolgen geknüpft sind, sondern jede Verantwortung, die sich, auch ohne sanktionsbewährt zu sein, auf die Staatsgestaltung bezieht, so ist ebenfalls festzustellen, daß das Bundesverfassungsgericht auch in dieser, in gewisser Weise moralisch-politischen Verantwortung nicht steht. Das ergibt sich daraus, daß das Bundesverfassungsgericht nach dem Grundgesetz ein Rechtsprechungs- und kein Staatsorgan im Sinne der Lenkung der Staatsgeschäfte ist. Das soll im folgenden näher ausgeführt werden, was auch insbesondere deswegen als notwendig erscheint, weil die Stellung des Bundesverfassungsgerichts im Staatsgefüge für die Auslegung der Rechtsnormen Bedeutung haben könnte. So könnte etwa die Auslegung des für die Entlassung der Verfassungsrichter maßgeblichen Vorschrift des § 105 BVerfGG von der Qualifikation der staatsrechtlichen Stellung des Verfassungsgerichts abhängig sein.

Die Rechtsnatur des Bundesverfassungsgerichts ist bis heute umstritten, die Literatur zu dieser Rechtsfrage nahezu unüberschaubar[13]. Die Ausführungen im folgenden beschränken sich deshalb auf die Darstellung der grundsätzlichen Positionen zu dieser strittigen Rechtsfrage, auch weil eine umfassende Darstellung der heute in der Literatur vertretenen Ansichten keine grundlegend neuen Erkenntnisse zur Lösung dieses Problems erwarten läßt und die heute vertretenen Ansichten sich im wesentlichen nur graduell unterscheiden. Im übrigen erscheint auch eine Auseinandersetzung mit den grundsätzlichen Rechtsstandpunkten für die hier zu untersuchenden Rechtsfragen als ausreichend.

---

12 *Schmidt-Bleibtreu* in *Maunz/Schmidt-Bleibtreu/Klein/Ulsamer,* § 105 Rdn. 2; *W. Geiger,* BVerfGG, § 105 Anm. 2; *W. K. Geck,* a. a. O. (Fn. 2), S. 56.
13 Vgl. als Beispiel die von *K. Stern,* a. a. O. (Fn. 9), S. 941 f. in Fn. 31 angeführte Literatur.

I. Funktion der Verfassungsgerichtsbarkeit — historische Betrachtung (Preußen/USA)

Verfolgt man die Diskussion in der Literatur seit Anbeginn der Verfassungsgerichtsbarkeit, so ist festzustellen, daß eine Verfassungsgerichtsbarkeit zunächst generell als außerhalb des Funktionsbereichs der Rechtsprechung stehend eingeordnet wurde. „Wenn ein Gericht berufen würde..., die Frage zu entscheiden: ist die Verfassung verletzt oder ist sie es nicht?, so wäre damit dem Richter zugleich die Befugnis des Gesetzgebers zugewiesen; er wäre berufen, die Verfassung authentisch zu interpretieren oder materiell zu vervollständigen." So formulierte Otto v. Bismarck 1863 in einer Stellungnahme zu einem Gesetzesentwurf über die Verantwortlichkeit der Minister vor dem Preußischen Landtag[14]. Auch im anglo-amerikanischen Rechtskreis schien eine Gerichtsbarkeit in Fragen der Verfassung suspekt. So wurde der Supreme Court wegen der Ausübung des richterlichen Prüfungsrechts als „Dritte Kammer der Legislative" oder auch als „wahre und einzige Zweite Kammer" bezeichnet[15]. Th. Jefferson sprach sogar von der Verfassungsgerichtsbarkeit als von einer „Despotie einer Oligarchie"[16].

II. Staatsrechtslehre unter der Geltung der Verfassung des Deutschen Reichs von 1919

Die Haltung der deutschen Staatsrechtslehre gegenüber der Verfassungsgerichtsbarkeit unter Geltung der Weimarer Reichsverfassung wird am eindrucksvollsten durch die Kontroverse zwischen Carl Schmitt und Hans Kelsen verdeutlicht[17]. Carl Schmitt vertrat die Auffassung, daß die Tätigkeit eines Gerichts, das — wie heute das Bundesverfassungsgericht nach dem Grundgesetz — Zweifel oder Meinungsverschiedenheiten über den Inhalt einer Verfassungsbestimmung zu entscheiden habe, nicht mehr als Rechtsprechung qualifiziert werden könne. Hier handele es sich um „Gesetzgebung in Form eines mehr oder weniger justizförmigen Verfahrens"[18]. Carl Schmitt begründet diese Ansicht damit, daß eine richterliche Entscheidung eine vom Gesetzgeber generell bereits getroffene Entscheidung voraussetze. Der Inhalt einer richterlichen Entscheidung werde durch den Inhalt der tatbestandsmäßigen, vorher bestimmten Regelung eines Gesetzes bestimmt. Bestimme eine Instanz erst den Inhalt eines Gesetzes, handele es sich deshalb der Sache nach um Gesetzgebung[19].

---

14 *H. Kohl,* S. 172.
15 Vgl. *W. Haller,* S. 331; *E. Lambert,* S. 20.
16 Vgl. *K. Loewenstein,* S. 249.
17 Zur Kontroverse *Schmitt-Kelsen* vgl. *R. Marcic,* S. 74 ff.; *H. Laufer,* S. 275 ff.
18 *C. Schmitt,* Das Reichsgericht als Hüter der Verfassung, S. 77; *ders.,* Der Hüter der Verfassung, S. 45.
19 *C. Schmitt,* a. a. O. (Fn. 18), S. 77, 79.

Jede Instanz, die einen zweifelhaften Gesetzesinhalt authentisch außer Zweifel stelle, fungiere deshalb in der Sache als Gesetzgeber. Im übrigen hält Carl Schmitt auch die Entscheidung über die Verfassungsmäßigkeit einer Norm für Gesetzgebung, weil diese Entscheidung nicht durch tatbestandsmäßige Subsumtion, sondern nur durch Bestimmung des Gesetzesinhalts gewonnen werden könne[20].

Gegen diese summarische Ablehnung der Tätigkeit eines Verfassungsgerichts als Rechtsprechung wandte sich Kelsen mit folgender Argumentation[21]: Carl Schmitt gehe zu Unrecht von der These aus, daß die Entscheidung einer Normenkollision nicht durch Tatbestandssubsumtion gewonnen werden könne. Auch in diesem Fall erfolge nämlich eine solche, indem der Tatbestand der Erzeugung des verfassungsrechtlich zweifelhaften Gesetzes unter die Verfassungsnorm subsumiert werde. Hier erfolge also, entgegen Carl Schmitt, nicht nur ein inhaltlicher Normenvergleich. Auch das weitere Argument, daß eine richterliche Entscheidung nur angenommen werden könne, wenn ihr Inhalt aus einer vom Gesetzgeber generell bereits getroffenen Entscheidung abgeleitet werden könne und nicht erst nach Festsetzung des Gesetzesinhalts, gehe fehl. Wäre diese Ansicht zutreffend, so dürfte vor Zivil-, Straf- und Verwaltungsgerichten, deren Justizcharakter Carl Schmitt wohl nicht in Zweifel ziehe, nur über Tat- und nicht über Rechtsfragen gestritten und über sie entschieden werden. Daß dem nicht so sei, bedürfe keiner weiteren Erläuterung. Wenn Carl Schmitt von dem fundamentalen Unterschied zwischen einer Prozeßentscheidung und der Entscheidung von Zweifeln und Meinungsverschiedenheiten über den Inhalt einer Verfassungsbestimmung spreche[22], so könne man nur sagen, daß die meisten Prozeßentscheidungen solche von Zweifeln und Meinungsverschiedenheiten über den Inhalt einer Gesetzesbestimmung seien[23]. Kelsen vertritt denn auch die Ansicht, daß die Tätigkeit eines Verfassungsgerichts „echte Gerichtsbarkeit" sei. Im Gegensatz zum Gesetzgeber werde ein Verfassungsgericht bei Wahrnehmung seiner Aufgaben wesentlich durch die Verfassung bestimmt; seine Funktion sei deshalb überwiegend Rechtsanwendung und gleiche daher gerade in diesem Punkt der der Gerichte überhaupt[24]. Gleichwohl bezeichnet Kelsen jedoch ein Verfassungsgericht, dem — wie dem Bundesverfassungsgericht gemäß § 78 BVerfGG — die Kompetenz eingeräumt ist, ein Gesetz aufzuheben, als „negativen Gesetzgeber"[25], denn, so Kelsen, die Aufhebung eines Gesetzes habe den gleichen generellen Charakter wie der Erlaß eines Gesetzes. „Aufhebung ist ja nur Erlassung [eines Gesetzes] mit negativem Vorzeichen gleichsam"[26].

---

20 Zum Ganzen siehe *C. Schmitt,* a. a. O. (Fn. 18), S. 45.
21 Zum folgenden siehe *H. Kelsen,* Die Justiz Bd. VI (1930/31), S. 588 ff.
22 So *C. Schmitt,* a. a. O. (Fn. 18), S. 4.
23 *H. Kelsen,* Die Justiz Bd. VI (1930/31), S. 589.
24 *H. Kelsen,* VVDStRL 5 (1929), S. 56.
25 *H. Kelsen,* VVDStRL 5 (1929), S. 56, 87; *ders.,* Die Justiz Bd. VI (1930/31), S. 598.
26 *H. Kelsen,* VVDStRL 5 (1929), S. 54.

III. Staatsrechtslehre unter der Geltung des Grundgesetzes

Mit im wesentlichen gleichlautender Begründung wird die im Vorstehenden skizzierte Auffassung Kelsens auch heute von einem Teil der Literatur und Rechtsprechung zumindest für den Fall einer rechtsvernichtenden Normenkontrollentscheidung vertreten[27]. Diese Auffassung verkennt indes, daß der Charakter des Normenkontrollverfahrens weniger durch den möglichen Inhalt der Entscheidung als vielmehr durch die Art und Weise der Entscheidungsfindung geprägt wird. Entgegen Forsthoff, der im Anschluß an Carl Schmitt eine Entscheidungsfindung im Normenkontrollverfahren als mit Mitteln richterlicher Rechtsanwendung für nicht vollziehbar erklärt[28], erfolgt diese nach zutreffender Ansicht doch durch genuin richterliche Arbeitsweise, durch Subsumtion, denn auch hier wird ein Sachverhalt unter eine Norm subsumiert. Es darf nämlich nicht übersehen werden, daß auch der Norminhalt einen Sachverhalt umschreibt. Die Besonderheit der Normenkontrolle besteht lediglich darin, daß der zu subsumierende Sachverhalt in einer Norm und nicht in einem tatsächlichen Geschehen zum Ausdruck kommt. „Normenkontrolle ist daher zwar Messen von niederrangigen Rechtssätzen an höherrangigen; dessen ungeachtet bleibt sie aber die ausschließlich an Rechtssätzen gebundene verbindliche Entscheidung dessen, was Rechtens ist"[29]. Doch selbst dann, wenn man das für die Charakterisierung der Normenkontrollentscheidung maßgebliche Kriterium im Entscheidungsinhalt sieht, kann dies nach Auffassung des Bundesverfassungsgerichts zu keinem anderen Ergebnis führen. Das Bundesverfassungsgericht geht davon aus, daß die Normenkontrolle in ihrer abwehrenden Funktion wesensmäßig etwas anderes sei als die rechtsetzende Funktion des Gesetzgebers[30].

Die legislatorische Tätigkeit des Bundesverfassungsgerichts sieht Forsthoff jedoch nicht auf diesen Bereich beschränkt. Das Bundesverfassungsgericht setze sich an die Stelle des Gesetzgebers, wenn es Normen bzw. in deren Vollzug ergangene, administrative Maßnahmen daraufhin kontrolliere, ob dem Gleichheitssatz bzw. dem Verhältnismäßigkeitsgrundsatz Rechnung getragen worden sei[31]. Ein solcher Streit könne nur mittels eigener Wertung entschieden werden, die mit Subsumtion nichts zu tun habe und deshalb auch nicht

---

27 Vgl. *J. Kratzer*, DÖV 1954, S. 44; *H. Jäde*, S. 127; so wohl auch *K. Doehring*, a. a. O. (Fn. 7), S. 110 u. *R. Dolzer*, S. 118; ebenso BGH, Urt. v. 17. 10. 1956, VerwRspr 9 (1957), S. 64 ff. (70) unter Bezugnahme auf *J. Kratzer*, a. a. O.; BayVGH, Beschl. v. 31. 7. 1956, VerwRspr 9 (1957), S. 111 f. (112), der als Begründung die allgemeinverbindliche Wirkung einer rechtsvernichtenden Normenkontrollentscheidung anführt; *W. Henke*, Der Staat 3 (1964), S. 452, zieht heraus den Schluß, daß die Normenkontrollentscheidung deshalb Gesetzgebung sei, weil sie nicht den Einzelfall entscheide, dieser jedoch die rechtsprechende Tätigkeit kennzeichne. Zum Für und Wider im Hinblick auf diese Ansicht vgl. *E. Friesenhahn*, ZSchwR Bd. 73, S. 156.
28 Siehe *E. Forsthoff*, Der Staat der Industriegesellschaft, S. 145.
29 So *K. Stern*, a. a. O. (Fn. 9), S. 950 mit weiteren Literaturhinweisen; vgl. auch *ders.*, in Bonner Kommentar, Art. 100 Rdn. 34, der diese Ansicht, mit eingehenden Literaturnachweisen, als vorherrschende Meinung ausweist.
30 BVerfG v. 18. 12. 1953, BVerfGE 3, 225 (236).
31 *E. Forsthoff*, a. a. O. (Fn. 28), S. 137, 141.

als Anwendung einer allgemeinen Norm gelten könne[32]. Als Beispiele führt Forsthoff das „Apothekerurteil" des Bundesverfassungsgerichts[33] und das zur Frage der Wahlkampfkostenerstattung ergangene verfassungsgerichtliche Urteil[34] an.

Das Gericht habe in beiden Fällen seine Anschauungen an die Stelle der des Gesetzgebers gesetzt und sich legislatorische Befugnisse angemaßt, indem es die Gesetzeslage seinen Anschauungen gemäß abänderte[35]. Einen ähnlichen Vorwurf erhebt Grimm, der dem Bundesverfassungsgericht attestiert, daß es, wenn es unter Berufung auf das Grundgesetz Entscheidungen des Gesetzgebers revidiere, im gleichem Maße, wie die Aussagekraft von Verfassungsnormen abnehme, in dessen Funktion einrücke und selbst legislatorisch tätig werde[36]. Sollten diese Ausführungen dahingehend zu verstehen sein, daß richterliche Tätigkeit sich, im Sinne eines automatischen Vorgangs, auf die Anwendung des Rechts beschränke, so erscheinen sie deshalb nicht als überzeugend, weil nach heutigem Verständnis, geprägt insbesondere durch die Lehre der Interessenjurisprudenz[37], richterliche Tätigkeit auch ein Element schöpferischer, wertender Tätigkeit beinhaltet und beinhalten soll[38]. Sind sie dagegen nur als Kritik an einzelnen verfassungsgerichtlichen Entscheidungen zu interpretieren, so erscheinen sie nicht als geeignet, den Rechtsprechungscharakter der Verfassungsgerichtsbarkeit generell in Frage zu stellen, denn insbesondere aus den von Forsthoff für eine legislatorische Tätigkeit des Bundesverfassungsgerichts angeführten Beispielen kann gleichermaßen der Schluß gezogen werden, daß das Verfassungsgericht mittels dieser Entscheidungen die ihm vom Grundgesetz zugewiesene Kompetenz „nur" überschritten und also selbst verfassungswidrig gehandelt habe[39]. Hierfür spricht auch, daß das Bundesverfassungsgericht selbst von der Annahme ausgeht, daß Zweckmäßigkeitsentscheidungen — und auch Wertungsentscheidungen sind solche — vom unmittelbar demokratisch legitimierten Gesetzgeber, vom Parlament, zu treffen sind[40].

Den Einwand, daß das Bundesverfassungsgericht lediglich unter Kompetenzüberschreitung entschieden haben könne, muß sich auch jene Auffassung entgegenhalten lassen, die dem Bundesverfassungsgericht Gesetzgebungstätigkeit unterstellt, wenn es, entsprechend den von der Verfahrens-

---

32 *E. Forsthoff,* a. a. O. (Fn. 28), S. 136 f.
33 BVerfG v. 11. 6. 1958, BVerfGE 7, 377 ff.
34 BVerfG v. 3. 12. 1968, BVerfGE 24, 300 ff.
35 *E. Forsthoff,* a. a. O. (Fn. 28), S. 137, 141.
36 *D. Grimm,* JZ 1976, S. 699, 1. Sp.
37 Zur Lehre der Interessenjurisprudenz vgl. *K. Larenz,* S. 48 ff., 117 ff.
38 Vgl. *M. Rheinstein,* JuS 1974, S. 416 mit eingehender Begründung; *J. Esser;* S. 194; diese Auffassung kommt auch bei *K. Zweigert,* Studium Generale 7 (1954), S. 380 ff. zum Ausdruck; speziell zur Verfassungsgerichtsbarkeit vgl. *G. Roth,* JuS 1975, S. 620, r. Sp., der die Verfassungsgerichtsbarkeit als aufgefordert sieht, die gesellschaftlichen Wertmaßstäbe zu artikulieren.
39 Ähnlich *W. K. Geck,* a. a. O. (Fn. 2), S. 68.
40 Vgl. BVerfG v. 9. 5. 1972, BVerfGE 33, 125 (159); *W. Rupp-v.Brüneck,* AöR Bd. 102, S. 18; *E. Benda,* ZRP 1977, S. 3.

dogmatik entwickelten Tenorierungsmöglichkeiten[41], eine angegriffene Norm neu formuliert oder einen Gesetzgebungsauftrag erläßt[42], wenn es dem Gesetzgeber die zur Erreichung eines von der Verfassung gebotenen Zieles einzusetzenden Mittel vorschreibt[43] oder wenn es im Rahmen der Entscheidung eines konkreten Einzelfalles faktisch ein detailliertes Gesetzgebungsprogramm entwirft[44]. Selbst wenn man nämlich diese Entscheidungen als aus dem Grundgesetz mittels Subsumtion für nicht ableitbar hält — die wiedergegebenen Auffassungen setzen dies als Prämisse voraus —, so ist damit der Schluß auf eine gesetzgeberische Tätigkeit des Bundesverfassungsgerichts in diesem Bereich doch noch nicht begründet, denn die Möglichkeit, daß das Bundesverfassungsgericht „nur" unter Überschreitung seiner Entscheidungskompetenz entschieden hat, ist damit noch nicht ausgeräumt.

IV. Gerichtscharakter des Bundesverfassungsgerichts

Aufgrund vorstehender Erwägungen ist deshalb der herrschenden Meinung zu folgen, die Verfassungsgerichtsbarkeit als Rechtsprechung qualifiziert[45]. Zur Begründung stützt sie sich im wesentlichen auf folgende Argumente: Das Grundgesetz habe die Verfassungsgerichtsbarkeit bewußt als Teil der Rechtsprechung vorgesehen, indem es sie dem Abschnitt über die Rechtsprechung eingefügt habe und das Bundesverfassungsgericht in Art. 92 ausdrücklich zum Bereich der rechtsprechenden Gewalt zähle[46]. Daß Verfassungsgerichtsbarkeit Rechtsprechung sei, ergebe sich auch daraus, daß sie

---

41 Vgl. *G. Ulsamer* in *Maunz/Schmidt-Bleibtreu/Klein/Ulsamer,* § 78 Rdn. 29, 30 sowie *B. Schmidt-Bleibtreu,* ebenda, § 90 Rdn. 121.
42 Vgl. *F.-W. Dopatka,* Recht und Politik, S. 13 f.
43 *R. Zuck,* ZRP 1978, S. 192, führt als Beispiel hierfür die Entscheidung des BVerfG v. 25. 2. 1975, BVerfGE 39, 1 ff. (Entscheidung zu § 218 StGB) an, siehe dort S. 51 ff., insbes. S. 66.
44 So *R. Zuck,* ZRP 1978, S. 193, unter Bezugnahme auf BVerfG v. 8. 2. 1977; BVerfGE 43, 291 ff. (Numerus clausus-Urteil); vgl. in diesem Zusammenhang auch *O. Bachof,* S. 354 f., der bereits die bloße Inanspruchnahme der Befugnis, ein Gesetz neu zu formulieren, als legislatorische und nicht als richterliche Tätigkeit wertet. Einen Verstoß gegen den Grundsatz der Gewaltenteilung verneint er allerdings mit der Begründung, daß durch die Ausübung dieser Befugnis, die sich zwangsläufig aus der Aufgabe der Verfassungsgerichte ergebe, eine Gesetzeslücke lediglich vorübergehend — bis zu Regelung durch den Gesetzgeber — geschlossen werde.
45 Vgl. *K. Stern,* a. a. O. (Fn. 9), S. 941 und die dort in Fn. 31 wiedergegebene Literatur; siehe in diesem Zusammenhang aber auch *W. Geiger,* EuGRZ 1985, S. 402, der zwar der h. M. folgt, das BVerfG jedoch zugleich (!) für ein staatsleitendes Verfassungsorgan hält. Dies vermag wenig zu überzeugen. Die Argumentationsweise, gleichsam empirisch aus einzelnen Entscheidungen des BVerfG und der damit in Anspruch genommenen Rolle auf die dem BVerfG vom GG zugewiesene Funktion zu schließen, ist rechtsmethodisch unangängig. Auf diese Weise mag die gesellschaftspolitische Stellung des BVerfG bestimmt werden, die ihm vom GG zugewiesene Funktion läßt sich rechtsdogmatisch sauber allein durch Auslegung des Verfassungstextes bestimmen.
46 *W. Geiger,* JöR Bd. 6 n. F., S. 138; *E. Friesenhahn,* Verfassungsgerichtsbarkeit in der Gegenwart, S. 100; so wohl auch *U. Scheuner,* DÖV 1980, S. 477, 1. Sp.; a. A. *K. Stern,* a. a. O. (Fn. 9), S. 943, der dieses Argument ohne nähere Begründung für höchst vordergründig und wenig überzeugend hält.

durch unabhängige Organwalter ausgeübt werde[47] und ihre Zuständigkeit durch Verfassung und Gesetz geregelt sei[48]. Des weiteren spreche für den Gerichtscharakter auch der Umstand, daß das Verfassungsgericht nur auf Antrag tätig werde und dadurch „vor dem unmittelbaren Eingriff in den politischen Integrationsprozeß des Staates" bewahrt sei[49]. Im Gegensatz zum Parlament finde das Verfassungsgericht seine Entscheidungen auch nicht in freier politischer Willensbildung, sondern vielmehr in Bindung an die rechtliche Grundordnung, die es zwar weiterentwickele und ergänze, die ihm aber sowohl den Weg in der Ermittlung des Ergebnisses als auch in der Verfahrensweise vorschreibe[50].

Jedes dieser Argumente für sich allein erscheint indes noch nicht als ausreichend tragfähig. So ist etwa die Unabhängigkeit der entscheidenden Instanz auch in anderen Fällen gegeben, und auch in anderen Fällen liegt eine Verfahrensregelung vor. Eine Gesamtschau der Argumente jedoch läßt ein abgerundetes Bild der Institution Gerichtsbarkeit entstehen, das sich dem System der Gewaltenteilung des Grundgesetzes einfügt. Die wohl wesentlichste Aussage über die Rechtsnatur der Gerichtsbarkeit sollte jedoch stärker betont sein als dies in diesem Zusammenhang der Fall ist; sie ist Streitentscheidung durch eine am Streit unbeteiligte dritte Instanz[51]. Gerade dieser Gesichtspunkt trifft für das Bundesverfassungsgericht zu, jedenfalls wenn man seine wesentlichen Aufgaben nach Art. 93 GG in Betracht zieht. Diese müssen letztendlich für die Bestimmung der Rechtsnatur der Verfassungsgerichtsbarkeit entscheidend sein, denn ein Verfassungsorgan — und auch das Bundesverfassungsgericht ist ein solches[52] — muß zuvörderst nach Maßgabe seiner wesentlichen Aufgaben qualifiziert werden.

V. Ergebnis und Abgrenzung der weiteren Untersuchung

Nach dieser Qualifikation hat das Bundesverfassungsgericht weder politische Verantwortung noch politische Verantwortlichkeit[53], mögen seine Entscheidungen auch noch so sehr politische Bedeutung haben[54], denn eine solche

---

47 So *K. Korinek,* VVDStRL 39 (1981), S. 15, der bereits diesen Gesichtspunkt für allein ausschlaggebend hält.
48 Vgl. *K. Stern,* a. a. O. (Fn. 9), S. 942.
49 So *E. Friesenhahn,* ZSchwR Bd. 73, S. 158.
50 Vgl. *U. Scheuner,* DÖV 1980, S. 477, 1. Sp.; *K. Stern* a. a. O. (Fn. 9), S. 942.
51 Vgl. *E. Friesenhahn,* Über Begriff und Arten der Rechtsprechung. S. 27, 32; *E. Forsthoff,* Verwaltungsrecht, S. 6; *W. Meyer* in GGK, Art. 92 Rdn. 8 f. mit verfassungsrechtlichen Rechtsprechungsnachweisen; weitergehend *K. Stern,* a. a. O. (Fn. 9), S. 897, der die verbindliche Rechtsfeststellung für das maßgebliche Kriterium hält.
52 Siehe statt vieler *G. Leibholz,* JöR Bd. 6 n. F., S. 112; *K. Stern,* a. a. O. (Fn. 9), S. 341 f. mit weiteren Literaturnachweisen; zu dieser Einordnung eingehend und warnend *K. Schlaich,* S. 20 ff.
53 So auch *E. Friesenhahn,* ZSchwR Bd. 73, S. 158.
54 Vgl. etwa *E. Friesenhahn,* a. a. O. (Fn. 51), S. 158; *W. Rupp-v.Brüneck,* AöR Bd. 102, S. 3; *C. Landfried,* S. 51 f.; *dies.,* Der Bürger im Staat, S. 232, wo das BVerfG als gestaltender Faktor im politischen Prozeß bezeichnet wird; *G. Leibholz,* JöR Bd. 6 n. F., S. 122, hält deshalb den Verfassungsrichter sogar für verpflichtet, die politischen Wirkungen und Folgen seiner Entscheidungen in den Bereich seiner Erwägungen einzubeziehen.

Verantwortung bzw. Verantwortlichkeit wäre mit dem Gerichtscharakter des Bundesverfassungsgerichts nach dem Gewaltenteilungsprinzip des Grundgesetzes unvereinbar[55]. Ist aber das Organ Bundesverfassungsgericht als solches politisch nicht verantwortlich, so muß Gleiches auch für die Organmitglieder — die Verfassungsrichter — gelten, deren Rechts- und Pflichtenstellung maßgeblich durch die Zugehörigkeit zu diesem Organ geprägt wird[56].

Im folgenden kann und wird daher nur der rechtlichen Verantwortlichkeit, d. h. der Frage nachgegangen werden, inwieweit die Rechtsordnung an rechtswidriges Verhalten der Richter des Bundesverfassungsgerichts innerhalb und außerhalb ihres Amtes rechtliche Sanktionen knüpft.

Die Untersuchung soll sich insbesondere damit befassen, ob sich die rechtliche Verantwortlichkeit der Verfassungsrichter von derjenigen der Richter im übrigen unterscheidet. Da das für diese geltende Dienstrecht zwischen dem Verhalten innerhalb und außerhalb des Amtes unterscheidet[57], erscheint eine dieser Differenzierung entsprechende Vorgehensweise in der Untersuchung als sinnvoll. In Teil 2 wird daher die rechtliche Verantwortlichkeit für die Amtsführung, in Teil 3 die für das Verhalten außerhalb der Amtsführung behandelt. Dabei wird in Teil 2 zwischen den Pflichtwidrigkeiten, die die spezifisch richterliche Tätigkeit betreffen, also denjenigen in einem richterlichen Verfahren oder bei einer richterlichen Entscheidung, und denen außerhalb der spezifisch richterlichen Tätigkeit, die jedoch mit der Amtsführung in innerem Zusammenhang stehen, unterschieden.

---

55 So für die Gerichtsbarkeit allgemein *E. Forsthoff,* a. a. O. (Fn. 28), S. 133.
56 Vgl. *K. Stern,* a. a. O. (Fn. 9), S. 367.
57 § 39 DRiG i.V.m. § 54 BBG (für Richter im Bundesdienst); § 71 DRiG i.V.m. § 36 BRRG, § 8 RiG BW i.V.m. § 73 BG BW (für Richter im Landesdienst).

Teil 2 Rechtliche Verantwortlichkeit der Richter des Bundesverfassungsgerichts für ihre Amtsführung

A. *Richterliche Unabhängigkeit*

I. Sachliche Unabhängigkeit

Die Mitglieder des Bundesverfassungsgerichts sind Richter[58], denn entsprechend der Rechtsnatur des Bundesverfassungsgerichts ist ihnen die Aufgabe übertragen, an der Rechtsprechung mitzuwirken. Als Angehörige der Dritten Gewalt sind sie deshalb sachlich von Exekutive und Legislative unabhängig (Art. 97 Abs. 1 GG)[59]. Ob ihnen diese Unabhängigkeit auch wegen der Zugehörigkeit zu dem Verfassungsorgan Bundesverfassungsgericht zukommt[60], ist deshalb hier ohne rechtliche Relevanz.

II. Persönliche Unabhängigkeit

Der Gesichtspunkt — Unabhängigkeit aufgrund einer Verfassungsorganstellung — könnte jedoch im Hinblick auf die Frage, ob Verfassungsrichter persönlich unabhängig sind, Bedeutung erlangen, wenn man davon ausgeht, daß diese Unabhängigkeit ihnen nicht von Art. 97 Abs. 2 Satz 1 GG garantiert wird. Nach dessen Wortlaut, der nur den hauptamtlich und planmäßig *endgültig* angestellten Richtern diese Rechtsposition gewährleistet, erschiene ein solcher Standpunkt vertretbar, wenn man in diesem Zusammenhang die Regelung des § 4 Abs. 1 BVerfGG berücksichtigt, wonach die Amtszeit der Richter am Bundesverfassungsgericht zwölf Jahre beträgt. Nach dieser Auffassung wäre „endgültig" also nur als Ernennung auf Lebenszeit zu verste-

---

58 *W. Geiger,* JöR Bd. 6 n. F., S. 138; *H. Höpker-Aschoff,* JöR Bd. 6 n. F., S. 151; *R. Thoma,* JöR Bd. 6 n. F., S. 168; *K. Stern* in Bonner Kommentar, Art. 94 Rdn. 12; *ders.,* a. a. O. (Fn. 9), S. 366; *W. Meyer* in GGK, Art. 94 Rdn. 8.
59 Vgl. BVerfG v. 9. 11. 1955, BVerfGE 4, 331 (344); BVerfG v. 24. 11. 1964, BVerfGE 18, 241 (254); BVerfG v. 11. 6. 1969, BVerfGE 26, 186 (201).
60 So wohl *G. Leibholz,* JöR Bd. 6 n. F., S. 113, 131, der einerseits die Unabhängigkeit eines Verfassungsorgans für begriffsimmanent hält und andererseits dem Richter am BVerfG diese Verfassungsorganstellung zubilligt; a. A. hinsichtlich der Verfassungsorganqualität *W. Geiger,* JöR Bd. 6 n. F., S. 137; *K. Stern,* a. a. O. (Fn. 9), S. 367; referierend B. *Schmidt-Bleibtreu* in *Maunz/Schmidt-Bleibtreu/Klein/Ulsamer,* Vorbem. zu §§ 98—105 Rdn. 2 Fn. 1.

hen[61]. Eine solch einengende Auslegung des Wortes „endgültig" würde jedoch dem in den Artikeln über die Rechtsprechung zum Ausdruck gekommenen Willen des Grundgesetzes nicht gerecht, das Wirken der Rechtsprechung möglichst ungehindert zu gewährleisten[62]; denn die von Art. 97 Abs. 2 Satz 1 GG garantierte persönliche Unabhängigkeit dient der Sicherung der sachlichen Unabhängigkeit, der, als Teilkonkretisierung des in Art. 20 Abs. 2 Satz 2 GG normierten Gewaltenteilundsgrundsatzes[63], als einem der wesentlichen Grundsätze des Staatsaufbaus im Hinblick auf die Erfahrungen während der nationalsozialisitischen Gewaltherrschaft erhöhte Bedeutung nach dem Grundgesetz zukommt[64]. Deshalb ist davon auszugehen, daß auch Richter im Sinne des Art. 97 Abs. 2 Satz 1 GG hauptamtlich und planmäßig endgültig angestellt sind, die für die Dauer einer bestimmten Amtszeit in eine Planstelle eingewiesen sind[65], wovon auch bei Verfassungsrichtern auszugehen ist. Auch sie sind daher als Richter nach Art. 97 Abs. 2 Satz 1 GG persönlich unabhängig[66]. Diese Ansicht wird auch dadurch gestützt, daß Richter am Bundesverfassungsgericht nach § 105 BVerfGG — auf dessen Verfassungsmäßigkeit später eingegangen werden wird — nur aufgrund eines besonderen Verfahrens aus ihrem Amt entfernt werden können[67]. Die Frage, ob ihnen die persönliche Unabhängigkeit kraft Verfassungsorganstellung zukommt[68], gewinnt also auch in diesem Zusammenhang keine rechtliche Bedeutung.

III. Richterliche Unabhängigkeit und § 105 BVerfGG

Als verfahrensrechtliche Sicherung der persönlichen Unabhängigkeit garantiert Art. 97 Abs. 2 Satz 1 GG den Richtern, vor Ablauf ihrer Amtszeit nur unter den gesetzlich bestimmten Voraussetzungen und gegen ihren Willen nur kraft richterlicher Entscheidung abberufen, d. h. entlassen oder ihres Amtes enthoben werden zu können[69]. Da, wie gezeigt, auch Verfassungsrichter den Schutz des Art. 97 Abs. 2 Satz 1 GG genießen, scheinen Zweifel angebracht, ob § 105 BVerfGG, der die vorzeitige Amtsbeendigung eines Rich-

---

61 So *Maunz/Zippelius,* S. 298; ebenso *H. Holtkotten* in Bonner Kommentar, Art. 97 Erl. 3i); *W. Meyer* in GGK, Art. 97 Rdn. 22; alle Äußerungen nehmen jedoch nicht direkt auf die Verhältnisse beim BVerfG Bezug.
62 So auch *K. Lademann,* DÖV 1960, S. 687.
63 So *R. Herzog* in *Maunz-Dürig,* Art. 97 Rdn. 2.
64 BVerfG v. 10. 6. 1953, BVerfGE 2, 307 (320).
65 So ausdrücklich BVerfG v. 9. 11. 1955, BVerfGE 4, 331 (345); vgl. auch BVerfG v. 17. 12. 1953, BVerfGE 3, 213 (224); BVerfG v. 9. 5. 1962, BVerfGE 14, 56 (70).
66 BVerfG v. 3. 12. 1975, BVerfGE 40, 356 (367); *K. A. Bettermann,* Die Grundrechte Bd. 3 Hlbbd. 2, S. 591; *J. Ipsen,* S. 251.
67 Das BVerfG, Entscheidung v. 17. 12. 1953, BVerfGE 3, 213 (224), leitete allein daraus, daß die Vorsitzenden der Arbeitsgerichte und ihre Stellvertreter nach Art. VII Abs. 2 des Kontrollratsgesetzes Nr. 21 während ihrer Amtsdauer nur in einem besonderen Disziplinarverfahren aus dem Amt entfernt werden konnten, deren persönliche Unabhängigkeit ab.
68 Vgl. Fn. 60.
69 Vgl. BVerfG v. 9. 5. 1962, BVerfGE 14, 56 (70); BVerfG v. 24. 11. 1964, BVerfGE 18, 241 (255); BVerfG v. 11. 6. 1969, BVerfGE 26, 186 (198 f.).

ters am Bundesverfassungsgericht gegen dessen Willen speziell regelt, diesen Anforderungen genügt.

Nach dieser Vorschrift kann das Plenum des Bundesverfassungsgerichts mittels eines Beschlusses, der einer Zweidrittelmehrheit der Mitglieder des Gerichts bedarf, den Bundespräsidenten unter bestimmten Voraussetzungen ermächtigen, einen Verfassungsrichter zu entlassen bzw. ihn in den Ruhestand zu versetzen; mit anderen Worten, dem Bundespräsidenten ist durch § 105 BVerfGG eine besondere Zuständigkeit gegeben, Eingriffe in die Rechtsstellung des Verfassungsrichters vorzunehmen, die nach Art. 97 Abs. 2 Satz 1 GG nur kraft richterlicher Entscheidung vorgenommen werden dürfen. Ob dadurch eine Verletzung des Art. 97 Abs. 2 Satz 1 GG gegeben ist, hängt im Grunde von der Auslegung des § 105 Abs. 1 BVerfGG ab. Hält man den Bundespräsidenten für verpflichtet, der Ermächtigung des Plenums des Bundesverfassungsgerichts Folge zu leisten, so liegt eine Verfassungsverletzung deshalb nicht vor, weil über die Entlassung bzw. die Versetzung in den Ruhestand letztverbindlich durch richterliche Entscheidung[70] judiziert wird. Auch falls man nämlich das Vorliegen einer richterlichen Entscheidung nur dann bejahen sollte, wenn eine solche von Richtern aufgrund eines gerichtsförmigen Verfahrens gefällt wurde[71], handelt es sich bei dem Ermächtigungsbeschluß des § 105 BVerfGG um eine solche, denn ihm geht ein justizförmiges Verfahren voraus. Diese Annahme rechtfertigt sich aus § 105 Abs. 3 BVerfGG, nach welchem für das zur Ermächtigung führende Verfahren die allgemeinen Vorschriften des Bundesverfassungsgerichtsgesetzes sowie §§ 54 Abs. 1 und 55 Abs. 1, 2 und 4 bis 6 BVerfGG, die das Procedere bei erhobener Präsidentenanklage nach Art. 61 GG regeln, entsprechend Anwendung finden[72]. Insbesondere der Verweis auf Abs. 4 und Abs. 6 des § 55 BVerfGG und die dadurch ausdrücklich ausgesprochene Verpflichtung, dem betroffenen Verfassungsrichter rechtliches Gehör zu gewähren, machen den gerichtsförmigen Charakter dieses Verfahrens deutlich[73]. Ist man dagegen der Auffassung, dem Bundespräsidenten obliege nach § 105 Abs. 1 BVerfGG eine Ermessensentscheidung, so ist die Verfassungsmäßigkeit dieser Regelung von der Auslegung der in Art. 97 Abs. 2 Satz 1 GG enthaltenen Formulierung „kraft richterlicher Entscheidung" abhängig. Ein Verstoß gegen Art. 97 Abs. 2 Satz 1 GG läge nur dann vor, wenn „kraft richterlicher Entscheidung" als „nur durch richterliche Entscheidung" zu interpretieren wäre[74], denn diese Auslegung hätte zur rechtlichen Konsequenz, daß das Plenum des Bundesverfassungsgerichts über die Entlassung eines Verfassungsrichters bzw. über dessen Versetzung in den Ruhestand in jedem Fall selbst verbindlich ent-

---

70 Nach *H. Holtkotten* in Bonner Kommentar, Art. 97 Erl. 3 c) soll hierfür jede von einem Richter stammende Entscheidung genügen; unentschieden *Th. Maunz,* DVBl. 1950, S. 399.
71 So wohl *K. Lademann,* DÖV 1960, S. 688.
72 Ebenso *K. Lademann,* DÖV 1960, S. 688.
73 Vgl. *K. A. Bettermann,* AöR Bd. 92, S. 505 f., der insbes. die Gewährung des rechtlichen Gehörs zu den Garantien des richterlichen Verfahrens zählt.
74 So RG v. 3. 11. 1931, RGZ 134, 108 (113 f.); ebenso wohl auch *E. Stein,* S. 177; *G. Schmidt-Räntsch,* § 24 Rdn. 7.

scheiden müßte und diese verbindliche Entscheidung in keinem Fall einer anderen staatlichen Einrichtung oder einem anderen staatlichen Organ überlassen sein dürfte. Ist „kraft richterlicher Entscheidung" jedoch in dem Sinne zu verstehen, daß derartige Maßnahmen auch „aufgrund" richterlicher Entscheidung getroffen werden dürfen, so begegnet die Regelung des § 105 Abs. 1 BVerfGG im Hinblick auf Art. 97 Abs. 2 Satz 1 GG keinen verfassungsrechtlichen Bedenken. Dann ist den Anforderungen dieses Verfassungsartikels bereits dadurch genügt, daß der Entlassung eines Verfassungsrichters bzw. dessen Versetzung in den Ruhestand durch den Bundespräsidenten eine richterliche Entscheidung — der Ermächtigungsbeschluß — vorgeschaltet ist[75]. Mit anderen Worten, folgt man bei der Auslegung des Art. 97 Abs. 2 Satz 1 GG der extensiven Interpretationsmöglichkeit, so ist § 105 Abs. 1 BVerfGG insoweit verfassungsgemäß, weil die Entlassung bzw. die Versetzung in den Ruhestand ohne die Ermächtigung des Bundesverfassungsgerichts durch den Bundespräsidenten nicht bewirkt werden kann.

Die Annahme, daß die Schöpfer des Grundgesetzes insoweit nicht mit Auslegungsschwierigkeiten gerechnet haben und die gewählte Formulierung in Art. 97 Abs. 2 Satz 1 GG für eindeutig hielten, liegt nahe, wenn man in diesem Zusammenhang den Umstand berücksichtigt, daß eine dem Art. 97 Abs. 2 Satz 1 GG inhaltsgleiche Regelung bereits in Art. 104 WRV und in dem zuvor erlassenen § 8 Abs. 1 Satz 1 GVG enthalten war[76]. Zwar ergibt sich aus den Materialien zu § 8 Abs. 1 Satz 1 GVG, daß der Gesetzgeber eine zeitweilige oder dauernde Amtsenthebung eines Richters nur durch richterliche Entscheidung für zulässig erklären wollte[77], doch zeigen die Regelungen der §§ 21 Abs. 3 Satz 1 und 30 Abs. 2 des heute geltenden Richtergesetzes, deren Verfassungsmäßigkeit, soweit ersichtlich, nicht in Zweifel gezogen wird bzw. wurde, daß dieser Rechtsstandpunkt nicht mehr aufrechterhalten wird. Wie sich aus den genannten Regelungen ergibt, folgt der Gesetzgeber vielmehr der extensiven Auslegung des Art. 97 Abs. 2 Satz 1 GG, wonach Entlassung, dauernde oder zeitweise Amtsenthebung und Versetzung eines Richters nicht nur unmittelbar durch richterliche Entscheidung verfassungsmäßig verfügt werden können, denn § 21 Abs. 3 Satz 1 DRiG gestattet die Entlassung eines Richters auf Zeit bzw. auf Lebenszeit nur *aufgrund* richterlicher Entscheidung, und § 30 Abs. 2 DRiG läßt eine Versetzung oder Amtsenthebung dieser Richter ebenfalls *aufgrund* richterlicher Entscheidung zu. Auch in der Regelung des anerkannt verfassungsgemäßen[78] § 24 DRiG, der das Richterverhältnis für beendet erklärt, wenn gegen einen Richter durch strafgerichtli-

---

75 Zum Ganzen vgl. *K. Lademann,* DÖV 1960, S. 687.
76 Ähnlich *K. Lademann,* DÖV 1960, S. 687.
77 Vgl. *C. Hahn,* Bd. 1, 1. Abtlg., S. 385 f., wo einerseits in der Stellungnahme des Abg. von Puttkamer zum späteren § 8 Abs. 1 Satz 1 GVG ausdrücklich die Preußische Verfassung vom 31. 1. 1850 in Bezug genommen wird, nach deren Art. 87 dauernde oder zeitweilige Amtsenthebungen von Richtern nur durch Richterspruch, alle anderen Maßnahmen aber schon aufgrund Richterspruchs vorgenommen werden durften, andererseits der Abg. Thilo in seiner Stellungnahme zum Gesetzesentwurf für die Formulierung „durch Richterspruch" stimmte.
78 Vgl. *G. Schmidt-Räntsch,* § 24 Rdn. 7; *Gerner/Decker/Kauffmann,* § 24 Rdn. 2.

ches Urteil auf Freiheitsstrafe von einem Jahr oder wegen bestimmter Staatsschutzdelikte auf Freiheitsstrafe erkannt worden ist, bzw. wenn er durch Urteil der Fähigkeit zur Bekleidung öffentlicher Ämter oder der Befugnis zur Ausübung eines Grundrechts für verlustig erklärt worden ist, kommt diese Rechtsauffassung des Gesetzgebers deutlich zum Ausdruck. Für sie streiten einerseits praktische Bedürfnisse. Verträte man den Standpunkt, daß die in § 30 DRiG aufgeführten Maßnahmen wegen Art. 97 Abs. 2 Satz 1 GG nur durch richterliche Entscheidung getroffen werden könnten, so müßte das zum Tätigwerden berufene Gericht beispielsweise im Falle einer Versetzung nicht nur über deren Zulässigkeit, sondern auch darüber befinden, welches Richteramt bei welchem Gericht dem zu versetzenden Richter nunmehr zu übertragen sei. Eine derart weitgehende Entscheidungsbefugnis der Gerichte würde den Bedürfnissen der Praxis nicht gerecht. Darüber hinaus widerspräche die restriktive Auslegung des Art. 97 Abs. 2 Satz 1 GG insbesondere in den Fällen des § 24 DRiG dem Interesse der Allgemeinheit an dem Erhalt einer funktionstüchtigen Rechtspflege. Wäre der restriktiven Auslegung des Art. 97 Abs. 2 Satz 1 GG zu folgen, so müßte auch in den Fällen des § 24 DRiG das Richterverhältnis durch richterliche Entscheidung beendet werden. Das verfassungsrechtlich geschützte[79] Interesse an dem Erhalt einer funktionstüchtigen Rechtspflege erschiene jedoch dann zumindest für den Zeitraum beeinträchtigt, der erforderlich wäre, um durch ein weiteres dienstgerichtliches Urteil den betroffenen Richter aus seinem Dienst zu entfernen. Während der Zeitspanne bis zum Erlaß eines solchen Urteils würde er nämlich Recht sprechen, obwohl seine Tätigkeit in der Öffentlichkeit wegen seiner schwerwiegenden Verstöße gegen die Rechtsordnung kein Vertrauen mehr genießen würde. Deshalb müssen diese beiden von der Verfassung geschützten Rechtsgüter — die persönliche Unabhängigkeit der Richter und die Gewährleistung einer funktionstüchtigen Rechtspflege — im Wege der „praktischen Konkordanz"[80] hier derart miteinander in Übereinstimmung gebracht werden, daß jedem von ihnen Rechnung getragen wird. Eine solche Harmonisierung, die in § 24 DRiG ihre einfachgesetzliche Ausprägung erfahren hat, kann nur aufgrund der extensiven Auslegung des Art. 97 Abs. 2 Satz 1 GG erfolgen. Andernfalls wäre dem Allgemeininteresse an der Gewähr einer funktionstüchtigen Rechtspflege, wie gezeigt, nicht genügend Rechnung getragen. Im übrigen darf in diesem Zusammenhang nicht übersehen werden, daß in den von § 24 DRiG geregelten Sachverhaltsalternativen ein zweites, nunmehr dienstgerichtliches Urteil ein bloßer Formalakt wäre. Das einer solchen zweiten richterlichen Entscheidung vorausgehende Verfahren böte dem betroffenen Richter keinen über das Erstverfahren hinausgehenden, zusätzlichen Schutz, zumal der Richter in jenem ersten Verfahren

---

[79] Nach Auffassung des BVerfG ist die Gewähr einer funktionstüchtigen Rechtspflege ein Element des Rechtsstaatsprinzips, vgl. z. B. BVerfG v. 19. 7. 1972, BVerfGE 33, 367 (383); BVerfG v. 27. 11. 1973, BVerfGE 36, 174 (186); BVerfG v. 8. 10. 1974, BVerfGE 38, 105 (115); BVerfG v. 15. 1. 1975, BVerfGE 38, 312 (321); BVerfG v. 24. 5. 1977, BVerfGE 44, 353 (374).
[80] Vgl. *K. Hesse*, S. 27.

Gelegenheit zur Verteidigung erhalten hatte[81], das Dienstgericht andererseits nur die nach äußeren Merkmalen zu ermittelnden Tatsachen, nämlich das rechtskräftige Urteil eines Strafgerichts über eine Freiheits- oder Nebenstrafe[82] oder das Urteil des Bundesverfassungsgerichts über die Verwirkung eines Grundrechts, feststellen und den Verlust der Richterrechte aussprechen könnte[83]. Diese bisher erörterten Gesichtspunkte sprechen also für die extensive Auslegung des Wortes „kraft" in Art. 97 Abs. 2 Satz 1 GG. Auch eine systematische Interpretation der Verfassung stützt das auf diese Weise gefundene Auslegungsergebnis. Soll nach dem Grundgesetz eine Maßnahme *nur durch richterliche Entscheidung* vorgenommen werden dürfen, so kommt dies in der Formulierung des Grundgesetzes verbal eindeutig zum Ausdruck. Beleg hierfür ist Art. 13 Abs. 2 Hlbs. 1 GG, der die Anordnung einer Wohnungsdurchsuchung[84] „*nur durch den Richter*" für zulässig erklärt und Art. 61 Abs. 2 Satz 1 GG, der dem Bundesverfassungsgericht die Kompetenz einräumt, im Falle einer begründeten Präsidentenanklage „den Bundespräsidenten *seines Amtes für verlustig zu erkären*". Auch die Regelung des Mandatsverlustes im Rahmen der Wahlprüfung, Art. 41 Abs. 1 Satz 2 GG, zeigt, daß das Grundgesetz dann, wenn es einem Staatsorgan die Kompetenz einräumt, ein Mitgliedschaftsverhältnis konstitutiv zu beenden, diese Kompetenzzuweisung eindeutig formuliert. Da der Wortlaut des Art. 97 Abs. 2 Satz 1 GG jedoch insoweit verschiedenen Interpretationsmöglichkeiten Raum läßt, kann hieraus durchaus geschlossen werden, daß das Grundgesetz die in Art. 97 Abs. 2 aufgelisteten Eingriffe in das Richterverhältnis nicht nur „durch richterliche Entscheidung" für zulässig erklärt, sondern vielmehr davon ausgeht, daß diese Eingriffe auch von der Exekutive, allerdings nur „aufgrund richterlicher Entscheidung", vorgenommen werden dürfen. Mit anderen Worten, der Umstand, daß die Kompetenzzuweisungen in Art. 13 Abs. 2 Hlbs. 1, Art. 41 Abs. 1 Satz 2 und in Art. 61 Abs. 2 Satz 1 GG unmißverständlich gefaßt sind, die in Art. 97 Abs. 2 Satz 1 GG enthaltene indes nicht, rechtfertigt den Schluß, daß die Worte „kraft richterlicher Entscheidung" in Art. 97 Abs. 2 Satz 1 GG extensiv auszulegen sind. Aus Sinn und Zweck des Art. 97 Abs. 2 Satz 1 GG läßt sich zur Lösung dieser Problematik kein eindeutiger Ansatz ableiten. Die ratio legis dieser Verfassungsnorm ergibt, daß beide Auslegungsalternativen zulässig sind. Art. 97 Abs. 2 Satz 1 GG soll die Richter vor gesetzwidrigen Eingriffen der Exekutive in ihr

---

81 Für das Strafverfahren vgl. die §§ 136 Abs. 1 u. Abs. 2, 163a Abs. 1 u. Abs. 2, 201, 243 Abs. 4, 257 Abs. 1, 258 StPO; für das Verfahren vor dem BVerfG vgl. § 37 BVerfGG.
82 Die Aberkennung der Fähigkeit zur Bekleidung öffentlicher Ämter wird im Strafgesetzbuch zwar als Nebenfolge bezeichnet, stellt jedoch materiellrechtlich eine Nebenstrafe dar, vgl. *K. Lackner*, § 45 Anm. 3.
83 Vgl. zu diesem Gesichtspunkt *G. Schmidt-Räntsch,* § 24 Rdn. 7, der zur verfassungsrechtlichen Rechtfertigung des § 24 DRiG den Bericht des Rechtsausschusses des Bundestages v. 9. 6. 1961 in Bezug nimmt (Verh. des Deutschen Bundestages, BT-Drucks. 2785 der 3. Wahlperiode, 1961), in dem auf S. 12 unter § 19d von der Verfassungsmäßigkeit dieses Paragraphen ausgegangen und in dem ebenda ausdrücklich festgestellt wird, daß dem betroffenen Richter nicht die Möglichkeit offensteht, in einem weiteren dienstgerichtlichen Verfahren geltend zu machen, daß das ihn betreffende Strafurteil zu Unrecht ergangen sei.
84 Zum Begriff der Wohnung vgl. *Th. Maunz* in *Maunz-Dürig,* Art. 13 Rdn. 3c.

Dienstverhältnis schützen[85]. Diese Zweckerreichung ist aber nicht nur dann sichergestellt, wenn, wie es der restriktiven Auslegung entspräche, ein solcher Eingriff nur durch richterliche Entscheidung vorgenommen werden darf, sondern auch dann, wenn, im Sinne der extensiven Auslegung, die Exekutive nach vorangegangener richterlicher Entscheidung eingreifend tätig werden darf. Bei Zugrundelegung der extensiven Auslegung wird der Schutz der Richter nämlich durch die vorgeschaltete richterliche Entscheidung bewirkt. Daß beide Auslegungsmöglichkeiten Sinn und Zweck des Art. 97 Abs. 2 Satz 1 GG entsprechen, ist in diesem Zusammenhang deshalb von Belang, weil die Auslegung einer Verfassungsnorm ihrer ratio legis Rechnung tragen muß. Da, wie gezeigt, gewichtige Argumente für die extensive Interpretation des Art. 97 Abs. 2 Satz 1 GG sprechen und sie auch mit Sinn un Zweck dieser Verfassungsnorm in Einklang steht, ist ihr gegenüber der restriktiven Auslegung der Vorzug zu geben. Art. 97 Abs. 2 Satz 1 GG ist demnach wie folgt zu lesen: Die hauptamtlich und planmäßig endgültig angestellten Richter können wider ihren Willen nur aufgrund richterlicher Entscheidung und nur aus Gründen und unter den Formen, welche die Gesetze bestimmen, vor Ablauf ihrer Amtszeit entlassen oder dauernd oder zeitweise ihres Amtes enthoben oder an eine andere Stelle oder in den Ruhestand versetzt werden.

Da nach § 105 Abs. 1 BVerfGG für die Entlassung eines Verfassungsrichters bzw. für dessen Versetzung in den Ruhestand durch den Bundespräsidenten ein dementsprechender, verfassungs*gerichtlicher* Ermächtigungsbeschluß vorliegen muß, genügt diese Regelung den anhand der extensiven Interpretation ermittelten Eingriffsvoraussetzungen des Art. 97 Abs. 2 Satz 1 GG. Demzufolge bewirkt die Auslegung des § 105 Abs. 1 BVerfGG in keinem Fall einen Verstoß gegen den verfassungsrechtlich garantierten Grundsatz der persönlichen Unabhängigkeit der Richter. Bejaht man im Verfahren nach § 105 BVerfGG eine Bindung des Bundespräsidenten an den Ermächtigungsbeschluß des Bundesverfassungsgerichts, ist Art. 97 Abs. 2 Satz 1 GG deshalb Genüge getan, weil ein Gericht selbst letztverbindlich über den Eingriff in das Dienstverhältnis des betroffenen Verfassungsrichters entscheidet. Vertritt man die Auffassung, der Bundespräsident könne bei Vorliegen der Ermächtigung aufgrund eigener Ermessensentscheidung eingreifend tätig werden, ist die Regelung des § 105 Abs. 1 BVerfGG deshalb verfassungsgemäß, weil Art. 97 Abs. 2 Satz 1 GG nach zutreffender Ansicht nur verlangt, daß den Eingriffen in das Richteramt durch die Exekutive[86] eine richterliche Entscheidung vorgeschaltet sein muß. Festgestellt werden kann daher, daß aus diesem Grund gegen § 105 Abs. 1 BVerfGG keine verfassungsrechtlichen Bedenken bestehen. Auf die Frage, ob diese einfachgesetzliche Regelung der Verfassung im übrigen entspricht, wird im Zusammenhang mit der Auslegung des § 105 Abs. 1 BVerfGG einzugehen sein.

---

85 Vgl. *K. A. Bettermann,* Die Grundrechte Bd. 3 Hlbbd. 2, S. 593; *G. Schmidt-Räntsch,* § 24 Rdn. 7.
86 Im Sinne der klassischen Gewaltenteilungslehre ist der Bundespräsident der Exekutive zuzuordnen, vgl. *K. Doehring,* a. a. O. (Fn. 7), S. 110 f.; zu dieser Einordnung vgl. auch *O. Kimminich,* VVDStRL 25 (1967), S. 71.

B. Die spezielle verfassungsrechtliche Funktion des § 105 BVerfGG

Das Bundesverfassungsgericht ist nicht nur Gericht, sondern zugleich auch Verfassungsorgan[87]. Diese nur ihm eigentümliche Doppelstellung hat notwendigerweise Rückwirkungen auf die Rechtsstellung seiner Mitglieder[88]. Wegen der Zugehörigkeit zu einem Gericht und zu einem Verfassungsorgan sind sie Richter mit besonderem Status, Richter sui generis, richterliche Statusinhaber[89]. Diese besondere Rechtsstellung bedingt Abweichungen von der Rechtsstellung der Richter im übrigen. Als Beispiele seien hier nur genannt[90]: Verfassungsrichter leisten ihren Amtseid abweichend von dem üblichen Richtereid (§ 38 DRiG) und vor dem Bundespräsidenten, § 11 BVerfGG. Verfassungsrichter stehen zum Staat in einem öffentlich-rechtlichen Amtsverhältnis und nicht, wie die Richter im übrigen, in einem öffentlich-rechtlichen Dienstverhältnis. Die Bezüge der Richter des Bundesverfassungsgerichts sind nicht in den allgemeinen Besoldungsgesetzen geregelt, sondern in einem eigenen Gesetz über das Amtsgehalt der Mitglieder des Bundesverfassungsgerichts[91].

Ebenfalls aus ihrer besonderen rechtlichen Stellung folgt, daß sie weder einem dienstgerichtlichen noch einem dienstaufsichtlichen, also einem disziplinarrechtlichen Verfahren nicht unterworfen sein können bzw. dürfen[92]. Regelungen wie die der §§ 24, 30 Abs. 1 Nr. 2, 61 ff. DRiG, die die vorzeitige Amtsbeendigung eines Richters wegen groben Rechtsverstöße bewirken bzw. bewirken können, dürften deshalb für Verfassungsrichter nicht getroffen werden. Als Träger der Institution Bundesverfassungsgericht nehmen sie die dem Bundesverfassungsgericht zugewiesenen Kompetenzen wahr. Die Ausübung der dem Bundesverfassungsgericht zugewiesenen Kompetenzen durch die Verfassungsrichter ist Kompetenzausübung durch das Bundesverfassungsgericht selbst. Wäre ein Verfassungsrichter der — wenn vielleicht auch nur abstrakten — Möglichkeit eines dienstgerichtlichen oder dienstaufsichtlichen Verfahrens ausgesetzt, wäre damit für ihn zu dem Organ ein Unterordnungsverhältnis begründet, dem die Kompetenz zur Einleitung bzw. Durchführung eines solchen Disziplinarverfahrens zustünde.

Damit wäre jenem Staatsorgan, wenn auch nur mittelbar, eine Einflußmöglichkeit auf das Verhalten der Richter des Bundesverfassungsgerichts und da-

---

[87] Vgl. die Nachweise bei *G. Leibholz,* S. 73 Fn. 21 f., und bei *K. Stern,* a. a. O. (Fn. 9), S. 345 Fn. 75.
[88] So *J. Wintrich,* JöR Bd. 6 n. F., S. 216; *K. Stern* in Bonner Kommentar, Art. 94 Rdn. 17.
[89] *K. Stern* in Bonner Kommentar, Art. 94 Rdn. 18.
[90] Zu den Besonderheiten der rechtlichen Stellung der Bundesverfassungsrichter ausführlich *K. Stern* in Bonner Kommentar, Art. 94 Rdn. 26 ff.
[91] BGBl. 1964 I, S. 133.
[92] Vgl. *F. Baur,* S. 58 f.; *J. Wintrich,* JöR Bd. 6 n. F., S. 216; *K. Stern* in Bonner Kommentar, Art. 94 Rdn. 32; *G. Schmidt-Räntsch,* § 26 Rdn. 9; ebenso *G. Leibholz,* JöR Bd. 6 n. F., S. 114, der zu diesem Ergebnis jedoch wohl aufgrund der von ihm angenommenen Verfassungsorganstellung des einzelnen Verfassungsrichters gelangt.

mit auch auf die Kompetenzausübung des Bundesverfassungsgerichts selbst eingeräumt. Wegen der Verfassungsorganstellung dieses Gerichts darf es in der Wahrnehmung seiner Kompetenzen indes nicht von weiteren als von den von der Verfassung vorgesehenen Interdependenzen beeinflußt werden. Dies folgt aus dem Grundsatz der Gleichordnung der Verfassungsorgane[93], der seine rechtliche Grundlage in dem Gewaltenteilungsprinzip des Grundgesetzes, Art. 20 Abs. 2 Satz 2, findet. Das Grundgesetz kennt jedoch nur die Unterworfenheit des Verfassungsrichters unter Gesetz und Recht, Art. 20 Abs. 3 GG; ein Unterordnungsverhältnis in dem eben beschriebenen Sinne sieht es für die Mitglieder des Bundesverfassungsgerichts nicht vor. Wäre ein Disziplinarverfahren eingerichtet, wäre somit eine Beeinflussung des Bundesverfassungsgerichts geschaffen, die der Verfassung aus gutem Grund fremd ist. Durch die Existenz eines dienstgerichtlichen oder dienstaufsichtlichen Verfahrens gegen Verfassungsrichter wäre deshalb die Autonomie des Bundesverfassungsgerichts beeinträchtigt und damit letztlich das Gewaltenteilungsprinzip des Grundgesetzes verletzt.

Da aber das Bedürfnis besteht, die Glaubwürdigkeit in die Rechtsprechungstätigkeit des Bundesverfassungsgerichts zu erhalten, diese indes bei schwerwiegenden Pflichtverstößen eines Verfassungsrichters nicht mehr gewährleistet erschiene, ist auch für Verfassungsrichter eine der geschilderten Rechtslage Rechnung tragende Regelung unerläßlich, die die vorzeitige Beendigung ihres Amtes zum Gegenstand hat. Darüber hinaus spricht auch die Dignität der Institution Bundesverfassungsgericht für die sachliche Notwendigkeit einer solchen Regelung. Ihr Ansehen würde erheblichen Schaden erleiden, könnte die Zugehörigkeit eines Richters zu dieser Institution trotz von ihm begangener gravierender Pflichtwidrigkeiten nicht vor Ablauf seiner Amtszeit gegen seinen Willen beendet werden. Diese Erwägungen dürften wohl der Regelung des § 105 Abs. 1 Nr. 2 BVerfGG zugrunde liegen, nach der das Bundesverfassungsgericht den Bundespräsidenten zur Entlassung eines Verfassungsrichters ermächtigen kann, „wenn er wegen einer entehrenden Handlung oder zu einer Freiheitsstrafe von mehr als sechs Monaten rechtskräftig verurteilt worden ist oder wenn er sich einer so groben Pflichtverletzung schuldig gemacht hat, daß sein Verbleiben im Amt ausgeschlossen ist".

Dadurch, daß diese Norm dem Plenum des Bundesverfassungsgerichts *zumindest* die Initiative zur Einleitung des einen Verfassungsrichter betreffenden Entlassungsverfahrens zuweist, genügt sie, und nur sie, dem aus Art. 20 Abs. 2 Satz 2 GG gefolgerten Gebot der Disziplinarautonomie des Bundesverfassungsgerichts. In Verbindung mit Nr. 1 des § 105 Abs. 1 BVerfGG, der ebenso wie § 105 Abs. 1 Nr. 2 der Sicherung der Unabhängigkeit der Bundesverfassungsrichter dient[94] und der deshalb ebenfalls dem Plenum des Verfassungsgerichts die Kompetenz zuweist, den Bundespräsidenten zur Versetzung eines Verfassungsrichters wegen dauernder Dienstunfähigkeit in den Ruhestand zu ermächtigen, normiert die Vorschrift des § 105 Abs. 1 Nr. 2

---

93 Vgl. hierzu *K. Stern,* a. a. O. (Fn. 9), S. 42.
94 BVerfG v. 5. 10. 1977, BVerfGE 46, 34 (41).

BVerfGG daher abschließend sowohl das formelle als auch das materielle Recht der vorzeitigen Amtsbeendigung eines amtierenden Mitgliedes dieses Gerichts jedenfalls aus Gründen, die während seiner Amtszeit eintreten[95]. Es wird zwar auch behauptet, daß § 105 BVerfGG nur die Zuständigkeit und das Verfahren für die Entziehung des wirksam übertragenen Richteramtes ohne Zustimmung des Verfassungsrichters regele[96]. Diese Ansicht verkennt indes, daß die besondere Rechtsstellung der Verfassungsrichter auch im materiellen Recht Abweichungen von den für die übrigen Richter geltenden Vorschriften erfordert.

§ 105 BVerfGG deckt nach seinem Wortlaut nicht die Fälle, in denen nach materiellem Recht die Unwirksamkeit der Übertragung des Richteramtes oder seine Beendigung aus anderen als „disziplinären" Gründen in Betracht kommt. § 105 Abs. 1 Nr. 2 BVerfGG schweigt ferner zu der Frage, ob und wie gegen einen Richter im Ruhestand wegen einer vor oder nach Eintritt in den Ruhestand begangenen Verletzung seiner Amtspflichten eingeschritten werden kann. Auch läßt sich § 105 Abs. 1 Nr. 2 BVerfGG expressis verbis nicht entnehmen, ob die zur Einleitung des Ermächtigungsverfahrens berechtigten Gründe nach Beginn der Amtszeit entstanden sein müssen. Der Frage, ob insoweit eine Gesetzeslücke besteht, die durch analoge Anwendung des § 105 BVerfGG zu schließen ist oder ob gemäß § 69 DRiG die entsprechenden Vorschriften des Deutschen Richtergesetzes anzuwenden sind, soll hier nicht nachgegangen werden[97]. Ebenso soll hier dahingestellt bleiben, ob Umstände aus der Zeit vor der Wahl, die grundsätzlich die Tatbestandsvoraussetzungen des § 105 Abs. 1 Nr. 2 BVerfGG erfüllen würden, nur zur Wahlanfechtung[98] und nicht zur Durchführung des Beendigungsverfahrens nach § 105 BVerfGG berechtigen. Der Gegenstand der nachfolgenden Betrachtung ist nur die rechtliche Verantwortlichkeit der amtierenden Verfassungsrichter. Die durch die genannten Fälle aufgeworfenen Rechtsfragen überschreiten deshalb den Rahmen der hier angestellten Untersuchung.

Aus der Exklusivität des Verfahrens nach § 105 BVerfGG folgt, daß Art. 98 Abs. 2 GG, der die Richteranklage gegen Bundesrichter eröffnet, wenn diese gegen das Grundgesetz oder gegen eine Landesverfassung verstoßen haben, für Verfassungsrichter keine Geltung beanspruchen kann. Zwar hat das Bundesverfassungsgericht ausgeführt, daß durch § 105 BVerfGG der materielle Tatbestand des Art. 98 Abs. 2 GG nicht beseitigt sei[99], doch hieraus ist nur der Schluß auf die Synonymität der Pflichtwidrigkeiten von Bundes- und Verfassungsrichtern gerechtfertigt. Aus der vom Verfassungsgericht gewähl-

---

[95] So wohl *W. Geiger*, a. a. O. (Fn. 12), § 105 Erl. 1; weitergehend *Leibholz-Rupprecht*, § 105 Rdn. 1, die davon ausgehen, daß auch die vor Amtsantritt entstandenen „Beendigungsgründe" ausschließlich von § 105 BVerfGG geregelt werden; ohne diese Differenzierung *H. Lechner*, § 105 Erl. Allgemeines.
[96] So, ohne Begründung, *B. Schmidt-Bleibtreu* in *Maunz/Schmidt-Bleibtreu/Klein/Ulsamer*, § 105 Rdn. 2.
[97] Für die Anwendung der Vorschriften des Deutschen Richtergesetzes *B. Schmidt-Bleibtreu* in *Maunz/Schmidt-Bleibtreu/Klein/Ulsamer*, § 105 Rdn. 8 ff.
[98] So wohl *W. Geiger*, a. a. O. (Fn. 12), § 105 Erl. 1; a. A. *Leibholz-Rupprecht*, § 105 Rdn. 1.
[99] BVerfG v. 5. 10. 1977, BVerfGE 46, 34 (41).

ten Formulierung kann nur gefolgert werden, daß nach dessen Ansicht der Verstoß eines Verfassungsrichters gegen Grundgesetz oder Landesverfassung eine Pflichtverletzung nach § 105 Abs. 1 Nr. 2 BVerfGG begründet. Weiterreichende Folgerungen können aus ihr, wie sich aus der Entscheidung auch implizit ergibt, nicht abgeleitet werden.

C. *Die Tatbestände des § 105 BVerfGG*

I. Dauernde Dienstunfähigkeit (§ 105 Abs. 1 Nr. 1 BVerfGG)

Auf diese Tatbestandsalternative des § 105 BVerfGG soll hier nicht näher eingegangen werden, denn ihr Vorliegen beruht im Regelfall auf Umständen, die ihre Ursache nicht in einem willensgesteuerten Verhalten des von ihr betroffenen Verfassungsrichters finden. Insoweit besteht deshalb thematisch kein Zusammenhang mit dem Problemkreis der rechtlichen Verantwortlichkeit der Verfassungsrichter. Sollte die Dienstunfähigkeit willentlich herbeigeführt worden sein, was sicherlich einen Ausnahmefall darstellen würde, wäre zu prüfen, ob ein solches Verhalten eine Pflichtverletzung nach § 105 Abs. 1 Nr. 2 BVerfGG bedeuten würde, denn der Richter würde sich gegebenenfalls dadurch seiner Dienstpflicht entziehen und wäre dafür sicherlich subjektiv verantwortlich. Der objektive Tatbestand der Dienstunfähigkeit für sich genommen kann jedoch keine Pflichtwidrigkeit darstellen und deshalb nicht zum Gegenstand der richterlichen Verantwortlichkeit gemacht werden. Aus dem gleichen Grund muß hier auch der Spezialfall des durch strafgerichtliches Urteil bewirkten Verlusts der Fähigkeit zur Bekleidung öffentlicher Ämter und der dadurch wohl bewirkten Dienstunfähigkeit nicht erörtert werden. Bereits die strafgerichtliche Verurteilung selbst, der willentliches Verhalten des Verfassungsrichters zugrunde liegt, kann einen Pflichtenverstoß begründen und nach § 105 Abs. 1 Nr. 2 BVerfGG zur Einleitung bzw. Durchführung des Ermächtigungsverfahrens berechtigen.

Der Vollständigkeit halber sei hinzugefügt, daß dem Plenum des Bundesverfassungsgerichts auch im Falle der dauernden Dienstunfähigkeit die eigenständige Prüfungskompetenz im Hinblick darauf zukommt, ob die Voraussetzungen dieses Rechtsbegriffs erfüllt sind. Wie der Wortlaut es nahelegt, hat das Bundesverfassungsgericht auch bei dieser Tatbestandsalternative über die Ermächtigung des Bundespräsidenten nach Ermessen zu befinden. § 105 Abs. 1 BVerfGG ist insgesamt als Kann-Regelung gefaßt. Grund hierfür ist der Schutz des Verfassungsrichters vor willkürlicher Amtsbeendigung. Durch das besondere Verfahren des § 105 BVerfGG und die dem Bundesverfassungsgericht zugewiesene Ermessensentscheidung soll der Gefahr entgegengewirkt werden, daß ein Verfassungsrichter aus gesetzwidrigen Gründen seines Richteramtes enthoben und in den Ruhestand versetzt werden kann.

Wäre, wie auch in der Literatur vertreten[100], das Bundesverfassungsgericht im Falle des § 105 Abs. 1 Nr. 1 BVerfGG zur Ermächtigung des Bundespräsidenten verpflichtet, wäre dieser Gefahr nicht ausreichend begegnet, zumal die die dauernde Dienstunfähigkeit bewirkenden Umstände oftmals nicht zweifelsfrei zutage liegen und der Feststellung durch einen Sachverständigen bedürfen, der einer Beeinflussung eher zugänglich erscheint als das Plenum des Bundesverfassungsgerichts.

Im übrigen können die für die Ermächtigungsverpflichtung des Bundesverfassungsgerichts vorgetragenen Argumente letztlich nicht überzeugen. Es wird einerseits geltend gemacht, daß bei wörtlicher Auslegung des § 105 BVerfGG insoweit ein Widerspruch zu § 98 Abs. 2 Nr. 1 BVerfGG auftrete, der die Verpflichtung ausspricht, einen Richter des Bundesverfassungsgerichts bei dauernder Dienstunfähigkeit in den Ruhestand zu versetzen[101]. Zu bedenken ist jedoch, daß die behauptete Unvereinbarkeit nur dann besteht, wenn man davon ausgeht, daß sich auch § 98 Abs. 2 Nr. 1 BVerfGG an das Bundesverfassungsgericht als Regelungsadressaten wendet. Diese Norm kann aber auch dahingehend verstanden werden, daß durch sie für das für die Vornahme der Versetzung zuständige Staatsorgan eine Bindung an den Ermächtigungsbeschluß des Bundesverfassungsgerichts begründet wird. Mit anderen Worten, § 98 Abs. 2 Nr. 1 BVerfGG ist auch der Interpretation zugänglich, daß der Bundespräsident einen Richter des Bundesverfassungsgerichts wegen dauernder Dienstunfähigkeit in den Ruhestand zu versetzen hat, wenn ein entsprechender Ermächtigungsbeschluß des Bundesverfassungsgerichts vorliegt. Das weitere Argument, es bestehe das Bedürfnis, das Bundesverfassungsgericht mit dienstfähigen Richtern besetzt zu halten[102], erscheint deshalb nicht bedenkenfrei, weil eine solche sachliche Notwendigkeit bei der Interpretation einer Gesetzesvorschrift im Rahmen der teleologischen Auslegung nur insoweit Berücksichtigung finden darf, als ihr durch die auszulegende Rechtsnorm Rechnung getragen werden soll[103]. Zwar kann dies aus der Tatsache, daß die Versetzung eines Verfassungsrichters wegen dauernder Dienstunfähigkeit in § 105 BVerfGG geregelt wurde, geschlossen werden. Doch der Umstand, daß dem Bundesverfassungsgericht durch § 105 BVerfGG dennoch auch für diesen Fall eine Ermessensentscheidung eingeräumt wurde, zeigt deutlich, daß dem Schutz des Verfassungsrichters der Vorrang gegenüber dem Interesse am Erhalt eines funktionsfähigen Bundesverfassungsgerichts eingeräumt wurde. Aufgrund dieser in der Fassung des § 105 BVerfGG zum Audruck kommenden Interessenbewertung kann deshalb das Bedürfnis, das Bundesverfassungsgericht mit dienstfähigen Richtern besetzt zu halten, nicht als Stütze für die Annahme herangezogen werden, das Bundesverfassungsgericht sei bei dauernder Dienstunfähigkeit eines Verfassungsrichters zur Ermächtigung des Bundespräsidenten verpflichtet.

---

100 So *B. Schmidt-Bleibtreu* in *Maunz/Schmidt-Bleibtreu/Klein/Ulsamer*, § 105 Rdn. 3; *W. K. Geck*, a. a. O. (Fn. 2), S. 55.
101 Vgl. *B. Schmidt-Bleibtreu* in *Maunz/Schmidt-Bleibtreu/Klein/Ulsamer*, § 105 Rdn. 3.
102 So *B. Schmidt-Bleibtreu* in *Maunz/Schmidt-Bleibtreu/Klein/Ulsamer*, 105 Rdn. 3.
103 Vgl. *K. Larenz*, S. 318.

II. Rechtskräftige Verurteilung zu einer Freiheitsstrafe von mehr als sechs Monaten (§ 105 Abs. 1 Nr. 2, 2. Alt. BVerfGG)

1. Pflichtwidrigkeiten im Rahmen spezifisch richterlicher Tätigkeit

Da der ersten Alternative des § 105 Abs. 1 Nr. 2 BVerfGG, der rechtskräftigen Verurteilung wegen einer entehrenden Handlung, gegenüber dem Entlassungsgrund der rechtskräftigen Verurteilung zu einer Freiheitsstrafe von mehr als sechs Monaten insoweit kein eigenständiger Anwendungsbereich zukommt, als Pflichtwidrigkeiten, die die spezifisch richterliche Tätigkeit betreffen, in Frage stehen, was später erläutert werden wird, wird — abweichend von der in § 105 Abs. 1 Nr. 2 BVerfGG gewählten Reihenfolge — zunächst dessen zweite Tatbestandsalternative untersucht.

Obwohl deren Wortlaut allgemein gefaßt ist, ihm also eine Beschränkung auf eine Verurteilung wegen eines bestimmten Straftatbestandes nicht entnommen werden kann, kann dieser Entlassungsgrund aufgrund von Pflichtwidrigkeiten im Rahmen spezifisch richterlicher Tätigkeit nur dann erfüllt sein, wenn ein Gericht wegen dieser Pflichtwidrigkeiten zumindest auch nach § 336 StGB, dem Verbot der Rechtsbeugung, verurteilt hat. Ein Verfassungsrichter könnte also beispielsweise wegen Beleidigung, begangen durch Amtsausübung, nur verurteilt werden, wenn der Lebenssachverhalt, der den Vorwurf der Beleidigung rechtfertigt, zugleich auch die Tatbestandsvoraussetzungen der Rechtsbeugung erfüllt.

a) Strafrechtliches Haftungsprivileg

Grund für die aufgezeigte Besonderheit ist der verfassungsrechtliche Grundsatz der persönlichen Unabhängigkeit der Richter, Art. 97 Abs. 2 GG, aus dem die Rechtsprechung diese Beschränkung der strafrechtlichen Verantwortlichkeit für Richter generell gefolgert hat[104]. Da Art. 97 Abs. 2 GG auch für die Richter des Bundesverfassungsgerichts Geltung beansprucht[105], muß dieses Haftungsprivileg auch zu ihren Gunsten eingreifen. Es wird folgendermaßen überzeugend begründet: Durch § 336 StGB solle der Grundsatz der richterlichen Unabhängigkeit einfachgesetzlich gesichert werden[106]. Dieser Straftatbestand verdanke seine Entstehung der Auffassung, daß es mit dem Grundsatz der Unabhängigkeit unvereinbar sei, den Spruchrichter für jedes Versehen haftbar zu machen[107], denn bei uneingeschränkter Haftung könne die innere Unbefangenheit des Richters bei der Amtsausübung verloren gehen. Er könne dann geneigt sein, im Zweifel den Weg des geringsten

---

[104] So ausdrücklich BGH, Urt. v. 7. 12. 1956, BGHSt 10, 294 (298); vgl. auch BGH, Urt. v. 29. 5. 1952, MDR 1952, S. 693 (695, 1. Sp.); BGH, Urt. v. 21. 7. 1970, NJW 1971, S. 571 (574, r. Sp.).
[105] Vgl. hierzu oben Teil 2 A II.
[106] Vgl. BGH, Urt. v. 7. 12. 1956, BGHSt 10, 294 (298).
[107] OLG Bamberg, Beschl. v. 1. 4. 1949, SJZ 1949, S. 491 (492).

Risikos zu gehen oder sich durch von ihm an sich nicht geteilte Auffassungen in seiner Entscheidungsfreiheit eingeengt fühlen[108]. Aus diesem Grund verbiete sich auch eine Strafbarkeit wegen nur fahrlässiger Rechtsbeugung[109], denn eine solche bedinge die Überprüfung der richterlichen Überzeugungsbildung durch einen anderen Richter. Müsse ein Richter jedoch damit rechnen, wäre er genötigt, die Maßstäbe dieser Überprüfung, wie sie etwa in Lehrmeinungen und Präjudizien enthalten seien, seiner Entscheidung zugrunde zu legen. Die Möglichkeit eines Widerspruchs zur eigenen Überzeugung wäre gegeben, darüber hinaus bestünde sogar die Gefahr, daß der Richter entgegen seiner eigenen Überzeugung judizieren würde[110]. Im übrigen seien auch die Richter vor der Gefahr zu schützen, in den Verdacht strafbarer Rechtsbeugung zu geraten. Andernfalls liefen sie ständig Gefahr, sich wegen ihrer Amtsausübung vor einem anderen Richter verantworten zu müssen, wodurch die richterliche Unabhängigkeit zumindest nicht mehr als voll gewahrt scheine[111].

Diese in Rechtsprechung und Lehre vorgebrachten Argumente erhellen zugleich, daß der verfassungsrechtliche Grundsatz der richterlichen Unabhängigkeit dann einer strafrechtlichen Ahndung nicht entgegensteht, wenn der Richter gerade deshalb verurteilt werden soll, weil er durch seine Amtsausübung den Grundsatz, dem seine Unabhängigkeit zu dienen bestimmt war, die Unterworfenheit unter Gesetz und Recht, verletzt hat[112]. In diesem Fall erscheint er um seiner rechtsprechenden Tätigkeit willen nicht mehr als schutzwürdig, denn er hat sich in gewisser Weise dadurch, daß er seine Bindung an Gesetz und Recht verletzt hat, des Schutzes der richterlichen Unabhängigkeit begeben, da diese ihm nur um seiner Funktion willen von der Verfassung gewährt wird. Verstöße eines Richters gegen das Strafgesetzbuch, die, durch Amtsausübung begangen, zugleich den Vorwurf der Rechtsbeugung rechtfertigen, können bzw. müssen dann wie bei jedem Staatsbürger geahndet werden.

---

108 Vgl. *H. Begemann,* NJW 1968, S. 1361.
109 So *H. v. Weber,* NJW 1950, S. 273; ablehnend *K. Doehring,* a. a. O. (Fn. 7), S. 248.
110 Vgl. *H. v. Weber,* NJW 1950, S. 273; so wohl auch *G. Spendel* in LK, § 336 Rdn. 129, der jedoch ebenda in Fn. 159 diese Argumentation für nicht zwingend erklärt.
111 Vgl. *G. Bemmann,* S. 309, der diese von der Rechtsprechung und von einem Teil der Lehre vertretene Argumentation referiert. Die wohl noch h. M. folgert aus diesem Schutzbedürfnis, daß den Tatbestand der Rechtsbeugung nur verwirklicht, wer mit direktem Vorsatz das Recht beugt; zu dieser Kontroverse vgl. statt vieler *U. Schmidt-Speicher,* S. 91 ff. mit eingehenden Literatur- und Rechtsprechungsnachweisen; zur Annahme eines solchen Schutzbedürfnisses kritisch *M. Seebode,* S. 109. Diese Auslegung des § 336 StGB geht wohl zurück auf § 243 Abs. 1 des Entwurfs zu einem StGB für den Norddeutschen Bund, der folgenden Straftatbestand normierte: „Ein Beamter, welcher bei der Leitung oder Entscheidung von Rechtssachen vorsätzlich, zur Begünstigung oder Benachtheiligung einer Partei sich einer Ungerechtigkeit schuldig macht, wird mit Zuchthaus oder mit Einschließung bis zu fünf Jahren bestraft." Aus den Motiven ergibt sich, daß das Wort „vorsätzlich" aufgenommen wurde, um den Schutz der richterlichen Unabhängigkeit gegen unberechtigte Angriffe der Rechtsuchenden sicherzustellen (vgl. *R. Ed. John,* S. 632; der Wortlaut des § 243 ist wiedergegeben auf S. 625).
112 Vgl. *G. Radbruch,* SJZ 1946, S. 108.

b) *Strafrechtliche Verantwortlichkeit und Gewaltenteilungsgrundsatz*

Obwohl bei den Ausführungen oben unter Teil 2 C II 1 a davon ausgegangen wurde, daß auch Verfassungsrichter den Straftatbestand der Rechtsbeugung verwirklichen können — die Prüfung des richterlichen Haftungsprivilegs hat dies zur Voraussetzung —, bedarf die Stichhaltigkeit dieser Prämisse der Überprüfung.

Sie könnte deshalb schon prima facie rechtlich zweifelhaft erscheinen, weil durch eine solche strafrechtliche Verantwortlichkeit, ebensow wie bei einer etwaigen disziplinarrechtlichen Verantwortlichkeit eines Verfassungsrichters[113], eine Interdependenz gegenüber dem Staatsorgan geschaffen wäre, dem die Kompetenz zur Geltendmachung dieser Verantwortlichkeit zukäme. Bei Annahme einer, wenn auch durch das richterliche Haftungsprivileg eingeschränkten, strafrechtlichen Haftung scheinen Verfassungsrichter dann auch in ihrer Amtsausübung von Exekutive bzw. Judikative abhängig. Dadurch scheint auch eine Einflußmöglichkeit auf die Kompetenzausübung des Bundesverfassungsgerichts selbst eröffnet, die der Verfassung fremd ist und deshalb in Widerspruch zum speziellen Gewaltenteilungsgrundsatz des Grundgesetzes, Art. 20 Abs. 2 Satz 2, steht. Einer solch vordergründigen Betrachtungsweise ist indes entgegenzuhalten, daß diese strafrechtliche Verantwortlichkeit für Verfassungsrichter nur die ohnehin von Verfassungs wegen bestehende Bindung an Gesetz und Recht, Art. 20 Abs. 3 GG, einfachgesetzlich umsetzt und die Beachtung dieses Grundsatzes durch sie gewährleistet[114]. Durch die Annahme, daß Verfassungsrichter, wie die Richter im übrigen, für rechtswidrige Amtsausübung beschränkt strafrechtlich verantwortlich sind, wird deshalb eine vom Grundgesetz nicht vorgesehene Abhängigkeit des Bundesverfassungsgerichts selbst nicht geschaffen.

Ferner ist in diesem Zusammenhang von Bedeutung, daß der Rechtsstandpunkt, Verfassungsrichter seien für eine gesetzeswidrige Amtsausübung im beschriebenen Maße strafrechtlich verantwortlich, sie nicht einer solchen Abhängigkeit von einer *anderen* Staatsgewalt aussetzt. Bejaht man eine Ahndungsmöglichkeit nach dem Strafgesetzbuch, sind Verfassungsrichter durch sie nur der rechtsprechenden Staatsgewalt unterworfen, die sie selbst mit repräsentieren[115]. Zwar setzt der die strafrechtliche Verantwortlichkeit durchsetzende Richterspruch eine dementsprechende Anklage seitens der Staatsanwaltschaft, eines Exekutivorgans[116], voraus (§ 151 StPO), doch kann dieser Umstand im vorliegenden Zusammenhang vernachlässigt werden, denn erst das gerichtliche Erkenntnis stellt die strafrechtliche Haftung für gesetzwidrige Amtsausübung rechtsverbindlich fest. Hält man gleichwohl die genannten verfassungsrechtlichen Bedenken nicht für ausgeräumt, sollte man berücksichtigen, daß das Bundesverfassungsgericht selbst letztverbindlich

---

113 Vgl. hierzu und zur nachfolgenden Argumentation oben bei Fn. 93.
114 Zu dieser Bedeutung der Strafbarkeit der Richter siehe *M. Seebode,* S. 9; *U. Schmidt-Speicher,* S. 11.
115 Vgl. oben bei Fn. 58; zu diesem Argument vgl. auch *G. Spendel* in LK, § 336 Rdn. 10.
116 Vgl. *Kleinknecht/Meyer,* GVG, Vor § 141 Rdn. 6.

aufgrund einer Verfassungsbeschwerde des betroffenen Verfassungsrichters über dessen strafgerichtliche Verurteilung entscheiden könnte. Darüber hinaus ist auch zu bedenken, daß der strafgerichtlichen Verurteilung für das Plenum des Bundesverfassungsgerichts insoweit keine rechtsverbindliche Wirkung zukommt, als darüber zu befinden ist, ob der Bundespräsident ihretwegen zur Entlassung des Verfassungsrichters ermächtigt werden soll.

Deshalb ist davon auszugehen, daß Verfassungsrichter in dem Maße wie auch die Richter im übrigen für gesetzwidrige Amtsausübung strafrechtlich zur Verantwortung gezogen werden können bzw. müssen. Richter und somit auch Verfassungsrichter können für Pflichtwidrigkeiten im Rahmen spezifisch richterlicher Tätigkeit also nur belangt werden, wenn deren Verfehlungen zugleich den Vorwurf der Rechtsbeugung, § 336 StGB, begründen.

c) *Die Verwirklichung des Straftatbestandes der Rechtsbeugung (§ 336 StGB)*

Betrachtet man die Kommentierungen, die § 336 StGB in der Strafrechtswissenschaft gefunden hat, so fällt eine merkwürdige Diskrepanz ins Auge: Einer beachtlichen dogmatischen Durchdringung dieser Strafbestimmung steht eine — aus welchen Gründen auch immer[117]— geringe praktische Bedeutung gegenüber[118]. Zwar wird der Ausgangsfrage nach der Möglichkeit der Rechtsbeugung durch Verfassungsrichter eine größere praktische Bedeutung freilich auch nicht beschieden sein, jedenfalls hat diese Frage bisher, soweit ersichtlich[119], eine wissenschaftliche Erörterung nicht gefunden. Wenn im folgenden dieser Versuch unternommen wird, so rechtfertigt er sich aus den Besonderheiten der rechtlichen Stellung der Richter am Bundesverfassungsgericht, die einer Übertragung der für die Richter im übrigen gefundenen dogmatischen Ergebnisse entgegenstehen.

aa) *„Rechtssachen" im Sinne des § 336 StGB*

Verfassungsrichter sind zwar Richter[120], so daß sie die für die Verwirklichung des Verbrechens[121] der Rechtsbeugung notwendige Täterqualifikation aufweisen, doch bezüglich der erforderlichen Täterfunktion scheinen bei ihnen im Hinblick auf ihre Amtsausübung Zweifel angebracht. § 336 StGB verlangt nämlich, daß bei Leitung oder Entscheidung einer *Rechtssache* das

---

117 So sind z. B. die im folgenden aufgeführten Autoren der Auffassung, daß Rechtsbeugung ein sehr selten begangenes Delikt sei: *J. Kohler*, GA 54 (1907), S. 16; *A. Trepper*, S. 1; *v. Lilienthal*, JW 1922, S. 1025; *O. Henning*, S. 11; *G. Schultz*, MDR 1965, S. 883; *M. Seebode*, S. 9; *H.-L. Schreiber*, GA 1972, S. 193; *P. Bockelmann*, S. 76; *Maurach-Schroeder*, S. 192; a.A. *G. Spendel* in LK, § 336 Rdn. 3.
118 Die höchstrichterliche Rechtsprechung hatte sich bisher nur selten mit Verbrechen nach § 336 StGB zu befassen, vgl. die Nachweise bei *U. Schmidt-Speicher*, S. 11.
119 Allein bei *G. Spendel* in LK, § 336 Rdn. 28 Fn. 1, findet sich der pauschale Hinweis, daß die Verfahren der Verfassungsgerichtsbarkeit Rechtssachen im Sinne des § 336 StGB seien.
120 Vgl. oben bei Fn. 57.
121 Da Rechtsbeugung nach § 336 StGB mit einer Mindestfreiheitsstrafe von einem Jahr bedroht ist, ist sie der Deliktskategorie nach als Verbrechen zu qualifizieren, § 12 Abs. 1 StGB.

Recht gebeugt wird. Nach allgemeiner Ansicht sind Rechtssachen nur solche Rechtsangelegenheiten, bei denen aufgrund eines rechtlich näher geregelten Verfahrens nach Rechtssätzen über — zumindest möglicherweise — widerstreitende Parteiinteressen verhandelt und judiziert wird[122]. Unzweifelhaft genügen diesem Erfordernis die von den ordentlichen Gerichten zu entscheidenden Zivil- und Strafsachen, sodann die Verfahren der Arbeits-, Sozial-, Verwaltungs- und Finanzgerichtsbarkeit[123]; bei den Verfahren der Verfassungsgerichtsbarkeit hingegen kann hiervon nicht ohne weiteres ausgegangen werden. Die Verfassungsgerichtsbarkeit ist nicht nur zur Erledigung kontradiktorischer Streitverfahren[124] eingesetzt, sondern auch zur Entscheidung sog. objektiver Verfahren berufen, d. h. solcher Verfahren, in denen auf Antrag eines in der Verfassung oder in einem Gesetz bestimmten Antragsberechtigten, der nicht die Möglichkeit der Beeinträchtigung seiner Rechte oder seiner rechtlichen Interessen dartun muß, verfassungsrechtliche Zweifelsfragen einer rechtsverbindlichen Klärung zugeführt werden[125]. Weil die Antragsbefugnis für diese Verfahren unabhängig davon eingeräumt ist, ob Rechte oder rechtlich geschützte Interessen des Antragstellers berührt sind, kennen diese Verfahrensarten darum auch keinen Antragsgegner[126]. Parteien mit auch nur möglicherweise widerstreitenden Interessen sind ihnen demnach fremd. Da objektive Verfahren aus diesem Grund nicht zu den Rechtssachen im Sinne des § 336 StGB gerechnet werden können, sind — auch vorsätzliche — Rechtsverstöße bei Entscheidung oder Leitung solcher Verfahren mangels Tatbestandsmäßigkeit strafrechtlich irrelevant. Hieraus erhellt, daß die Beantwortung der Frage, ob Verfassungsrichter in strafbarer Weise das Recht beugen können, von der Zuordnung der in Art. 93 GG aufgelisteten Verfahrensarten zu der Gruppe der objektiven Verfahren oder der der kontradiktorischen Streitverfahren abhängt. Die These, wonach jedes verfassungsgerichtliche Verfahren in strafbarer Weise geleitet oder entschieden werden kann[127], erscheint deshalb nicht überzeugend. Die Problematik, ob Richter am Bundesverfassungsgericht die Täterfunktion des § 336 StGB innehaben können, muß daher für jede Verfahrensart gesondert untersucht und einer Lösung zugeführt werden. Dabei soll in der Vorgehensweise der Systematik des Art. 93 GG gefolgt werden.

---

122 Vgl. RG, Urt. v. 26. 8. 1937, RGSt 71, 315 (315); BGH, Urt. v. 21. 11. 1958, BGHSt 12, 191 (192); BGH, Urt. v. 16. 2. 1960, BGHSt 14, 147 (148); BGH, Urt. v. 14. 3. 1972, BGHSt 24, 326 (328); OLG Kassel, Urt. v. 14. 2. 1949, HE St 2, 175 (180); OLG Hamm, Beschl. v. 9. 2. 1979, NJW 1979, S. 2114 (2114, l. Sp.).
123 So *G. Spendel* in LK, § 336 Rdn. 28.
124 Zum Begriff siehe BVerfG v. 5. 4. 1952, BVerfGE 1, 208 (221); BVerfG v. 7. 3. 1953, BVerfGE 2, 143 (151); BVerfG v. 11. 7. 1961, BVerfGE 13, 54 (72 f.); BVerfG v. 22. 3. 1966, BVerfGE 20, 18 (23 f.); *E. Friesenhahn,* a. a. O. (Fn. 46), S. 91; *E. Schumann,* S. 55.
125 Zu dieser Begriffsbestimmung siehe BVerfG v. 30. 7. 1952, BVerfGE 1, 396 (407 f.); BVerfG v. 7. 3. 1953, BVerfGE 2, 143 (151); vgl. auch BVerfG v. 19. 7. 1966, BVerfGE 20, 56 (95).
126 So ausdrücklich für das abstrakte Normenkontrollverfahren BVerfG v. 23. 10. 1951, BVerfGE 1, 14 (18); BVerfG v. 5. 4. 1952, BVerfGE 1, 208 (220); vgl. auch BVerfG v. 7. 3. 1953, BVerfGE 2, 143 (151).
127 So *G. Spendel* in LK, § 336 Rdn. 28.

(1) Organstreitverfahren (Art. 93 Abs. 1 Nr. 1 GG)

Art. 93 GG regelt unter Nr. 1 die Zuständigkeit des Bundesverfassungsgerichts für die sog. Organstreitigkeiten innerhalb des Bundes. Nach dessen Wortlaut, der „von der Auslegung dieses Grundgesetzes aus Anlaß von Streitigkeiten über den Umfang der Rechte und Pflichten eines obersten Bundesorgans oder anderer Beteiligter, die durch dieses Grundgesetz oder in der Geschäftsordnung eines obersten Bundesorgans mit eigenen Rechten ausgestattet sind", spricht, kann die wirkliche Rechtsnatur dieser Verfahrensart nur schwerlich eindeutig bestimmt werden[128]. Aufgrund der gewählten Formulierung liegt die Annahme nahe, daß Verfahrensgegenstand nur die Interpretationsfrage einer zweifelhaften Verfassungsbestimmung ist[129], die Streitigkeit der Organe bzw. Organteile oder der anderen Beteiligten das Verfahren lediglich auslöst, mit anderen Worten, daß Art. 93 Abs. 1 Nr. 1 GG ein objektives Verfahren vorsieht.

Ein solches Verständnis dieser Verfassungsnorm wird auch durch deren Entstehungsgeschichte gestützt[130]. Der von dem Ausschuß von Sachverständigen für Verfassungsfragen erarbeitete Herrenchiemseer Entwurf für das Grundgesetz wollte das Bundesverfassungsgericht zwar noch über „Verfassungsstreitigkeiten zwischen obersten Bundesorganen oder Teilen von solchen ..." entscheiden lassen[131], doch schon der vom Parlamentarischen Rat erarbeitete Verfassungsentwurf schwächte in Art. 128 b, der eine dem Art. 93 Abs. 1 Nr. 1 GG entsprechende Regelung enthielt, das kontradiktorische Verfahren ab. Das Bundesverfassungsgericht sollte nur noch *über die Auslegung des Grundgesetzes aus Anlaß von Streitigkeiten* über den Umfang der Rechte und Pflichten eines obersten Bundesorgans oder eines anderen Beteiligten judizieren, weil die Beilegung solcher Streitigkeiten in der Mehrzahl der Fälle politischer Natur sei, die deshalb nur durch die zu politischer Tätigkeit berufenen Organe erfolgen könne. Ein Verfassungsgerichtshof könne eine derartige Aufgabe in vielen Fällen in einem Rechtsverfahren nur schwer bewältigen. Würde ihm eine solche Funktion zugewiesen, wäre ihm die Entscheidung von Fällen übertragen, die jenseits der Grenze des Justitiablen liegen[132]. Nicht übersehen werden darf in diesem Zusammenhang jedoch, daß dieses der Formulierung des Art. 93 Abs. 1 Nr. 1 GG zugrunde liegende Motiv[133] den Umstand unberücksichtigt läßt, daß sich Auslegung des Grundgesetzes und Streitentscheidung nicht in der von ihm vorausgesetzten Weise trennen lassen. Zwar mag dies für die Frage der Rechtskraft zutreffen, für die Frage also, inwieweit einem Urteil des Bundesverfassungsgerichts rechts-

---

128 So *W. Meyer* in GGK, Art. 93 Rdn. 24; in diesem Sinne auch *G. Ulsamer* in *Maunz/Schmidt-Bleibtreu/Klein/Ulsamer*, § 63 Rdn. 1.
129 So wohl *M. Goessl*, S. 34, 76 ff.; referierend *G. Ulsamer* in *Maunz/Schmidt-Bleibtreu/Klein/Ulsamer*, § 63 Rdn. 2.
130 So *M. Goessl*, S. 37; die Zulässigkeit der Heranziehung der Entstehungsgeschichte einer Vorschrift als Interpretationshilfe bejaht das BVerfG in ständiger Rechtsprechung, vgl. zuletzt BVerfG v. 16. 2. 1983, BVerfGE 62, 1 (45).
131 Vgl. Art. 98 Nr. 2 des Herrenchiemseer Entwurfs, Herrenchiemsee-Bericht, S. 75.
132 Vgl. zum Ganzen Parlamentarischer Rat, HA 23. Sitzung, S. 271 ff.
133 Vgl. *H. v. Mangoldt*, Art. 93 Anm. 3; *M. Goessl*, S. 37.

verbindliche bzw. bindende Wirkung zukommt; der konkrete Streitfall ist jedoch durch die verbindliche Auslegung der in Streit befangenen Verfassungsnorm mitentschieden. Sieht man von der Möglichkeit des Amtsmißbrauchs eines Organwalters einmal ab, können Streitigkeiten zwischen Bundesorganen bzw. Organteilen oder anderen Beteiligten nur auf einem Mißverständnis einer Verfassungsnorm beruhen[134]. Ist aber dieses Mißverständnis durch Urteilsspruch des Bundesverfassungsgerichts bereinigt, so ist auch der Streitfall erledigt. Darüber hinaus spricht gegen die Annahme, daß Art. 93 Abs. 1 Nr. 1 GG ein rein objektives Verfahren vorsieht, die Systematik des Art. 93 GG selbst. Würde die genannte Verfassungsnorm die Zuständigkeit des Bundesverfassungsgerichts für ein Verfahren begründen, das nur der objektiven Klärung verfassungsrechtlicher Zweifelsfragen dienen soll, so hätte sie nur die antragsberechtigten Stellen bezeichnet, wie es beispielsweise in Art. 93 Abs. 1 Nr. 2 GG geschehen ist[135]. Die Formulierung des Art. 93 Abs. 1 Nr. 1 GG klärt indes den Kreis der für dieses Verfahren Antragsberechtigten nicht eindeutig[136] und abschließend[137], macht jedoch die Zuständigkeit des Bundesverfassungsgerichts zur Auslegung des Grundgesetzes von der weiteren Voraussetzung abhängig, daß den Anlaß für die gerichtliche Verfassungsinterpretation *eine Streitigkeit* — nicht eine bloße Zweifelsfrage oder Meinungsverschiedenheit — „über die Rechte und Pflichten eines obersten Bundesorgans . . ." darstellt. Der Natur nach handelt es sich bei einer solchen Streitigkeit um eine Rechtsstreitigkeit, denn auch der Streit um Kompetenzen ist Streit um geltend gemachtes oder bestrittenes Recht[138]. Der Begriff der Rechtsstreitigkeit impliziert jedoch, daß demjenigen, der ein Recht behauptet, sein Recht von einem anderen streitig gemacht wird, mit anderen Worten, daß die Streitbeteiligten in einer rechtlichen Beziehung zueinander stehen. Ist hiervon aber auszugehen, so muß sich in dem wegen dieser Streitigkeit eingeleiteten Organstreitverfahren zwischen den Streitbeteiligten ein Prozeßrechtsverhältnis entfalten, das grundsätzlich ein dahinterstehendes materielles Rechtsverhältnis voraussetzt, aus dem sich die streitig gewordenen Rechte und Pflichten ergeben[139]. Dieser Gedankengang erhellt, daß nach Art. 93 Abs. 1 Nr. 1 GG nicht einfach eine objektive Frage des Verfassungsrechts zur Erkenntnis des Bundesverfassungsgerichts gestellt werden kann. Er streitet, zumindest als Indiz, eher für die Annahme, daß durch Art. 93 Abs. 1 Nr. 1 GG die Zuständigkeit des Bundesverfassungsgerichts zur Verhandlung und Entscheidung eines kontradiktorischen Streitverfahrens begründet ist.

Die These, daß das Organstreitverfahren der Gruppe der kontradiktorischen Streitverfahren zuzuordnen ist, wird auch dadurch erhärtet, daß das Bundesverfassungsgericht verfahrensmäßig ohnehin die entscheidungserhebliche

---

134 Vgl. *D. Rauschning,* S. 244.
135 So BVerfG v. 7. 3. 1953, BVerfGE 2, 143 (156).
136 Vgl. *M. Goessl,* S. 94.
137 Vgl. *G. Ulsamer* in *Maunz/Schmidt-Bleibtreu/Klein/Ulsamer,* § 63 Rdn. 1.
138 So BVerfG v. 7. 3. 1953, BVerfGE 2, 143 (155) unter Berufung auf *H. Triepel,* S. 15, 43.
139 Zum Ganzen vgl. BVerfG v. 7. 3. 1953, BVerfGE 2, 143 (155 f.).

Auslegungsfrage aus der Ermittlung des Streitpunktes zwischen den Verfassungsorganen oder Organteilen bzw. den anderen Beteiligten gewinnen muß[140]. Es ist deshalb davon auszugehen, daß das in Art. 93 Abs. 1 Nr. 1 GG normierte Organstreitverfahren nicht nur eine „reine" Auslegungskontrolle durch das Bundesverfassungsgericht zum Ziel hat, sondern vielmehr auf eine Streitentscheidung zwischen den Verfassungsorganen, den Organteilen oder den anderen Beteiligten gerichtet ist[141].

Bestätigt wird diese Auffassung auch durch die verfassungsgemäße[142] Regelung des § 64 Abs. 1 BVerfGG, nach der der das Organstreitverfahren einleitende Antrag zulässigerweise nur angebracht werden kann, wenn der Antragsteller geltend macht, daß er oder das Organ, dem er angehört, durch eine Maßnahme oder Unterlassung des Antragsgegners in seinen ihm durch das Grundgesetz übertragenen Rechten und Pflichten verletzt oder unmittelbar gefährdet ist.

Da demnach das Organstreitverfahren als kontradiktorisches Streitverfahren einzuordnen ist[143], ist es der Rechtsbeugung durch Verfassungsrichter zugänglich. Rechtsverstöße bei Leitung oder Entscheidung eines solchen Verfahrens sind daher taugliche Tathandlungen im Sinne des § 336 StGB[144].

(2) Abstrakte Normenkontrolle (Art. 93 Abs. 1 Nr. 2 GG)

Art. 93 Abs. 1 Nr. 2 GG weist dem Bundesverfassungsgericht die Entscheidung bei Meinungsverschiedenheiten oder Zweifeln über die förmliche oder sachliche Vereinbarkeit von Bundes- oder Landesrecht mit dem Grundgesetz oder die Vereinbarkeit von Landesrecht mit sonstigem Bundesrecht zu. Die Vorschrift eröffnet die Möglichkeit der abstrakten Normenkontrolle durch das Bundesverfassungsgericht auf Antrag der Bundesregierung, einer Landesregierung oder eines Drittels der Mitglieder des Bundestages. Diese Bezeichnung wird zwar weder im Grundgesetz noch im Bundesverfassungsgerichtsgesetz verwendet, hat sich aber inzwischen in Rechtsprechung und Literatur eingebürgert[145].

Dem Wortlaut des Art. 93 Abs. 1 Nr. 2 GG läßt sich die Rechtsnatur des abstrakten Normenkontrollverfahrens nicht entnehmen. Die gewählte Formulierung läßt offen, ob das Bundesverfassungsgericht über die Meinungsverschiedenheiten oder Zweifel rechtsverbindlich entscheidet oder ob diese nur den Anlaß für die Gesetzeskontrolle bilden müssen. Auch die Entstehungsge-

---

140 So *W. Meyer* in GGK, Art. 93 Rdn. 28.
141 Vgl. BVerfG v. 23. 10. 1951, BVerfGE 1, 14 (30 f.); BVerfG v. 7. 3. 1953, BVerfGE 2, 143 (156, 159); BVerfG v. 22. 3. 1966, BVerfGE 20, 18 (23 f.); *E. Schumann*, EvStL, Sp. 362; *D. Lorenz*, S. 234; *K. Stern*, a. a. O. (Fn. 9), S. 985; *W. Meyer* in GGK, Art. 93 Rdn. 28.
142 Vgl. BVerfG v. 7. 3. 1953, BVerfGE 2, 143 (157).
143 So ausdrücklich BVerfG v. 22. 3. 1966, BVerfGE 20, 18 (23).
144 Zu der Frage, ob auch das Treffen einer inhaltlich „falschen", weil mit dem GG nicht übereinstimmenden Entscheidung als Tathandlung nach § 336 StGB zu bewerten ist, vgl. unten Teil 2 C II 1 c bb.
145 Vgl. *Th. Maunz* in *Maunz-Dürig*, Art. 93 Rdn. 17, 19.

schichte des Art. 93 Abs. 1 Nr. 2 GG bietet keinen sicheren Anhalt für die Bestimmung des Rechtscharakters dieses verfassungsgerichtlichen Verfahrens[146].

Sinn und Zweck des abstrakten Normenkontrollverfahrens zeigen jedoch, daß nur eine Zuordnung zu der Gruppe der objektiven Verfahren sinnvoll erscheint[147]. Durch die durch Art. 93 Abs. 1 Nr. 2 GG ermöglichte Kontrolle der Verfassungsmäßigkeit von Bundes- und Landesrecht soll die Verfassung gegen Beeinträchtigungen durch die Bundesrechtsordnung, die Bundesrechtsordnung gegen Beeinträchtigungen durch die Landesrechtsordnungen geschützt werden[148]. Diesem Verständnis des Normsinns dieser Rechtswegeröffnung kann nicht mit der Erwägung begegnet werden, daß es einer solchen Sicherung der Geltungskraft der bundesgesetzlichen oder der verfassungsrechtlichen Normen nicht bedürfe. Zwar sind Gesetze, die gegen Grundgesetz oder Bundesrecht verstoßen, ex tunc und ipso iure nichtig[149]. Weder Bürger noch Staatsgewalt dürfen sie beachten, das durch sie geforderte Verhalten muß nicht erbracht und darf nicht erzwungen werden. Doch besteht die Gefahr, daß mangels Evidenz eines Verfassungs- oder Bundesrechtsverstoßes das nichtige Gesetz gleichwohl Anwendung findet. „Dadurch wird aber die Rangordnung der Normen durchbrochen, der Vorrang der entgegenstehenden höherrangigen Vorschrift mißachtet, das Ordnungsgefüge gefährdet"[150]. Einer solchen Gefahr wirkt die Entscheidung des Bundesverfassungsgerichts entgegen, wenn sie die Nichtigkeit des mit der Verfassung oder dem Bundesrecht kollidierenden rangniederen Gesetzes mit allgemeinverbindlicher Wirkung feststellt, dadurch eine weitere Anwendung des Gesetzes hindert[151] und den Rechtsschein der Rechtmäßigkeit des Gesetzes vernichtet. Deshalb hat es seinen guten Sinn — wie in Art. 93 Abs. 1 Nr. 2 GG geschehen —, die Entscheidungskompetenz des Bundesverfassungsgerichts für die Frage zu begründen, ob einer Norm wegen Kollision mit höherrangigem Recht die Geltung versagt ist. Das Verfahren nach Art. 93 Abs. 1 Nr. 2 GG soll also einerseits Rechtsgewißheit bei Normenkollisionen und dadurch Rechtssicherheit schaffen, andererseits durch Eliminierung nichtiger Nor-

---

146 Zur Entstehungsgeschichte des Art. 93 Abs. 1 Nr. 2 GG vgl. *G. Babel,* S. 20 ff.
147 So *H. Söhn,* S. 295 f.
148 Vgl. BVerfG v. 20. 3. 1952, BVerfGE 1, 184 (195 f.); *H. Söhn,* S. 294; *K. Stern* in Bonner Kommentar, Art. 93 Rdn. 197; *W. Meyer* in GGK, Art. 93 Rdn. 36; zur Intention des Verfassungsschutzes speziell BVerfG v. 30. 7. 1952, BVerfGE 1, 396 (407); BVerfG v. 22. 4. 1953, BVerfGE 2, 213 (217); BVerfG v. 19. 7. 1966, BVerfGE 20, 56 (95); BVerfG v. 26. 10. 1966, BVerfGE 20, 350 (351).
149 Die wohl noch h. M. folgert dies bei Kollision von GG und Bundesrecht aus dem sog. Stufenbau der Rechtsordnung, vgl. *K. Stern,* a. a. O. (Fn. 7), S. 105; zum Streitstand eingehend *ders.,* a. a. O. (Fn. 9), S. 1039 ff. Für gegen Bundesrecht verstoßende Landesgesetze ergibt sich diese Rechtsfolge aus Art. 31 GG, vgl. BVerfG v. 4. 6. 1969, BVerfGE 26, 116 (135); BVerfG v. 29. 1. 1974, BVerfGE 36, 342 (365); *Th. Maunz* in *Maunz-Dürig,* Art. 31 Rdn. 2; *M. Gubelt* in GGK, Art. 31 Rdn. 20.
150 *G. Babel,* S. 9.
151 Zum Ganzen vgl. *G. Babel,* S. 9 f.

men die Integrität der Normenhierarchie sichern[152]. Die Erreichung dieses Zieles kann jedoch nur durch Bereitstellung eines objektiven Verfahrens gewährleistet werden, eines Verfahrens also, das von den zur Verfahrenseinleitung Berechtigten unabhängig davon beantragt werden kann, ob ihre Rechte oder rechtlichen Interessen als beeinträchtigt erscheinen. Andernfalls ließe sich der Zweck der abstrakten Normenkontrolle allenfalls partiell verwirklichen[153]. Aus diesem Grund ist das Verfahren nach Art. 93 Abs. 1 Nr. 2 GG der Gruppe der objektiven Verfahren zuzuordnen[154].

Setzt die Zulässigkeit dieses verfassungsgerichtlichen Verfahrens demnach die Verfolgung subjektiver Rechte nicht voraus[155], kann es in ihm weder einen Anspruchsberechtigten[156] noch einen Antragsgegner[157] geben. An dem abstrakten Normenkontrollverfahren ist begrifflich niemand „beteiligt"[158]. Parteien sind nicht existent[159], zu deren Gunsten oder Lasten das Recht gebeugt werden könnte. Durch gesetzwidrige Verfahrensleitung oder durch nicht normgemäße Urteilsfindung bzw. -verkündung im abstrakten Normenkontrollverfahren wird der Tatbestand der Rechtsbeugung daher nicht verwirklicht.

(3) Bund-Länder-Streitigkeiten (Art. 93 Abs. 1 Nr. 3; Nr. 4, 1. Alt. GG)

Durch Nr. 3 und Nr. 4, 1. Alt. des Art. 93 GG ist die Verfassungsgerichtsbarkeit zur Entscheidung von Streitigkeiten zwischen dem Bund und den Ländern eingesetzt, der Jurisdiktion des Bundesverfassungsgerichts sind durch diese Normen die sog. Bund-Länder-Streitigkeiten unterstellt.

Der Wortfassung des Art. 93 Abs. 1 Nr. 4, 1. Alt. GG ist zu entnehmen, daß der rechtliche Charakter der in Nr. 3 und Nr. 4, 1. Alt. geregelten Verfahrensarten nur einheitlich bestimmt werden kann. Durch die für die 1. Alt. der Nr. 4 gewählte Formulierung „in anderen öffentlich-rechtlichen Streitigkeiten" hat der Verfassungsgesetzgeber die rechtliche Gleichstellung der beiden Verfahrensarten zum Ausdruck gebracht und durch diese Bezugnahme auf Nr. 3 des Art. 93 Abs. 1 GG auch klargestellt, daß den Gegenstand des verfassungsgerichtlichen Verfahrens nach Nr. 3 ebenfalls nur Streitigkeiten zwischen dem Bund und den Ländern bilden können[160].

---

152 Vgl. *G. Babel*, S. 10 f.; *H. Söhn*, S. 294; *K. Stern*, a. a. O. (Fn. 9), S. 984; die Befriedungsfunktion (Rechtssicherheit) der abstrakten Normenkontrolle betont BVerfG v. 30. 7. 1952, BVerfGE 1, 396 (413).
153 Vgl. *H. Söhn*, S. 295 f.
154 Vgl. BVerfG v. 5. 4. 1952, BVerfGE 1, 208 (219); BVerfG v. 30. 7. 1952, BVerfGE 1, 396 (407); BVerfG v. 22. 4. 1953, BVerfGE 2, 213 (217); BVerfG v. 19. 7. 1966, BVerfGE 20, 56 (95); BVerfG v. 26. 10. 1966, BVerfGE 20, 350 (351); BVerfG v. 3. 12. 1975, BVerfGE 40, 356 (361); *G. Babel*, S. 11 f.; *H. Söhn*, S. 295 f., 304; *G. Ulsamer* in *Maunz/Schmidt-Bleibtreu/Klein/Ulsamer*, § 76 Rdn. 2; *K. Stern*, a. a. O. (Fn. 9), S. 985; *K. Schlaich*, S. 67.
155 Vgl. BVerfG v. 5. 4. 1952, BVerfGE 1, 208 (219 f.); *H. Söhn*, S. 309.
156 BVerfG v. 30. 7. 1952, BVerfGE 1, 396 (407); vgl. auch BVerfG v. 22. 4. 1953, BVerfGE 2, 213 (217); BVerfG v. 26. 10. 1966, BVerfGE 20, 350 (351).
157 BVerfG v. 23. 10. 1951, BVerfGE 1, 14 (18); BVerfG v. 5. 4. 1952, BVerfGE 1, 208 (220).
158 BVerfG v. 22. 4. 1953, BVerfGE 2, 213 (217).
159 Vgl. *H. Söhn*, S. 307.
160 Vgl. BVerfG v. 11. 7. 1961, BVerfGE 13, 54 (72); *Th. Maunz* in *Maunz-Dürig*, Art. 93 Rdn. 50; kritisch *W. Leisner*, S. 263.

Ist aber die Kompetenz des Bundesverfassungsgerichts zur Streitentscheidung in einem verfassungsgerichtlichen Verfahren begründet, so ist ein solches Verfahren als kontradiktorisches Streitverfahren einzuordnen, denn an ihm sind notwendigerweise zwei Parteien mit widerstreitenden rechtlichen Interessen beteiligt[161], über welche verhandelt und rechtsverbindlich entschieden wird. Für diese Einordnung des durch Art. 93 Abs. 1 Nr. 3 GG geregelten Bund-Länder-Streits spricht ferner der Wortlaut der Verfassungsnorm, der dahingehend gefaßt ist, daß das Bundesverfassungsgericht „bei Meinungsverschiedenheiten über Rechte und Pflichten des Bundes und der Länder" entscheidet. Damit kann nicht gemeint sein, daß das Bundesverfassungsgericht nur eine Frage des objektiven Rechts rechtsverbindlich zu klären hat, er spricht vielmehr für eine Streitentscheidungskompetenz dieses Gerichts. Auch nennt hier das Grundgesetz — anders als im Fall der abstrakten Normenkontrolle — keine Antragsberechtigten. Daraus folgt, daß nur der jeweilige Rechtsträger antragsbefugt und Verfahrensgegenstand nur der Streit über subjektiv-öffentliche Berechtigungen sein kann[162]. Weiterhin lassen die in Art. 93 Abs. 1 Nr. 3 GG genannten Anwendungsfälle dieses Verfahrens — Meinungsverschiedenheiten bei der Ausführung von Bundesrecht durch die Länder und bei der Ausübung der Bundesaufsicht — eher auf ein Streitverfahren denn auf ein objektives Verfahren schließen[163]. Zu berücksichtigen ist schließlich ebenfalls, daß den typischen Fall des Bund-Länder-Streits nach Art. 93 Abs. 1 Nr. 3 GG Streitigkeiten über Rechte und Pflichten darstellen, die sich aus dem ungeschriebenen Verfassungsgrundsatz der Bundestreue ergeben[164]. Hier wird nicht über die sich aus dem Grundgesetz ergebenden Kompetenzen von Bund und Ländern gestritten, sondern vielmehr über die Verpflichtung zur gegenseitigen Rücksichtnahme bei der Ausübung an sich gegebener Kompetenzen. Auch hiernach bietet sich die Charakterisierung des durch Art. 93 Abs. 1 Nr. 3 GG normierten Bund-Länder-Streits als kontradiktorisch geradezu an. Den dargelegten Argumenten gemäß ist er deshalb dieser Gruppe der verfassungsgerichtlichen Verfahren zuzuordnen[165]. Ob die Entstehungsgeschichte des Art. 93 Abs. 1 Nr. 3 GG diese Rechtsauffassung stützt, mag zweifelhaft erscheinen[166]. Da sich jedoch aus

---

161 Vgl. BVerfG v. 5. 4. 1952, BVerfGE 1, 208 (221); BVerfG v. 7. 3. 1953, BVerfGE 2, 143 (151).
162 Zum Ganzen vgl. *W. Leisner,* S. 262 f.
163 Für einen solchen Schluß BVerfG v. 11. 7. 1961, BVerfGE 13, 54 (72); *Th. Maunz* in *Maunz-Dürig,* Art. 93 Rdn. 50; kritisch *W. Leisner,* S. 263 Fn. 14.
164 Vgl. *H. Lechner,* § 13 Ziff. 7 Erl. 2 b. Als Beispiele hierfür seien nur genannt: BVerfG v. 23. 10. 1951, BVerfGE 1, 14 ff. (Südweststaat-Streit); BVerfG v. 26. 3. 1957, BVerfGE 6, 309 ff. (Reichskonkordats-Streit); BVerfG v. 30. 7. 1958, BVerfGE 8, 122 ff. (Streit um Volksbefragung über Atomwaffen); BVerfG v. 28. 2. 1961, BVerfGE 12, 205 ff. (Fernseh-Streit); BVerfG v. 11. 7. 1961, BVerfGE 13, 54 ff. (Neugliederungs-Streit).
165 Ganz h. M., vgl. nur BVerfG v. 7. 3. 1953, BVerfGE 2, 143 (155); BVerfG v. 11. 7. 1961, BVerfGE 13, 54 (72); besonders deutlich BVerfG v. 22. 3. 1966, BVerfGE 20, 18 (23); *Th. Maunz* in *Maunz-Dürig,* Art. 93 Rdn. 50; *W. Leisner,* S. 262 f.; *W. Meyer* in GGK, Art. 93 Rdn. 50.
166 So *W. Leisner,* S. 263 Fn. 14; a. A. BVerfG v. 11. 7. 1961, BVerfGE 13, 54 (72); *Th. Maunz* in *Maunz-Dürig,* Art. 93 Rdn. 50.

dem Vorstehenden mit Deutlichkeit ergibt, daß allein die Ansicht zu überzeugen vermag, die ein kontradiktorisches Streitverfahren annimmt, kommt der unterschiedlichen Wertung der Entstehungsgeschichte keine ausschlaggebende Bedeutung zu[167].

Bei dem verfassungsgerichtlichen Verfahren in „anderen öffentlich-rechtlichen Streitigkeiten zwischen dem Bunde und den Ländern", Art. 93 Abs. 1 Nr. 4, 1. Alt. GG, handelt es sich gleichfalls um ein kontradiktorisches Verfahren, da, wie bereits dargestellt, dieses Verfahren die Rechtsnatur des Bund-Länder-Streits nach Art. 93 Abs. 1 Nr. 3 GG teilt. Im übrigen macht dies ferner der Wortlaut des Art. 93 Abs. 1 Nr. 4, 1. Alt. GG deutlich, nach dem das Bundesverfassungsgericht — anders als nach der Wortfassung der Nr. 3 — in Streitigkeiten entscheidet. Ebenso wie in Nr. 3 werden auch in Nr. 4, 1. Alt. des Art. 93 Abs. 1 GG Antragsberechtigte nicht erwähnt, so daß hier ebenfalls der Schluß gerechtfertigt ist, daß die Antragsberechtigung sich nur aus der Rechtsträgerschaft ergeben und den Verfahrensgegenstand nur der Streit über subjektiv-öffentliche Berechtigungen darstellen kann[168].

Mag auch der Rechtswegeröffnung nach Art. 93 Abs. 1 Nr. 4, 1. Alt. GG im Gegensatz zu den bereits erörterten verfassungsgerichtlichen Zuständigkeiten kaum praktische Bedeutung zukommen[169], so ist doch hier — um ein abgerundetes Bild der möglichen strafbaren Verhaltensweisen von Verfassungsrichtern entstehen zu lassen — gleichwohl festzustellen, daß gesetzwidrige Prozeßleitung und Entscheidungsfindung bzw. -verkündung sowohl im Bund-Länder-Streit nach Art. 93 Abs. 1 Nr. 4, 1. Alt. GG als auch in dem nach Art. 93 Abs. 1 Nr. 3 GG als tatbestandsmäßiges Verhalten nach § 336 StGB zu beurteilen sind.

(4) Streitigkeiten zwischen Bundesländern (Art. 93 Abs. 1 Nr. 4, 2. Alt. GG)

Mit Art. 93 Abs. 1 Nr. 4, 2. Alt. knüpft das Grundgesetz an Art. 19 der Weimarer Reichsverfassung an, nach welchem der Staatsgerichtshof vorbehaltlich anderer Zuständigkeiten kompetent war, über Zwischenländerstreitigkeiten zu judizieren und weist dem Bundesverfassungsgericht die Entscheidung über „andere öffentlich-rechtliche Streitigkeiten zwischen verschiedenen Ländern" zu.

In den Kommentierungen zu Art. 19 WRV findet sich der Hinweis, daß es sich hier um ein Verfassungsstreitverfahren handele[170]. Dieser Befund ist

---

167 Zur bloß unterstützenden bzw. klarstellenden Funktion der historischen Auslegung vgl. die bei *K. Hesse* auf S. 21 in Fn. 7 zitierten Entscheidungen des BVerfG.
168 Vgl. zum Ganzen *W. Leisner*, S. 263 f.
169 Vgl. *W. Leisner*, S. 284 mit eingehenden Literaturnachweisen. Der Grund hierfür dürfte darin zu suchen sein, daß nach Art. 93 Abs. 1 Nr. 4, 1. Alt. GG die Zuständigkeit des BVerfG nur insoweit besteht, als kein anderer Rechtsweg eröffnet ist. Zumindest aus dieser ratio ist das BVerfG daher von der Entscheidung nichtverfassungsrechtlicher Streitigkeiten zwischen dem Bund und den Ländern ausgeschlossen, da für jene die Entscheidungskompetenz des BVerwG durch § 50 Abs. 1 Nr. 1 VwGO begründet ist. Gleiches gilt für entsprechende sozialrechtliche Verfahren, für die nach den §§ 51, 39 Abs. 2 Satz 1 SGG die Zuständigkeit des BSG besteht.
170 Vgl. *G. Anschütz*, Art. 108 Erl. 3 III; so wohl auch *F. Poetzsch-Heffter*, Art. 19 Erl. 4a.

auch, soweit ersichtlich, unter der Geltung des Grundgesetzes nicht streitig geworden. Die Zuordnung des Zwischenländerstreits zu der Gruppe der kontradiktorischen Streitverfahren ist derart Allgemeingut geworden, daß sie in den Stellungnahmen zu dieser Frage für nicht mehr begründungsbedürftig erachtet wird[171]. Demgemäß sind normwidrige Leitung eines solchen Verfahrens und eine dem Recht nicht entsprechende Urteilsfindung bzw. -verkündung nach § 336 StGB strafbewehrt.

(5) Streitigkeiten innerhalb eines Landes (Art. 93 Abs. 1 Nr. 4, 3. Alt. GG)

Nach der 3. Alt. des Art. 93 Abs. 1 Nr. 4 GG ist das Bundesverfassungsgericht zur Entscheidung „in anderen öffentlich-rechtlichen Streitigkeiten innerhalb eines Landes" berufen, sofern für sie ein anderer Rechtsweg nicht zur Verfügung steht.

Während der Wortlaut dieser Rechtswegeröffnung öffentlich-rechtliche Streitigkeiten aller Art zulassen würde, ergibt sich aus der systematischen Stellung der Zuständigkeitsvorschrift in Art. 93 Abs. 1 GG und dem spezifischen Aufgabenbereich des Bundesverfassungsgerichts, daß nur Verfassungsstreitigkeiten, also Streitigkeiten in der Sphäre des Verfassungsrechts, gemeint sein können[172]. Die Entstehungsgeschichte des Art. 93 Abs. 1 Nr. 4, 3. Alt. GG erhärtet das gefundene Auslegungsergebnis[173]. Als Vorbild dieser Kompetenzzuweisung an das Bundesverfassungsgericht ist wohl Art. 19 WRV anzusehen[174], der den Staatsgerichtshof vorbehaltlich einer anderweitigen Rechtswegeröffnung für die Entscheidung von „Verfassungsstreitigkeiten innerhalb eines Landes" für zuständig erklärte. Demgemäß ging auch der Hauptausschuß des Parlamentarischen Rates davon aus, daß der „Kognition" des Bundesverfassungsgerichts insofern nur diejenigen öffentlich-rechtlichen Streitigkeiten unterworfen sein sollten, die sich in der eigentlichen Verfassungsrechtssphäre bewegen[175]. Einfachgesetzlich wird die Richtigkeit dieser Rechtsauffassung durch die Existenz des § 91 BVerfGG bestätigt, der seine Einführung gerade dem Umstand verdankt, daß Gebietskörperschaften eines Landes Parteien einer öffentlich-rechtlichen Streitigkeit im Sinne des Art. 93 Abs. 1 Nr. 4, 3. Alt. GG zulässigerweise nicht sein können[176].

---

171 Vgl. nur BVerfG v. 22. 3. 1966, BVerfGE 20, 18 (23); *Leibholz/Rupprecht,* Vor § 71 Rdn. 1; *H. Lechner,* § 13 Ziff. 8 Erl. 2; *Th. Maunz* in *Maunz/Schmidt-Bleibtreu/Klein/Ulsamer,* § 13 Rdn. 49; *W. Meyer* in GGK, Art. 93 Rdn. 55; *K. Schlaich,* S. 55; lediglich *K. Stern,* a. a. O. (Fn. 9), S. 1002, verweist zur Begründung auf seine Argumentation bei der Frage, welche Rechtsnatur dem Bund-Länder-Streit nach Art. 93 Abs. 1 Nr. 3 GG zukommt.
172 Vgl. BVerfG v. 2. 12. 1969, BVerfGE 27, 240 (245 f.); *F. Klein* in *Maunz/Schmidt-Bleibtreu/Klein/Ulsamer,* § 71 Rdn. 7.
173 Vgl. *H. Lechner,* § 13 Ziff. 8 Erl. 5a) mit weiteren Nachweisen; *F. Klein* in *Maunz/Schmidt-Bleibtreu/Klein/Ulsamer,* § 71 Rdn. 7.
174 Vgl. *K. Stern* in Bonner Kommentar, Art. 93 Rdn. 394.
175 Vgl. Parlamentarischer Rat, Schriftlicher Bericht, Abg. *Zinn,* S. 47.
176 Vgl. BVerfG v. 2. 12. 1969, BVerfGE 27, 240 (247).

Versteht man Art. 93 Abs. 1 Nr. 4, 3. Alt. GG in dem beschriebenen Sinne, mag weiterhin zweifelhaft erscheinen, ob durch ihn das Bundesverfassungsgericht subsidiär zur Beilegung von Verfassungsstreitigkeiten aller im Bundesverfassungsgerichtsgesetz vorgesehenen Arten innerhalb eines Landes eingesetzt ist[177] oder ob sich die Entscheidungskompetenz insoweit nur auf die den Fällen des Art. 93 Abs. 1 Nr. 1 GG auf Bundesebene entsprechenden Organstreitigkeiten im Bereich eines Landes erstreckt[178]. Auch ein Verständnis des Art. 93 Abs. 1 Nr. 4, 3. Alt. GG, wonach dessen Anwendungsbereich neben Organstreitigkeiten auch Normenkontrollverfahren umfaßt, erscheint denkbar[179]. Im Rahmen der vorliegenden Untersuchung bedarf es indes einer Auseinandersetzung mit diesen aufgeworfenen Rechtsfragen nicht. Nur der rechtliche Charakter eines verfassungsgerichtlichen Verfahrens bedingt die Beurteilung der Frage, wann Verfassungsrichter durch gesetzwidrige Prozeßleitung oder Urteilsfindung bzw. -verkündung tatbestandsmäßige Handlungen im Sinne des § 336 StGB begehen[180]. Insofern kann jedoch — gleichgültig, welchen Rechtsstandpunkt man im Hinblick auf die skizzierte Problematik der subsidiären Rechtswegeröffnung vertritt — festgestellt werden, daß das Bundesverfassungsgericht nach Art. 93 Abs. 1 Nr. 4, 3. Alt. GG nur Verfahren erledigt, deren Rechtsnatur mit einem der in Art. 93 GG im übrigen genannten korrespondiert. Folgt man beispielsweise der Ansicht, daß nach Art. 93 Abs. 1 Nr. 4, 3. Alt. GG nur Organstreitigkeiten im Bereich eines Landes zur verfassungsgerichtlichen Entscheidung gestellt werden können, so bereinigt das Bundesverfassungsgericht diese ebenso wie die Organstreitigkeiten nach Art. 93 Abs. 1 Nr. 1 GG in einem kontradiktorischen Streitverfahren. Allein der Umstand, daß es sich um Organstreitigkeiten auf Landesebene handelt, stellt keinen ausreichenden Grund dar, die Rechtsnatur dieses Verfahrens abweichend von der des für Organstreitigkeiten auf Bundesebene bereitgestellten zu charakterisieren. Gleiches muß gelten, hält man eine der anderen genannten Interpretationsvarianten des Art. 93 Abs. 1 Nr. 4, 3. Alt. GG für überzeugend.

Für die Beantwortung der Frage nach dem strafrechtlich relevanten Verhalten der Verfassungsrichter ergeben sich deshalb bei dem bzw. den Verfahren nach Art. 93 Abs. 1 Nr. 4, 3. Alt. GG keine neuen Aspekte. Aus diesem Grund bedarf es daher hierzu im vorliegenden Zusammenhang keiner weiteren Ausführungen.

---

177 So *W. Meyer* in GGK, Art. 93 Rdn. 56; ähnlich *A. Arndt,* DVBl. 1951, S. 300; *H. Scholtissek,* S. 466 ff.
178 So *W. Geiger,* a. a. O. (Fn. 12), § 71 Anm. 4; *E. Friesenhahn,* a. a. O. (Fn. 46), S. 107; *H. Lechner,* § 13 Ziff. 8 Erl. 5a; *M. Sachs,* S. 227 f. mit weiteren Nachweisen; *K. Schlaich,* JuS 1981, S. 825; *ders.,* S. 58; eine eingehende Begründung gibt *C. Pestalozza,* Verfassungsprozeßrecht, S. 83 f.
179 Vgl. *H. Holtkotten* in Bonner Kommentar, Art. 93 (Erstbearbeitung) Erl. II B 4 d α (zitiert nach *K. Stern* in Bonner Kommentar, Art. 93 Rdn. 395); *C. v. Hammerstein,* S. 73; *G. Erdmann,* S. 244 ff. mit weiteren Nachweisen.
180 Siehe oben bei Fn. 127.

(6) Individualrechtliche Verfassungsbeschwerde (Art. 93 Abs. 1 Nr. 4a GG)

Nach den bisher genannten Zuständigkeiten kann das Bundesverfassungsgericht nur von staatlichen Organen angerufen werden. Anders liegt es bei der Zuständigkeit zur Entscheidung von Verfassungsbeschwerden, die durch das Gesetz zur Änderung des Grundgesetzes vom 29. Januar 1969[181] in Art. 93 Abs. 1 Nr. 4a GG verfassungsrechtlich verankert wurde. Mittels der Verfassungsbeschwerde kann sich jeder Träger eines Grundrechts oder eines grundrechtsähnlichen Rechts zulässigerweise mit der Behauptung an das Bundesverfassungsgericht wenden, durch die öffentliche Gewalt in einem der genannten Rechte verletzt worden zu sein und die Beseitigung dieses Grundgesetzverstoßes begehren. Durch Art. 93 Abs. 1 Nr. 4a GG wird also die Verfassungsgerichtsbarkeit in den unmittelbaren Dienst des einzelnen gestellt[182]. Die verfassungsrechtliche Beschwerdemöglichkeit dient damit, als spezifischer Rechtsbehelf[183], der Sicherung und Durchsetzung grundgesetzlich garantierter individueller Rechtspositionen gegenüber den Trägern der Staatsgewalt[184]. Sie ergänzt den bereits durch Art. 19 Abs. 4 GG gewährleisteten Rechtsschutz, indem sie auch gegen gesetzgeberische und judikative Akte den Zugang zum Gericht eröffnet[185]. Eine Einordnung des Beschwerdeverfahrens nach Art. 93 Abs. 1 Nr. 4a GG als kontradiktorisch erscheint demnach angezeigt.

Hiergegen könnte vielleicht eingewandt werden, daß sich die Bedeutung der Verfassungsbeschwerde nicht im Schutz individueller grundgesetzlich garantierter Rechtspositionen erschöpft. Ihr kommt nämlich darüber hinaus auch, wie allgemein anerkannt ist[186], die Funktion zu, das objektive Verfassungsrecht zu wahren und seiner Aus- und Fortbildung zu dienen[187]. Soll aber die Erreichung dieses im Allgemeininteresse liegenden Zieles sichergestellt werden, so könnte hierfür ein objektives Verfahren geeigneter erscheinen als ein der Rechtsnatur nach kontradiktorisches[188]. Selbst wenn man dem folgen würde, stützt dieser Gesichtspunkt indes nicht eine andere Beurteilung des Rechtscharakters des verfassungsgerichtlichen Beschwerdeverfahrens, denn auch ein solch durchaus anerkennenswertes Gemeinschaftsinteresse kann nicht von der Beachtung der Rechtsordnung suspendieren. Aus ihr ergibt sich nämlich, daß das Bundesverfassungsgericht in der Sache über eine Ver-

---

181 BGBl. I 1969, S. 97.
182 Vgl. *H. Spanner,* Richterliche Prüfung, S. 52; *O. Koellreuter,* S. 211; *J. Wintrich/H. Lechner,* Die Grundrechte, Bd. 3 Hlbbd. 2, S. 668; *E. Schumann,* S. 100.
183 BVerfG v. 11. 8. 1954, BVerfGE 4, 27 (30).
184 Vgl. BVerfG v. 11. 8. 1954, BVerfGE 4, 27 (30); BVerfGE v. 28. 6. 1972, BVerfGE 33, 247 (258); BVerfG v. 7. 6. 1977, BVerfGE 45, 63 (74); zum „subjektiven Zweck" der Verfassungsbeschwerde vgl. auch *E. Schumann,* S. 99 ff.
185 Vgl. *K. Stern,* a. a. O. (Fn. 9), S. 1016; *W. Meyer* in GGK, Art. 93 Rdn. 58.
186 Vgl. BVerfG v. 28. 6. 1972, BVerfGE 33, 247 (258); BVerfG v. 7. 6. 1977, BVerfGE 45, 63 (74); *J. Wintrich/H. Lechner,* Die Grundrechte, Bd. 3 Hlbbd. 2, S. 669; *G. Scherer,* S. 6; *E. Schumann,* S. 108 ff.; *B. Schmidt-Bleibtreu* in *Maunz/Schmidt-Bleibtreu/Klein/Ulsamer,* § 90 Rdn. 17; *K. Stern,* a. a. O. (Fn. 9), S. 1016; *K. Schlaich,* S. 101 f.
187 So ausdrücklich BVerfG v. 28. 6. 1972, BVerfGE 33, 247 (259).
188 Vgl. hierzu oben bei Fn. 153.

fassungsbeschwerde nur entscheiden darf, wenn sie mit der Behauptung erhoben worden ist, die öffentliche Gewalt habe ein durch das Grundgesetz geschütztes Recht des Beschwerdeführers verletzt. Das Bundesverfassungsgericht kann, wie sich bereits aus Art. 93 Abs. 1 Nr. 4a GG ergibt, im Verfassungsbeschwerdeverfahren zulässigerweise nur zum Schutz grundgesetzlich garantierter Individualrechte angerufen werden[189] und über deren Verletzung entscheiden. Auch § 90 Abs. 1 BVerfGG i.V.m. Art. 94 Abs. 2 GG bringt dies deutlich zum Ausdruck.

Im übrigen wird die Ansicht, daß die sekundäre Zielrichtung, eine objektive Rechtskontrolle zu gewährleisten, im Hinblick auf den Verfahrenscharakter als kontradiktorisch unschädlich ist, auch durch einen Vergleich mit den verwaltungsgerichtlichen Rechtsschutzverfahren erhärtet. Für sie ist unbestritten, daß es sich um kontradiktorische Streitverfahren handelt[190], denn es sollen mit ihnen subjektive Rechte durchgesetzt werden, dennoch ist es auch hier ein gewollter Effekt, daß gleichzeitig eine objektive Verwaltungskontrolle einsetzt[191]. Insofern also unterscheiden sich die verwaltungsgerichtlichen Verfahren von dem Verfassungsbeschwerdeverfahren nicht. Sie gleichen sich auch insoweit, als das subjektive Interesse des Klägers bzw. Beschwerdeführers an gerichtlichem Rechtsschutz im Vordergrund steht. Eine der Rechtsnatur der verwaltungsgerichtlichen Verfahren entsprechende Einordnung des verfassungsgerichtlichen Beschwerdeverfahrens ist demnach naheliegend.

Darüber hinaus findet die Auffassung, daß es sich bei dem Verfahren nach Art. 93 Abs. 1 Nr. 4a GG um ein kontradiktorisches handelt, zusätzliche Bestätigung durch die Vorschrift des § 90 Abs. 2 Satz 1 BVerfGG, der im Einklang mit Art. 94 Abs. 2 Satz 2 GG vorsieht, daß das Bundesverfassungsgericht mit einer behaupteten Grundrechtsverletzung erst nach Erschöpfung des Rechtsweges befaßt werden kann. Sinnvoll erscheint eine solche Regelung nur bei einem kontradiktorischen Verfahren, denn sie soll den zuständigen Instanzen eine Sachprüfung ermöglichen[192] und ihnen so die Gelegenheit geben, im Falle der Rechtswidrigkeit der den Bürger betreffenden staatlichen Maßnahme dessen Beschwer abzuhelfen[193]. Bei einem der Natur nach objektiven Verfahren wäre sie überflüssig, denn eine Beschwer in diesem Sinne ist dort nicht vorhanden.

---

189 Vgl. nur BVerfG v. 25. 2. 1964, BVerfGE 17, 252 (258); BVerfG v. 7. 7. 1975, BVerfGE 40, 141 (156); *H. Spanner,* Verfassungsbeschwerde, S. 374 f.
190 Umstritten allein für das Normenkontrollverfahren nach § 47 VwGO, zum Streitstand vgl. *F. O. Kopp,* § 47 Rdn. 3 mit eingehenden Rechtsprechungs- und Literaturnachweisen; *Redeker/v. Oertzen,* § 47 Rdn. 1.
191 Vgl. *E. Forsthoff,* Verwaltungsrecht, 8. Aufl., S. 461 f.; *Tschira/Schmitt Glaeser,* S. 4.
192 Diese Ansicht wird wohl auch vom BVerfG geteilt, wenn es — in gefestigter Rechtsprechung — ausführt, daß Verfassungsbeschwerden gegen letztinstanzliche Beschwerdeentscheidungen im summarischen Verfahren nach § 80 Abs. 5 VwGO ausnahmsweise dann als zulässig behandelt werden können, wenn die Entscheidung von keiner weiteren tatsächlichen Aufklärung abhängt. So zuletzt BVerfG v. 14. 5. 1985, BVerfGE 69, 315 (340) unter Bezugnahme auf BVerfG v. 20. 12. 1979, BVerfGE 53, 30 (53 f.) und auf BVerfG v. 20. 10. 1981, BVerfGE 58, 257 (263).
193 Vgl. *C. Pestalozza,* a. a. O. (Fn. 178), S. 118.

Ohne sich mit diesen Argumenten auseinanderzusetzen, wird gleichwohl die Auffassung vertreten, daß das Verfassungsbeschwerdeverfahren kein kontradiktorisches Streitverfahren sei, denn es kenne keine Parteien im herkömmlichen Sinn[194]. Richtig ist zwar, daß ein Antragsgegner als formeller Verfahrensbeteiliger grundsätzlich nicht existent ist[195]. In der Sache richtet sich die Verfassungsbeschwerde jedoch gegen den Träger der öffentlichen Gewalt, der die vom Beschwerdeführer beanstandete Maßnahme getroffen hat, denn ihm gegenüber soll durch das Bundesverfassungsgericht im Interesse des Beschwerdeführers das Grundrecht oder grundrechtsähnliche Recht durchgesetzt werden. Der vorgenannten Ansicht ist desweiteren entgegenzuhalten, daß die von ihr gegebene Begründung sie nicht zu stützen vermag. Aus dem Umstand, daß das Verfassungsbeschwerdeverfahren grundsätzlich keinen Antragsgegner im prozessualen Sinn kennt, ein Argument für den objektiven Charakter dieser Verfahrensart abzuleiten, wäre nur dann schlüssig, wenn dies gerade darauf zurückzuführen wäre, daß die Antragsberechtigung unabhängig von einer etwaig bestehenden Rechtsbeeinträchtigung verliehen wäre[196]. Das ist jedoch, wie bereits dargestellt wurde, nicht der Fall. Der Beschwerdeführer muß, um eine Sachentscheidung des Bundesverfassungsgerichts zu erreichen, eine Beschwer behaupten, d. h. Tatsachen vorbringen, nach denen eine Verletzung seiner grundgesetzlich garantierten Rechte durch die öffentliche Gewalt möglich erscheint[197].

Gegen die Ansicht, die als conditio sine qua non für die Einstufung des Verfahrens als kontradiktorisch die Beteiligung zweier Parteien im prozessualen Sinne ansieht, spricht auch die Betrachtung ihrer möglichen Konsequenzen. Nach § 94 Abs. 5 BVerfGG ist dem Träger der öffentlichen Gewalt, dem die behauptete grundgesetzwidrige Maßnahme zuzurechnen ist, die Möglichkeit eröffnet, dem Verfassungsbeschwerdeverfahren beizutreten. Durch deren Inanspruchnahme erlangt er die Stellung eines förmlich am Verfahren Beteiligten[198]. Verträte man nun die genannte Auffassung, so hätte dies faktisch eine Dispositionsbefugnis des Beitrittsberechtigten über den rechtlichen Charakter dieser Rechtsschutzart zur Folge, denn durch seinen Beitritt bzw. Nichtbeitritt wirkte er auf dessen Bestimmung ein. Darüber hinaus wäre dem Beitrittsberechtigten dadurch auch Einfluß auf die Beantwortung der Frage eingeräumt, ob gesetzwidrige Verfahrensleitung und Urteilsfindung durch Verfassungsrichter bei dieser Form der Rechtsschutzgewährung den objektiven Tatbestand des Delikts der Rechtsbeugung verwirklichen. Träte er dem Verfahren nicht bei, wäre ein derartiges Verhalten der Verfassungsrichter strafrechtlich irrelevant; machte er dagegen von der ihm eingeräumten Beitrittsbefugnis Gebrauch, wäre ein solches Verhalten tatbestandsmäßig nach

---

[194] Vgl. *W. Geiger,* a. a. O. (Fn. 12), Vorbemerkungen vor § 90 Anm. 4; *B. Schmidt-Bleibtreu* in *Maunz/Schmidt-Bleibtreu/Klein/Ulsamer,* § 90 Rdn. 18 und § 94 Rdn. 7.
[195] Vgl. BVerfG v. 3. 9. 1957, BVerfGE 7, 99 (106).
[196] Vgl. oben bei Fn. 126.
[197] Vgl. nur BVerfG v. 25. 2. 1964, BVerfGE 17, 252 (258); BVerfG v. 7. 7. 1975, BVerfGE 40, 141 (156); *H. Spanner,* a. a. O. (Fn. 189), S. 374 f.
[198] Vgl. hierzu und zu den sich hieraus ergebenden Rechten *B. Schmidt-Bleibtreu* in *Maunz/ Schmidt-Bleibtreu/Klein/Ulsamer,* § 94 Rdn. 19, 22.

§ 336 StGB. Von einer entsprechenden Initiative des Trägers der öffentlichen Gewalt, gegen den sich der Sache nach die Verfassungsbeschwerde richtet, hinge demnach im Grunde die Strafbarkeit der Verfassungsrichter ab, was zu einem absurden Ergebnis führen würde. Es ist deshalb von der kontradiktorischen Natur des verfassungsgerichtlichen Beschwerdeverfahrens, Art. 93 Abs. 1 Nr. 4a GG, auszugehen.

Auch die Leitung dieses Verfahrens und die sich daran anschließende Urteilsfindung und -verkündigung sind daher der Rechtsbeugung nach § 336 StGB zugänglich.

(7) Kommunalrechtliche Verfassungsbeschwerde (Art. 93 Abs. 1 Nr. 4b GG)

Fraglich erscheint, ob die für die individualrechtliche Verfassungsbeschwerde getroffene Feststellung, es handele sich um ein der Rechtsbeugung zugängliches, weil kontradiktorisches Verfahren, auch für die kommunalrechtliche Verfassungsbeschwerde, Art. 93 Abs. 1 Nr. 4b GG, Geltung beansprucht. Der erst durch Verfassungsrevision vom 29. Januar 1969[199] eingefügte Art. 93 Abs. 1 Nr. 4b GG eröffnet den Rechtsweg zum Bundesverfassungsgericht subsidiär nämlich nur gegen Rechtsnormen[200], die die den Gemeinden bzw. Gemeindeverbänden durch Art. 28 GG garantierte Selbstverwaltung beeinträchtigen. Mit anderen Worten, das Bundesverfassungsgericht ist nach dieser Zuständigkeitsvorschrift auf Antrag der kommunalen Körperschaften *zur Überprüfung der Verfassungsmäßigkeit solcher Rechtsnormen* berufen, die deren „Recht"[201] auf kommunale Selbstverwaltung beschränken. Hieraus wird der Schluß gezogen, daß es sich bei dem kommunalrechtlichen Verfassungsbeschwerdeverfahren um ein dem Wesen nach abstraktes Normenkontrollverfahren handele[202]. Allerdings sei hier, im Gegensatz zu dem Verfahren nach Art. 93 Abs. 1 Nr. 2 GG, die Antragsbefugnis gegenständlich[203] und zeitlich[204] begrenzt.

Richtig ist zwar, daß die Einleitung des kommunalrechtlichen Verfassungsbeschwerdeverfahrens ebenso wie das der abstrakten Normenkontrolle nach

---

199 BGBl. I 1969, S. 97.
200 Hierzu rechnen nach h. M. sowohl Gesetze im formellen als auch im materiellen Sinne, vgl. nur BVerfG v. 24. 6. 1969, BVerfGE 26, 228 (237); BVerfG v. 7. 10. 1980, BVerfGE 56, 298 (309); *W. Geiger*, a. a. O. (Fn. 12), § 91 Anm. 3; *B. Schmidt-Bleibtreu* in *Maunz/Schmidt-Bleibtreu/Klein/Ulsamer*, § 91 Rdn. 21a; *C. Pestalozza*, a. a. O. (Fn. 178), S. 133; *W. Meyer* in GGK, Art. 93 Rdn. 66; *K. Stern* in Bonner Kommentar, Art. 93 Rdn. 800.
201 Die Bezeichnung als Recht erscheint nicht unproblematisch, denn es handelt sich jedenfalls nicht um ein den Gemeinden bzw. den Gemeindeverbänden gewährtes Grundrecht, was insbes. *W. Roters* in GGK, Art. 28 Rdn. 33, hervorhebt. Die in Art. 28 Abs. 2 GG garantierte kommunale Selbstverwaltung wird vielmehr gemeinhin als institutionelle Garantie gekennzeichnet; doch darf nicht übersehen werden, daß sie den aus der objektiven Einrichtungsgarantie Berechtigten eine subjektive Rechtsposition zur Abwehr von Eingriffen in den Garantiebereich gewährt (*K. Stern*, a. a. O. (Fn. 7), S. 409). Im folgenden soll daher der begrifflichen Einfachheit halber die Bezeichnung Recht verwandt werden.
202 Vgl. *E. Friesenhahn*, a. a. O. (Fn. 46), S. 140; *ders.*, Zuständigkeitsabgrenzung, S. 787; *K. Stern*, a. a. O. (Fn. 7), S. 423; *ders.*, a. a. O. (Fn. 9), S. 1024.
203 Vgl. *E. Friesenhahn*, a. a. O. (Fn. 46), S. 140; *ders.*, a. a. O. (Fn. 202), S. 787.
204 Vgl. *K. Stern*, a. a. O. (Fn. 7), S. 423.

Art. 93 Abs. 1 Nr. 2 GG mit der Behauptung der materiellen Unvereinbarkeit eines Landes- oder Bundesgesetzes mit der Verfassungsbestimmung des Art. 28 Abs. 2 GG beantragt werden kann. Im Gegensatz zum Verfahren der abstrakten Normenkontrolle ist die Antragsberechtigung für die Einleitung des kommunalrechtlichen Beschwerdeverfahrens jedoch an die Beeinträchtigung einer subjektiven Rechtsposition geknüpft. Eine Kommunalverfassungsbeschwerde wird zulässigerweise nur erhoben, wenn der Beschwerdeführer behauptet, durch die von ihm beanstandete Norm in dem ihm gewährten Recht auf Selbstverwaltung verletzt zu sein[205] und diese Rechtsverletzung als möglich erscheint[206]. Auch muß die Regelung, deren Verfassungswidrigkeit gerügt wird, den Beschwerdeführer selbst, gegenwärtig und unmittelbar betreffen[207]. Bereits hieraus erhellt, daß sich das kommunale Beschwerdeverfahren nicht als Unterfall der abstrakten Normenkontrolle qualifizieren läßt[208]. Der entscheidende Unterschied zwischen beiden Verfahren, der eine Einstufung des Kommunalbeschwerdeverfahrens als abstraktes Normenkontrollverfahren ausschließt, ist jedoch in der prinzipiell unterschiedlichen Funktion der beiden Verfahren im verfassungsgerichtlichen Kontrollsystem zu sehen[209]. Das abstrakte Normenkontrollverfahren dient der Bewahrung des objektiven Rechts, es soll die Verfassung in ihrem Bestand sichern[210]. Demgegenüber ist den Gemeinden bzw. Gemeindeverbänden durch Art. 93 Abs. 1 Nr. 4b GG der Rechtsweg zum Bundesverfassungsgericht eröffnet, damit sie die Verletzung eigener Rechte geltend machen können[211], nämlich des Selbstverwaltungsrechts als einer auch subjektiven Rechtsstellungsgarantie[212].

Das mittels der Kommunalverfassungsbeschwerde verfolgte Rechtsschutzziel gleicht also jedenfalls im Hinblick auf die Verteidigung der Rechte des Beschwerdeführers dem mit der Individualverfassungsbeschwerde verfolgten. Es ist deshalb berechtigt, das kommunalrechtliche Beschwerdeverfahren den Verfassungsbeschwerden zuzuordnen[213]. Handelt es sich also bei der Ver-

---

205 Vgl. *B. Schmidt-Bleibtreu* in *Maunz/Schmidt-Bleibtreu/Klein/Ulsamer,* § 91 Rdn. 27; *C. Pestalozza,* a. a. O. (Fn. 178), S. 134.
206 Vgl. *A. v. Mutius,* JuS 1977, S. 99; *K. Stern* in Bonner Kommentar, Art. 93 Rdn. 792.
207 Vgl. BVerfG v. 14. 1. 1969, BVerfGE 25, 124 (128); BVerfG v. 24. 6. 1969, BVerfGE 26, 228 (236).
208 So auch *J. Burmeister,* JA 1980, S. 21, r. Sp.
209 Ebenso *J. Burmeister,* JA 1980, S. 22.
210 Vgl. oben unter Teil 2 C II 1 c aa (2).
211 So wohl das BVerfG, das in ständiger Rechtsprechung auf das Selbstverwaltungs*recht* (Hervorhebung vom Verf.) abstellt, vgl. etwa BVerfG v. 20. 3. 1952, BVerfGE 1, 167 (173 f.); BVerfG v. 28. 10. 1958, BVerfGE 8, 256 (259); BVerfG v. 27. 4. 1959, BVerfGE 9, 268 (289); BVerfG v. 14. 1. 1969, BVerfGE 25, 124 (128); BVerfG v. 24. 6. 1969, BVerfGE 26, 228 (236); BVerfG v. 27. 11. 1978, BVerfGE 50, 50 (51); in der Literatur vor allem *W. Geiger,* Bundesverfassungsgerichtsbarkeit — Landesverfassungsgerichtsbarkeit, S. 261; *ders.,* a. a. O. (Fn. 12), § 91 Anm. 1; *M. Sachs,* S. 387 f. mit weiteren Nachweisen; *K. Stern* in Bonner Kommentar, Art. 93 Rdn. 776; a. A. *B. Schmidt-Bleibtreu* in *Maunz/Schmidt-Bleibtreu/Klein/Ulsamer,* § 91 Rdn. 4.
212 Vgl. dazu *K. Stern,* a. a. O. (Fn. 7), S. 409.
213 Vgl. *K. Stern* in Bonner Kommentar, Art. 93 Rdn. 776; a. A. *J. Burmeister,* JA 1980, S. 22, der die kommunale Verfassungsbeschwerde der Verfahrenstypik des Bund-Länder-Streits gemäß Art. 93 Abs. 1 Nr. 3 GG zuordnen will; gegen ihn, mit überzeugenden Gründen, *K. Stern* in Bonner Kommentar, Art. 93 Fn. 36.

fassungsbeschwerde nach Art. 93 Abs. 1 Nr. 4b GG um einen der Grundrechtsverfassungsbeschwerde gleichartigen Rechtsbehelf[214], kann für die Beantwortung der Frage, ob das Kommunalbeschwerdeverfahren als ein der Rechtsbeugung nach § 336 StGB zugängliches Gerichtsverfahren zu qualifizieren ist, an das für die Individualverfassungsbeschwerde gefundene Ergebnis angeknüpft werden. Für diese wurde festgestellt, daß das durch sie eingeleitete verfassungsgerichtliche Verfahren der Gruppe der kontradiktorischen Streitverfahren zuzuordnen ist. Die Auffassung, daß das kommunalrechtliche Verfassungsbeschwerdeverfahren ebenfalls kontradiktorischer Natur ist, erscheint demnach gerechtfertigt.

Wenn gleichwohl die gegenteilige Ansicht vertreten wird[215], mag der Grund hierfür darin zu suchen sein, daß das Verfahren nach Art. 93 Abs. 1 Nr. 4b GG — ebenso wie das der Grundrechtsverfassungsbeschwerde — prinzipiell keinen Antragsgegner als formellen Verfahrensbeteiligten kennt. Hieraus auf den objektiven Charakter dieser verfassungsgerichtlichen Rechtsschutzart schließen zu wollen, stößt aber auf die gleichen Bedenken, wie sie oben schon bei der Behandlung der Individualverfassungsbeschwerde dargelegt wurden[216]. Auch hier ist nämlich dem Träger der öffentlichen Gewalt, gegen den sich die Kommunalverfassungsbeschwerde der Sache nach richtet, die Möglichkeit des Verfahrensbeitritts durch § 94 Abs. 5 Satz 1 BVerfGG eröffnet. Deshalb würde auch hier wieder der Beitritt des Trägers der öffentlichen Gewalt, der in dessen Belieben gestellt ist, einseitig den Verfahrenscharakter verändern und dadurch letztlich über die Strafbarkeit der Verfassungsrichter entscheiden. Dem Umstand, daß nur nach Inanspruchnahme des eingeräumten Beitrittsrechts zwei Verfahrensbeteiligte mit widerstreitenden Interessen existent sind, ist daher auch für die Bestimmung der Rechtsnatur des kommunalrechtlichen Verfassungsbeschwerdeverfahrens keine ausschlaggebende Bedeutung beizumessen. Die Auffassung, die den kontradiktorischen Charakter wohl aus diesem Grund verneint, überzeugt infolgedessen nicht.

Es ist somit davon auszugehen, daß es sich bei dem Kommunalbeschwerdeverfahren ebenso wie bei dem auf Durchsetzung der Grundrechte bzw. grundrechtsähnlichen Rechte gerichteten um ein der Natur nach kontradiktorisches Verfahren handelt. Demzufolge sind auch bei der Rechtsschutzgewährung nach Art. 93 Abs. 1 Nr. 4b GG Prozeßleitung und Urteilsfindung bzw. -verkündung durch § 336 StGB gegen Rechtsbeugung geschützt.

(8) Sonstige Zuständigkeiten kraft Grundgesetz (Art. 93 Abs. 1 Nr. 5 GG)

Durch Art. 93 Abs. 1 Nr. 5 GG werden — blankettartig — die übrigen im Grundgesetz genannten Zuständigkeiten des Bundesverfassungsgerichts in den Katalog des Art. 93 einbezogen. Im einzelnen sind dies die Entscheidungskompetenzen des Bundesverfassungsgerichts im Verfahren wegen der Verwirkung von Grundrechten (Art. 18 GG), wegen des Verbots einer politi-

---

214 So auch *M. Sachs,* S. 388.
215 So, ohne nähere Begründung, *K. Stern* in Bonner Kommentar, Art. 93 Fn. 36.
216 Vgl. oben bei Fn. 195 ff.

schen Partei (Art. 21 Abs. 2 GG), im Wahlprüfungsverfahren (Art. 41 Abs. 2 GG), im Verfahren über die Präsidentenanklage (Art. 61 GG), im Verfahren wegen einer Mängelrüge bei der Ausführung der Bundesgesetze in den Ländern (Art. 84 Abs. 4 GG), im Verfahren der Richteranklage (Art. 98 Abs. 2, 5 GG), nach landesgesetzlicher Zuweisung im Verfahren wegen Verfassungsstreitigkeiten innerhalb eines Landes (Art. 99 GG), aufgrund Richtervorlage im konkreten Normenkontrollverfahren[217] (Art. 100 Abs. 1 GG), im Vorlageverfahren bei Zweifeln über Bestand, Inhalt oder Reichweite einer Völkerrechtsregel[218] (Art. 100 Abs. 2 GG), in einem wegen divergierender Verfassungsrechtsprechung eingeleiteten Verfahren (Art. 100 Abs. 3 GG) und in dem wegen Meinungsverschiedenheiten über das Fortgelten vorkonstitutionellen Rechts angestrengten Verfahrens (Art. 126 GG).

Ob auch in diesen Verfahren der Tatbestand der Rechtsbeugung verwirklicht werden kann, muß für jedes der genannten in aller Regel gesondert untersucht werden, weil sowohl Zielsetzung als auch Struktur der einzelnen Verfahren stark differieren. Die Erörterung der Problematik soll dabei grundsätzlich entsprechend der Aufzählung im Grundgesetz erfolgen.

(a) Verwirkung von Grundrechten (Art. 18 Satz 2 GG)

In bewußter Abkehr von der Konzeption einer wertneutralen Demokratie der Weimarer Reichsverfassung ist das Grundgesetz von der Vorstellung einer streitbaren Demokratie geleitet[219], was im Verfassungstext zwar nicht expressis verbis, wohl aber doch durch eine Gesamtschau der Verfassungsbestimmungen der Art. 9 Abs. 2, 11 Abs. 2, 21 Abs. 2 und des Art. 91 mit wünschenswerter Deutlichkeit zum Ausdruck kommt[220]. Auch Art. 18 Satz 1 GG, der durch das Institut der Grundrechtsverwirkung den Emanationsgrundrechten des politisch handelnden Bürgers[221] eine Grenze zieht, liegt die Auffassung zugrunde, daß „die freiheitliche Verfassung und der freiheitliche Staat legitimiert sind, sich dagegen zu wehren, daß nicht unter Berufung auf ihre Freiheiten die Freiheit selbst beseitigt wird"[222]. Nach Art. 18 Satz 2 GG ist die Entscheidungsbefugnis über die Grundrechtsverwirkung beim Bundesverfassungsgericht konzentriert. Von der Normierung des sog. Entschei-

---

217 Zum Begriff vgl. etwa *Th. Maunz* in *Maunz-Dürig,* Art. 100 Rdn. 1.
218 Zu dieser Auslegung des Art. 100 Abs. 2 GG vgl. BVerfG v. 30. 10. 1962, BVerfGE 15, 25 (25, 31); BVerfG v. 30. 4. 1963, BVerfGE 16, 27 (32 f.); BVerfG v. 14. 5. 1968, BVerfGE 23, 288 (316 f.); *W. Meyer* in GGK, Art. 100 Rdn. 31.
219 So das BVerfG in ständiger Rechtsprechung, vgl. BVerfG v. 17. 8. 1956, BVerfGE 5, 85 (139); BVerfG v. 27. 6. 1961, BVerfGE 13, 46 (49); BVerfG v. 15. 1. 1969, BVerfGE 25, 88 (100); BVerfG v. 18. 2. 1970, BVerfGE 28, 36 (48); BVerfG v. 15. 12. 1970, BVerfGE 30, 1 (19); BVerfG v. 22. 5. 1975, BVerfGE 39, 334 (369); BVerfG v. 29. 10. 1975, BVerfGE 40, 287 (291); aus der Literatur vgl. nur *K. Stern,* a. a. O. (Fn. 7), S. 195 mit eingehenden Nachweisen.
220 Vgl. BVerfG v. 18. 2. 1970, BVerfGE 28, 36 (48), wo auch Art. 20 Abs. 4, 98 Abs. 2 und 5 GG in Bezug genommen wird; *Th. Maunz* in *Maunz-Dürig,* Art. 20 II. Abschnitt Rdn. 31.
221 Der Schutz gegen verfassungsfeindliche Aktivitäten politisch tätiger Organisationen wird nicht durch Art. 18 GG, sondern durch Art. 21 Abs. 2 GG bewirkt, vgl. BVerfG v. 14. 1. 1969, BVerfGE 25, 44 (59 f.).
222 *K. Stern,* a. a. O. (Fn. 7), S. 194.

dungsmonopols des Bundesverfassungsgerichts[223] abgesehen, enthält Art. 18 GG keinerlei Regelung über die Ausgestaltung des Verfahrens, die für die Bestimmung dessen Rechtsnatur fruchtbar gemacht werden könnte. Insoweit muß daher auf die Funktion des Verfahrens sowie, zur Stützung des gefundenen Ergebnisses, auf die zugehörigen einfachgesetzlichen Vorschriften zurückgegriffen werden.

Bereits die Regelung des Art. 18 Satz 2 GG macht deutlich, daß dieses verfassungsgerichtliche Verfahren nur dem subjektiven Rechtsschutz dienen kann, denn der Schutz der Verfassung gegen Angriffe mit „demokratischen" Mitteln, der durch die Vorschrift des Art. 18 Satz 1 intendiert ist, wäre auch ohne die in Satz 2 geregelte ausschließliche Entscheidungsbefugnis des Bundesverfassungsgerichts sichergestellt. Diese ausschließliche Kompetenz hat nur dann ihren guten Sinn, will man garantiert wissen, daß dem Bürger der Schutz, den ihm die verfassungsrechtliche Grundrechtsverbürgung gewährt, nur aufgrund eingehender Prüfung und nur unter Beachtung aller rechtsstaatlichen Garantien abgesprochen wird[224]. Auch die Entstehungsgeschichte dieser Verfassungsnorm belegt, daß Verfahrenszweck nur der Schutz der verwirkbaren grundgesetzlich garantierten individuellen Rechtspositionen sein kann. Wie die Beratungen im Parlamentarischen Rat belegen[225], wurde Art. 18 Satz 2 deshalb in den Verfassungstext aufgenommen, um der Gefahr zu begegnen, daß das Institut der Grundrechtsverwirkung zu einem Instrument der Freiheitsvernichtung pervertiert[226].

Der historische Verfassungsgeber war von der Sorge erfüllt, daß, werde die Exklusivität der Entscheidungsbefugnis nicht kodifiziert, die Gewaltunterworfenen rechtlos gestellt wären[227]. „Wer gegen irgendeines dieser [der verwirkbaren] Grundrechte verstößt, wäre praktisch vogelfrei. Jede Verwaltungsstelle könnte ihm die die Grundrechte absprechen. Er müßte sich dann an das Gericht wenden und sehen, wie und wann er wieder zu seinem Recht kommt"[228]. Mit diesen Worten nahm der Abgeordnete Dr. Dehler Stellung für die Auffassung, die dem späteren Art. 18 Satz 2 GG zugrunde gelegt wurde, indem er die Schwächen der gegenteiligen, in den Beratungen des Hauptausschusses erörterten Rechtsposition plastisch aufzeigte. Wird demnach das Bundesverfassungsgericht kraft der Verfassung auch im Verfahren über die Verwirkung von Grundrechten zum Schutze individueller Rechtspo-

---

223 Vgl. etwa *F. Matthey* in GGK, Art. 18 Rdn. 26.
224 Zu dieser Funktion des Art. 18 Satz 2 GG vgl. BGH, Urt. v. 1. 2. 1954, BGHZ 12, 197 (201); ähnlich auch BVerfG v. 6. 10. 1959, BVerfGE 10, 118 (123).
225 Wiedergegeben von *W. Matz*, JöR Bd. 1 n. F., S. 173 ff.
226 So auch *W. Schmitt Glaeser*, S. 22.
227 Diese Auffassung wurde jedenfalls von der Mehrheit der Mitglieder des Hauptausschusses des Parlamentarischen Rats geteilt. Die Minderheit der Ausschußmitglieder sah demgegenüber einen ausreichenden Schutz des einzelnen dadurch gewährleistet, daß dieser mittels verwaltungsgerichtlicher Klage gegen einen auf Art. 18 gestützten Eingriff vorgehen könne. Zum Ganzen vgl. Parlamentarischer Rat, HA 44. Sitzung, S. 589 f.; Parlamentarischer Rat, Schriftlicher Bericht, Abg. *Dr. v. Mangoldt*, S. 12 f.
228 So der Abg. *Dr. Dehler* in der Begründung seines Antrags, das Entscheidungsmonopol des Bundesverfassungsgerichts zu normieren, vgl. Parlamentarischer Rat, HA 44. Sitzung, S. 590.

sitionen tätig, ist es berechtigt, dieses Verfahren ebenfalls als ein der Natur nach kontradiktorisches zu qualifizieren. Für eine solche Bestimmung des Verfahrenscharakters sprechen auch die Regelungen der §§ 36 ff. BVerfGG, die es als Antrags- und als *Parteiverfahren* ausgestalten[229].

Infolgedessen kann auch für dieses verfassungsgerichtliche Verfahren festgestellt werden, daß vorsätzliche Rechtsverstöße bei der Prozeßleitung und der Entscheidungsfindung bzw. -verkündung den objektiven Tatbestand des § 336 StGB erfüllen[230].

(b) Verbot einer politischen Partei (Art. 21 Abs. 2 Satz 2 GG)

Wird durch Art. 18 GG die freiheitliche Demokratie des Grundgesetzes gegen individuelle Angriffe geschützt, so wendet sich Art. 21 Abs. 2 GG gegen kollektive Betätigungen, die eine um der Erhaltung der Verfassung willen zu bekämpfende Gefahr darstellen. Gemäß ihrem Regelungszweck gleichen sich letztlich also beide Verfassungsnormen[231]. Sie entsprechen einander auch insoweit, als beide jeweils in Satz 2 die ausschließliche Anordnungsbefugnis des Bundesverfassungsgerichts für die jeweilige Maßnahme vorsehen. Die Gründe, die zur Aufnahme des Art. 18 Satz 2 in den Verfassungstext geführt haben, wurden bereits dargelegt. Sie treffen gleichermaßen auf die in Art. 21 Abs. 2 Satz 2 GG enthaltene Regelung zu. Auch hier kann das Entscheidungsmonopol des Bundesverfassungsgerichts nur den Sinn haben, zu verhindern, daß mißbräuchlich in Rechtspositionen eingegriffen wird[232]. Korrespondieren also Schutzzweck und Normstruktur der Art. 18 und 21 GG in einem solchen Maße, so liegt der Schluß nahe, daß auch die Rechtsnatur der entsprechenden verfassungsgerichtlichen Verfahren übereinstimmt.

Ein Vergleich der zugehörigen einfachgesetzlichen Verfahrensvorschriften zeigt überdies, daß eine solche rechtliche Folgerung berechtigt ist. Die Ähnlichkeiten der beiden Verfahren betreffen so wesentliche Strukturmerkmale, daß eine unterschiedliche Bestimmung des Verfahrenscharakters unangemessen wäre. Durch die einfachgesetzlichen Vorschriften sind beide Verfahren als Antrags- und Parteiverfahren ausgestaltet. Dem Grundrechtsverwirkungsverfahren entsprechend ist auch für das Parteiverbotsverfahren zum Schutze des Antragsgegners ein Vorverfahren vorgesehen, innerhalb dessen der Vertretungsberechtigte der Partei Gelegenheit zur Äußerung erhält, § 45 BVerfGG. § 47 BVerfGG schließlich erklärt die für das Grundrechtsverwirkungsverfahren geltenden Vorschriften der §§ 38 und 41 BVerfGG im Parteiverbotsverfahren für entsprechend anwendbar. Allein die Regelungen der Antragsbefugnis differieren insoweit, als auch dem Bundesrat die Antrags-

---

229 Vgl. *F. Matthey* in GGK, Art. 18 Rdn. 26.
230 Zu der Frage, ob auch das Treffen einer inhaltlichen und insoweit objektiv „falschen", weil mit dem GG nicht übereinstimmenden Entscheidung als Tathandlung nach § 336 StGB zu qualifizieren ist, vgl. unten Teil 2 C II 1 c bb.
231 Vgl. BVerfG v. 15. 1. 1969, BVerfGE 25, 88 (100); *W. Seuffert,* S. 798; *K. Stern,* Grundrechtsverwirkung und Parteiverbot, S. 215.
232 Vgl. *H. Maurer,* AöR Bd. 96, S. 227, 236.

berechtigung zur Einleitung des Parteiverbotsverfahrens verliehen ist. Diesem Umstand allein kann in der hier untersuchten Beziehung keine Bedeutung zugemessen werden.

Aufgrund dieser Erwägungen kann daher durchaus festgestellt werden, daß auch das Parteiverbotsverfahren ein der Rechtsbeugung nach § 336 StGB zugängliches, weil kontradiktorisches Verfahren ist.

(c) Wahlprüfungsverfahren (Art. 41 Abs. 2 GG), Verfahren gemäß Art. 29 Abs. 6 Satz 2 Hlbs. 1 GG, §§ 14 Abs. 3 Satz 2, 36 Abs. 4 Satz 2 des Gesetzes zu Art. 29 Abs. 6 GG sowie Verfahren gemäß Art. 93 Abs. 2 GG, § 26 Abs. 3 Satz 1 EuWG

Nach Art. 41 Abs. 2 GG ist gegen Entscheidungen des Bundestages, die die Gültigkeit einer Wahl oder den Erwerb oder Verlust der Mitgliedschaft eines Abgeordneten im Bundestag betreffen, die Beschwerde an das Bundesverfassungsgericht zulässig.

Der für die Formulierung des Art. 41 Abs. 2 GG verwendete Begriff Beschwerde spricht prima facie für die Annahme, daß das Bundesverfassungsgericht auch im sog. Wahlprüfungsverfahren über widerstreitende Parteiinteressen judiziert, es also in einem kontradiktorischen Verfahren tätig wird. Unter „Beschwerde" wird nämlich in der gesetzlichen Terminologie ein Rechtsbehelf innerhalb eines Rechtszuges verstanden[233], ein Gesuch also, mittels dessen eine dem Beschwerdeführer nachteilige Entscheidung durch ihn angefochten werden kann[234]. Auch die Verfassungs*beschwerde*, die zwar nicht im strengen Sinn Bestandteil eines Verfahrenszuges ist[235], bezeichnet, wie oben nachgewiesen, ein kontradiktorisches Verfahren[236].

Indes, betrachtet man die Funktion des Wahlprüfungsverfahrens, wird deutlich, daß es sich auch vor dem Bundesverfassungsgericht nur um ein objektives Verfahren handeln kann. Ein kontradiktorisches Streitverfahren würde die dem Wahlprüfungsverfahren zugewiesene Funktion höchstens unvollkommen erfüllen können. Durch das Wahlprüfungsverfahren soll sichergestellt werden, daß die Volksvertretung entsprechend dem wirklichen Willen des Wahlvolkes zusammengesetzt ist[237], denn nur ein demokratisch legitimiertes Parlament kann Repräsentant des Volkes im Sinne des Art. 20 Abs. 2

---

233 So auch *L.-A. Versteyl* in GGK, Art. 41 Rdn. 28, der als Beispiele die §§ 304 ff. StPO, §§ 567—577 ZPO, §§ 146—152 VwGO anführt.
234 Vgl. *C. Creifelds,* Stichwort: Rechtsbehelf, S. 902.
235 Sie wird vielmehr als außerordentlicher Rechtsbehelf qualifiziert, vgl. nur *W. Meyer* in GGK, Art. 93 Rdn. 58; so ständige Rechtsprechung des BVerfG seit 27. 9. 1951, BVerfGE 1, 4 (5). Doch schließt sie sich an den Instanzenzug unmittelbar an, so daß es gerechtfertigt erscheint, sie im weiteren Sinne und in besonderen Fällen als Bestandteil des Verfahrenszuges anzusehen.
236 Vgl. oben Teil 2 C II 1c aa (6).
237 Vgl. BVerfG v. 18. 9. 1952, BVerfGE 1, 430 (433); BVerfG v. 21. 12. 1955, BVerfGE 4, 370 (370, 372); BVerfG v. 15. 2. 1967, BVerfGE 21, 196 (199); BVerfG v. 25. 7. 1967, BVerfGE 22, 277 (280); BVerfG v. 17. 1. 1973, BVerfGE 34, 201 (203); BVerfG v. 20. 6. 1973, BVerfGE 35, 300 (301); BVerfG v. 3. 6. 1975, BVerfGE 40, 11 (29); *J. Abr. Frowein,* AöR Bd. 99, S. 107; *K.-H. Seifert,* Art. 41 GG Rdn. 9 mit eingehenden Literaturnachweisen.

GG sein. Das Wahlprüfungsverfahren dient also der Sicherung der repräsentativen Demokratie des Grundgesetzes[238]. Wäre die Kontrolle des Wahlvorgangs ausschließlich dem Parlament überlassen, wie es Art. 27 der Reichsverfassung von 1871 vorsah, bestünde, um nur ein extremes Beispiel zu nennen, die Gefahr, daß die Mehrheit, die unter Umständen bei korrekt durchgeführter Wahl eine Minderheit wäre, Wahlfehler negieren würde, um sich den Besitz der Macht zu erhalten, denn die Mehrheit entschiede dann endgültig „in eigener Sache". Um einem derartigen Machtmißbrauch vorzubeugen, wurde aus rechtsstaatlichen Erwägungen die Kontrollkompetenz des Bundesverfassungsgerichts begründet[239]. Hieraus erhellt, daß auch das Wahlprüfungsverfahren vor dem Bundesverfassungsgericht nur der Sicherung der rechtmäßigen Bildung der Volksvertretung und nicht der Verteidigung subjektiver Rechte dient[240]. Das Bundesverfassungsgericht soll im Wahlprüfungsverfahren — ähnlich dem Verfahren der abstrakten Normenkontrolle — im öffentlichen Interesse tätig werden[241]. Unvereinbar mit dieser Zielsetzung wäre es, die Befugnis zur Einleitung des Wahlprüfungsverfahrens von der Beeinträchtigung subjektiver Rechte abhängig zu machen. Andernfalls könnte der Verfahrenszweck allenfalls partiell verwirklicht werden[242]. Demgemäß wird durch § 48 BVerfGG den dort genannten Beschwerdeberechtigten die Antragsbefugnis unabhängig von einer etwaig bestehenden Rechtsbeeinträchtigung verliehen, das Vorliegen einer „Beschwer" ist für dieses verfassungsgerichtliche Verfahren keine Zulässigkeitsvoraussetzung[243]. Dies zeigt mit aller nur wünschenswerten Deutlichkeit, daß es nicht kontradiktorischer Natur sein kann. Ein verfassungsgerichtliches kontradiktorisches Streitverfahren nämlich wird gerade durch das Erfordernis einer solchen „Beschwer" gekennzeichnet.

Die hier untersuchte Frage nach der strafrechtlichen Verantwortlichkeit der Verfassungsrichter ist somit für das Wahlprüfungsverfahren dahingehend zu beantworten, daß auch vorsätzliche Rechtsverstöße bei der Prozeßleitung oder der Entscheidungsfindung bzw. -verkündung strafrechtlich nicht sanktioniert sind.

Dieses Ergebnis beansprucht gleichermaßen Geltung für die zum Zwecke der Überprüfung der Gültigkeit von Volksentscheiden bzw. -begehren angestrengten verfassungsgerichtlichen Verfahren (Art. 29 Abs. 6 Satz 2 Hlbs. 1

---

238 Vgl. *H. Wuttke,* AöR Bd. 96, S. 514 ff.
239 Vgl. *L.-A. Versteyl* in GGK, Art. 41 Rdn. 14; ähnlich *B.-D. Olschewski,* S. 70 f.; *H. Wuttke,* AöR Bd. 96, S. 514.
240 So auch, ohne nähere Begründung, BVerfG v. 20. 6. 1973, BVerfGE 35, 300 (301); *E. Friesenhahn,* a. a. O. (Fn. 46), S. 172 f.; OVG Lüneburg, Urt. v. 26. 7. 1967, OVGE 23, 429 (431), und *K. A. Bettermann,* DVBl. 1973, S. 48, nehmen demgegenüber einen ambivalenten Charakter des gerichtlichen Wahlprüfungsverfahrens an; zum Meinungsstand vgl. *K.-H. Seifert,* Art. 41 Rdn. 9 mit eingehenden Literaturnachweisen.
241 So auch *K.-H. Seifert,* Art. 41 Rdn. 9.
242 Vgl. oben bei Fn. 153.
243 In manchen Fällen mag zwar eine solche vorliegen, in anderen Fällen fehlt sie jedoch, vgl. *H. Lechner,* § 48 Erl. 1. Dies zeigt, daß das Wahlprüfungsverfahren eine subjektive Beschwer als Zulässigkeitsvoraussetzung nicht kennt. So auch *W. Geiger,* a. a. O. (Fn. 12), § 48 Anm. 2; *C. Pestalozza,* a. a. O. (Fn. 178), S. 54.

GG, §§ 14 Abs. 3 Satz 2, 36 Abs. 4 Satz 2 des Gesetzes zu Art. 29 Abs. 6 GG) sowie für jene, die die Kontrolle der Abstimmungs- und Eintragungsergebnisse bei Volksentscheid oder Volksbegehren durch das Bundesverfassungsgericht zum Gegenstand haben (Art. 29 Abs. 6 Satz 2 Hlbs. 1 GG, §§ 14 Abs. 3 Satz 2, 36 Abs. 4 Satz 2 des Gesetzes zu Art. 29 Abs. 6) als auch für jene, die die Überprüfung einer Wahl zum Europäischen Parlament zum Ziel haben (§ 26 Abs. 3 Satz 1 EuWG, Art. 93 Abs. 2 GG). Sie gleichen ihrer Struktur nach dem Wahlprüfungsverfahren in einem solchen Maße, daß es gerechtfertigt ist, die für das Wahlprüfungsverfahren gezogene Schlußfolgerung auch für sie maßgeblich sein zu lassen.

(d) Präsidenten- und Richteranklage (Art. 61, 98 Abs. 2 GG[244])

Obwohl die verfassungsmäßigen Kompetenzen des Bundespräsidenten gegenüber denjenigen des Reichspräsidenten erheblich vermindert sind[245], ist gleichwohl im Anschluß an die Regelung der Weimarer Reichsverfassung[246] die Präsidentenklage in das Grundgesetz aufgenommen worden, Art. 61.

Zum einen ist erstaunlich, daß angesichts der geringen legalen Befugnis des Bundespräsidenten dieses Rechtsinstitut beibehalten wurde[247], zum anderen kann sein Schutzzweck zweifelhaft sein. Selbst wenn der Bundespräsident vorsätzlich handeln würde, böten doch zahlreiche Verfahren vor dem Bundesverfassungsgericht, etwa Normenkontrollverfahren oder Organstreit, ausreichende Abhilfen gegen Rechtsmißbrauch und Willkür, während nach der Weimarer Reichsverfassung selbst der Mißbrauch der Notverordnungsbefugnis des Reichspräsidenten (Art. 48) durch ein Verfassungsgericht in einem Organstreit nicht kontrollierbar gewesen wäre. Da die Weimarer Reichsverfassung eine umfassende Verfassungsgerichtsbarkeit nicht kannte, mag seinerzeit also in der Möglichkeit der Präsidentenanklage ein gewisser Verfassungsschutz gesehen worden sein[248] und für diese Regelung deshalb ein Bedürfnis bestanden haben. Nach der Konzeption des Grundgesetzes wäre die Präsidentenklage zur Sicherung der Verfassung entbehrlich. Gleichwohl wird ihr diese Funktion größtenteils[249] auch unter der Geltung des Grundge-

---

244 Anklageverfahren gegen Landesrichter (Art. 98 Abs. 5 GG) werden deshalb in diese Untersuchung nicht einbezogen, weil die Mehrheit der Bundesländer eine dem GG entsprechende Regelung getroffen hat, vgl. *K. Stern,* a. a. O. (Fn. 9), S. 1009 f.
245 Vgl. nur *K. Hesse,* S. 245 f.; *Maunz/Zippelius,* S. 392; *O. Kimminich* in Bonner Kommentar, Vorbem. z. Art. 54—61 Rdn. 40.
246 Siehe Art. 59.
247 Ähnlich *K. Stern,* a. a. O. (Fn. 9), S. 1006.
248 Wenn *G. Anschütz,* Art. 59 Erl. 1, und *F. Giese,* S. 138, von der rechtlichen Verantwortlichkeit des Reichspräsidenten ausgehen, so findet doch auch diese ihren eigentlichen Sinn erst im Schutz der Verfassung, da bereits die bloße Möglichkeit, des Amtes für verlustig erklärt zu werden, eine gewisse Präventivwirkung entfaltet und so geeignet ist, Mißbrauch der Staatsgewalt auszuschalten.
249 Vgl. *v. Mangoldt/Klein,* Art. 61 Anm. III 1; *Th. Maunz* in *Maunz/Schmidt-Bleibtreu/Klein/Ulsamer,* § 49 Rdn. 4; *K. Stern,* a. a. O. (Fn. 9), S. 1006; *U. Hemmrich* in GGK, Art. 61 Rdn. 2; *E. Menzel* in Bonner Kommentar, Art. 61 Erl. II 1; siehe in diesem Zusammenhang aber auch *J. Jekewitz* in AK-GG, Art. 61 Rdn. 3, und *Th. Maunz* in *Maunz-Dürig,* Art. 61 Rdn. 2 (Erstbearbeitung), die diese Funktion zwar ebenfalls bejahen, gleichzeitig den Zweck der Präsidentenanklage jedoch auch in der „Ahndung einer individuellen Tat" sehen.

setzes zugesprochen. Gegen diese Auffassung wird insbesondere eingewandt, daß die Präsidentenklage strafverfahrensähnlich ausgestaltet sei. Bereits die Terminologie des Art. 61 Abs. 1 GG mache den strafrechtlichen Charakter dieses Verfahrens deutlich. Auch § 51 BVerfGG, der bestimmt, daß das Ausscheiden des Bundespräsidenten aus dem Amt die Durchführung des Verfahrens nicht hindert, zeige, daß der Verfahrenszweck nicht im Verfassungsschutz, sondern in der Ahndung von Rechtsverstößen bestehe[250].

Welche Ansicht letztlich eher zu überzeugen vermag und welcher deshalb zu folgen ist, bedarf im Rahmen der vorliegenden Untersuchung indes keiner Erörterung. Zur Bestimmung der Rechtsnatur des Präsidentenanklageverfahrens ist ein Rückgriff auf dessen Funktion im verfassungsgerichtlichen Kontrollsystem nicht erforderlich. Zum einen sind seine Rechtsfolgen im Grundgesetz abschließend geregelt, zum anderen ist unter beiden Sichtweisen die individuelle Position des Bundespräsidenten im Verfassungsgefüge der Streitgegenstand. Es kann sich deshalb aus verfahrensrechtlichen Gesichtspunkten bei der Präsidentenanklage letztlich nur um einen kontradiktorischen Prozeß vor dem Bundesverfassungsgericht handeln. Rechtsverstöße im Rahmen dieses Verfahrens sind daher tatbestandsmäßig nach § 336 StGB.

Das gefundene Ergebnis läßt sich im übrigen auch auf das Verfahren der Richteranklage, Art. 98 Abs. 2 GG, übertragen. Dafür spricht bereits § 58 Abs. 1 BVerfGG, der das Richteranklageverfahren — gesetzestechnisch — im Wege der Verweisung auf die für das Präsidentenanklageverfahren geltenden Vorschriften regelt. Darüber hinaus belegt auch die Identität der möglichen Rechtsfolgen der beiden Verfahren bei vorsätzlicher Pflichtverletzung, daß die rechtliche Gleichbehandlung berechtigt ist.

(e) Verfahren wegen Mängelrüge bei Ausführung der Bundesgesetze in den Ländern (Art. 84 Abs. 4 Satz 2 GG)

Die in diesem Zusammenhang vieldiskutierte Frage, ob Art. 84 Abs. 4 Satz 2 GG als selbständige Zuständigkeitszuweisung über Art. 93 Abs. 1 Nr. 5 GG in den Katalog des Art. 94 einbezogen wird[251] oder ob diese Entscheidungskompetenz des Bundesverfassungsgerichts bereits durch Art. 93 Abs. 1 Nr. 3 GG begründet ist[252], mag rechtssystematisch von Interesse sein, für die Bestimmung der Rechtsnatur des verfassungsgerichtlichen Mängelrügeverfahrens ist sie indes ohne Belang. Gegenstand dieses Gerichtsverfahrens ist, unabhängig davon, welcher Rechtsansicht bei der genannten Problematik ge-

---

250 Vgl. zum Ganzen *H. v. Weber,* JZ 1953, S. 293; ähnlich *E. Friesenhahn,* a. a. O. (Fn. 51), S. 46 f., der darauf abstellt, daß der Ausspruch einer schuldhaften Gesetzes- oder Verfassungsverletzung durch ein Verfassungsgericht ein autoritatives und öffentliches Unwerturteil darstelle, das den Begriff der Strafe erfülle.
251 So insbes. *Hans v. Mangoldt,* S. 3 ff. mit ausführlicher Darstellung der Entstehungsgeschichte des Art. 84 Abs. 4 Satz 2 GG und mit eingehenden, seine Auffassung bestätigenden Literaturnachweisen auf S. 5 Fn. 14; *W. Meyer* in GGK, Art. 93 Rdn. 67.
252 So *P. Lerche* in *Maunz-Dürig,* Art. 84 Rdn. 175 f., 179; *K. Stern,* a. a. O. (Fn. 9), S. 998 und 1000; *ders.* in Bonner Kommentar, Art. 93 Rdn. 835; *K. Schlaich,* S. 53.

folgt wird, neben der Rechtmäßigkeit des vorangegangenen Bundesratsbeschlusses die Frage, ob die beanstandete Maßnahme der Bundesaufsicht zu Recht ergangen ist[253]. In der Sache entscheidet das Bundesverfassungsgericht also letztlich darüber, ob die von der Bundesregierung in Anspruch genommene Eingriffsbefugnis rechtmäßigerweise ausgeübt wurde, was von dem betroffenen Land bestritten wird. Das Bundesverfassungsgericht wird demnach auch hier zum Zwecke der Streitentscheidung tätig.

Dies, wie auch der Umstand, daß das Mängelrügeverfahren durch die §§ 13 Nr. 7, 68 ff. BVerfGG eine dem Bund-Länder-Streit entsprechende Ausgestaltung erfahren hat, rechtfertigen die Schlußfolgerung, daß es ebenso wie das des Bund-Länder-Streits[254] kontradiktorischen Charakters und deshalb der Rechtsbeugung nach § 336 StGB zugänglich ist.

(f) Verfassungsstreitigkeiten innerhalb eines Landes (Art. 99 GG)

Im Rahmen der vorliegenden Untersuchung wird auf Art. 99 GG nicht näher eingegangen, da die verfahrensmäßige Beurteilung der dem Bundesverfassungsgericht aufgrund dieser Vorschrift zur Erledigung zugewiesenen Verfahren[255] derjenigen der in Art. 93 Abs. 1 Nr. 1 bzw. Nr. 2 GG genannten entspricht und sich deshalb für die Problematik der strafrechtlichen Veranwortlichkeit der Verfassungsrichter insoweit keine neuen Gesichtspunkte ergeben.

(g) Konkrete Normenkontrolle (Art. 100 Abs. 1 GG), Verfahren bei Zweifeln über Bestand, Inhalt oder Reichweite von Völkerrechtsregeln (Art. 100 Abs. 2 GG) und die aufgrund Divergenzvorlage[256] eingeleiteten Verfahren (Art. 100 Abs. 3 GG)

Mit den in Art. 100 GG enthaltenen Regelungen werden nach der Konzeption des Grundgesetzes unterschiedliche Ziele verfolgt[257]. Ebenso wie Art. 100 Abs. 3 GG, der eine Vorlageverpflichtung bei divergierender entscheidungserheblicher Verfassungsrechtsprechung normiert, soll auch Art. 100 Abs. 1 GG, der die Gerichte zur Vorlage bei dem Bundesverfassungsgericht zwingt, wenn ein entscheidungserhebliches Gesetz ihrer Auffassung nach verfassungswidrig ist und der für solche Gesetze die ausschließliche Verwerfungskompetenz[258] des Bundesverfassungsgerichts begründet, eine einheitliche Rechtsprechung in verfassungsrechtlichen Fragen gewährleisten[259] und

---

253 Vgl. *P. Lerche* in *Maunz-Dürig,* Art. 84 Rdn. 175 f.
254 Vgl. oben bei Fn. 165.
255 Von der Zuweisungsbefugnis an das BVerfG hat nur das Land Schleswig-Holstein in Art. 37 der Landesverfassung Gebrauch gemacht. Nach dieser Vorschrift entscheidet das BVerfG über Organstreitigkeiten und über abstrakte Normenkontrollverfahren, vgl. zum Ganzen *K. Stern,* a. a. O. (Fn. 9), S. 1027.
256 Zu dieser Terminologie vgl. etwa *W. Meyer* in GGK, Art. 100 Rdn. 33.
257 Ebenso *K. Stern* in Bonner Kommentar, Art. 100 Rdn. 2.
258 Das BVerfG spricht sowohl von „negativem Entscheidungsmonopol" als auch von „Verwerfungskompetenz", vgl. nur BVerfG v. 24. 2. 1953, BVerfGE 2, 124 (128, 130 f.) und BVerfG v. 19. 2. 1957, BVerfGE 6, 222 (232).
259 Zu dieser Funktion des Art. 100 Abs. 1 GG vgl. etwa BVerfG v. 17. 1. 1957, BVerfGE 6, 55 (63); BVerfG v. 9. 2. 1971, BVerfGE 30, 170 (172); *K. A. Bettermann,* Konkrete Normen-

dadurch der Gefahr der Rechtsunsicherheit und der Rechtszersplitterung entgegenwirken[260]. Gleichzeitig soll durch die Konzentration der Verwerfungsbefugnis bei dem Bundesverfassungsgericht der nachkonstitutionelle Gesetzgeber davor geschützt werden, daß sich Gerichte über die von ihm erlassenen Normen hinwegsetzen. Die sog. konkrete Normenkontrolle nach Art. 100 Abs. 1 GG[261] bezweckt also auch die Wahrung der Autorität des Gesetzgebers im Verhältnis zur Rechtsprechung[262]. Eine der Schutzfunktion nach ähnliche Zielrichtung liegt der Vorschrift des Art. 100 Abs. 2 GG zugrunde, die die Gerichte zur Vorlage bei dem Bundesverfassungsgericht verpflichtet, wenn eine im Einzelfall entscheidungserhebliche allgemeine Regel des Völkerrechts im Sinne des Art. 25 GG hinsichtlich ihres Bestandes, ihrer inhaltlichen Tragweite oder ihres Adressatenkreises in einem Rechtsstreit zweifelhaft ist[263]. Durch das durch diese Verfassungsnorm bereitgestellte verfassungsgerichtliche Verfahren soll vornehmlich sichergestellt werden, daß die sich aus der Eingliederung des Völkerrechts in das Bundesrecht für die Autorität des Gesetzgebers und für die Rechtssicherheit ergebenden Gefahren auf das unvermeidbare Maß beschränkt werden[264].

Obwohl sich also die Verfahren nach Art. 100 GG der Zweckrichtung nach — zumindest teilweise — unterscheiden, gleichen sie sich doch insoweit, als sie alle der endgültigen und allgemeinverbindlichen Entscheidung verfassungsrechtlicher oder gleichgewichtiger Fragen durch das sachnächste höchstrangige Gericht dienen[265]. Bereits dieser Aspekt, der deutlich macht, daß die Verfahren aus Gründen des öffentlichen Interesses zur Verfügung gestellt

---

kontrolle, S. 326; *W. Meyer* in GGK, Art. 100 Rdn. 1; *Th. Maunz* in *Maunz-Dürig*, Art. 100 Rdn. 4. Zu der Funktion des Art. 100 Abs. 3 GG vgl. etwa BVerfG v. 10. 2. 1954, BVerfGE 3, 261 (265); *W. Geiger*, a. a. O. (Fn. 12), § 13 Anm. 18; *J. Kratzer*, S. 138; *U. Scheuner*, DÖV 1954, S. 644; *E. Schumann*, S. 69; *H. Lechner*, § 13 Ziff. 13 Erl. 1; *K. A. Bettermann*, Konkrete Normenkontrolle, S. 326; *C. Pestalozza*, a. a. O. (Fn. 178), S. 156; *W. Meyer* in GGK, Art. 100 Rdn. 1; *Th. Maunz* in *Maunz-Dürig*, Art. 100 Rdn. 48; *K. Stern* in Bonner Kommentar, Art. 100 Rdn. 264; *K. Schlaich*, S. 92.

260 Vgl. etwa BVerfG v. 20. 3. 1952, BVerfGE 1, 184 (199 f.); BVerfG v. 24. 3. 1976, BVerfGE 42, 42 (50); BVerfG v. 15. 4. 1980, BVerfGE 54, 47 (51); ähnlich auch BVerfG v. 24. 5. 1977, BVerfGE 44, 322 (338), BVerfG v. 8. 12. 1982, BVerfGE 62, 354 (364) und BVerfG v. 8. 3. 1983, BVerfGE 63, 312 (323): „Befriedigungsfunktion der Normenkontrollentscheidung".

261 Zum Begriff vgl. etwa *E. Friesenhahn*, a. a. O. (Fn. 46), S. 136; *W. Meyer* in GGK, Art. 100 Rdn. 7; *Th. Maunz* in *Maunz-Dürig*, Art. 100 Rdn. 1.

262 Zu dieser Funktion des Art. 100 Abs. 1 GG vgl. nur BVerfG v. 20. 3. 1952, BVerfGE 1, 184 (197 f.); BVerfG v. 24. 2. 1953, BVerfGE 2, 124 (129); BVerfG v. 9. 11. 1955, BVerfGE 4, 331 (340); BVerfG v. 24. 3. 1976, BVerfGE 42, 42 (49); *E. Friesenhahn*, a. a. O. (Fn. 46), S. 136 f.; *K. A. Bettermann*, a. a. O. (Fn. 259), S. 328; *K. Stern*, a. a. O. (Fn. 9), S. 988; kritisch *K. Schlaich*, S. 73 f.; *K. Hesse*, S. 255.

263 Zu dieser Auslegung des Art. 100 Abs. 2 GG vgl. außer den in Fn. 218 genannten *R. Wenig*, S. 44 f. mit eingehenden Nachweisen; *G. Papadimitriu*, S. 104; *W. K. Geck*, Allgemeine Regeln des Völkerrechts, S. 143.

264 So BVerfG v. 14. 5. 1968, BVerfGE 23, 288 (317); vgl. hierzu auch *K. Stern*, a. a. O. (Fn. 9), S. 994, der dem Verfahren nach Art. 100 Abs. 2 GG darüber hinaus die Funktion zumißt, divergierende Rechtsprechung in völkerrechtlichen Fragen zu vermeiden; diese Funktion bejaht auch *R. Wenig*, S. 43.

265 So auch *K. A. Bettermann*, a. a. O. (Fn. 259), S. 326.

sind, streitet für die Annahme, daß es sich um der Natur nach objektive handelt. Gestützt wird eine solche Bestimmung des Rechtscharakters auch durch den Umstand, daß die Verfahren nur auf Antrag des betreffenden Prozeßgerichts bzw. Spruchkörpers in Gang gesetzt werden, ohne daß der Antragsteller ein Interesse an der Entscheidung der Vorlagefrage haben muß[266].

Für den objektiven Verfahrenscharakter spricht darüber hinaus, daß das Bundesverfassungsgericht in sämtlichen Verfahren nach Art. 100 GG zur Klärung der Rechtsordnung tätig wird[267], diese Verfahren also einen Streitgegenstand im Sinne der herkömmlichen Terminologie nicht kennen[268]. Wenn nämlich über einen Streitgegenstand zu entscheiden ist, werden Ansprüche geltend gemacht[269]. Hier aber macht der Antragsteller — das Gericht — nicht einen Anspruch geltend, sondern übt eine Kompetenz aus, zu deren Wahrnehmung es durch die Verfassung verpflichtet wird. Um die zur Entscheidung nach Art. 100 GG anstehende Materie zu kennzeichnen, wird deshalb in der Literatur auch nicht vom Streitgegenstand, sondern vom Prüfungsgegenstand dieser Verfahren gesprochen[270].

Der demnach vorzunehmenden Einordnung der Vorlageverfahren des Art. 100 GG in die Gruppe der objektiven Verfahren[271] kann auch nicht unter Hinweis darauf, daß die Beteiligten des Ausgangsverfahrens sowohl im konkreten Normenkontrollverfahren als auch im Verfahren nach Art. 100 Abs. 2 GG äußerungsberechtigt sind[272], die Überzeugungskraft abgesprochen werden. Die Äußerungsberechtigten erlangen nämlich durch die Inanspruchnahme dieser ihnen eingeräumten Befugnis nicht die Stellung von förmlich am Verfahren Beteiligten[273], die für ein dem Individualrechtsschutz dienendes kontradiktorisches verfassungsgerichtliches Verfahren kennzeichnend ist[274].

---

266 Vgl. *E. Schumann,* S. 68.
267 Zu eng *E. Schumann,* S. 63 f., der diese Zielrichtung, abgesehen von dem Verfahren nach Art. 126 GG, nur dem des Art. 100 Abs. 2 GG zubilligt.
268 Zum Begriff des Streitgegenstandes vgl. *M. Grunsky* Verfahrensrecht, S. 26 ff.
269 Vgl. *W. Grunsky,* a. a. O. (Fn. 268), S. 40, der davon ausgeht, daß sich Streitgegenstand und subjektiver Anspruch auf Rechtsdurchsetzung gegenseitig bedingen.
270 So beispielsweise *C. Pestalozza,* a. a. O. (Fn. 178), S. 141, 154, 157; *Th. Maunz* in *Maunz-Dürig,* Art. 100 Rdn. 12: „Prüfungsobjekt"..
271 So für das Normenkontrollverfahren: BVerfG v. 22. 4. 1953, BVerfGE 2, 213 (217); BVerfG v. 26. 10. 1966, BVerfGE 20, 350 (351); BVerfG v. 6. 4. 1976, BVerfGE 42, 90 (91); BVerfG v. 5. 10. 1977, BVerfGE 46, 34 (36); BVerfG v. 26. 2. 1986, BVerfGE 72, 51 (59); *E. Friesenhahn,* ZSchwR Bd. 73, S. 143, 147; *ders.* a. a. O. (Fn. 46), S. 109; *D. Engelhardt,* JöR Bd. 8 n. F., S. 121; *C. Pestalozza,* a. a. O. (Fn. 178), S. 37; *Leibholz/Rinck,* Art. 100 Rdn. 1. Für den objektiven Verfahrenscharakter sämtlicher Vorlageverfahren nach Art. 100 GG: *E. Schumann,* S. 67, 69; *K. Stern* in Bonner Kommentar, Art. 100 Rdn. 4.
272 §§ 82 Abs. 3, 84 BVerfGG.
273 Vgl. BVerfG v. 22. 4. 1953, BVerfGE 2, 213 (217); BVerfG v. 11. 11. 1953, BVerfGE 3, 45 (49); BVerfG v. 26. 10. 1966, BVerfGE 20, 350 (351); BVerfG v. 4. 5. 1971, BVerfGE 31, 87 (92); BVerfG v. 6. 4. 1976, BVerfGE 42, 90 (91); *W. Geiger,* a. a. O. (Fn. 12), § 82 Anm. 2; *H. Lechner,* § 82 Zu Abs. 3 i.V.m. § 77 Erl. 2; *G. Ulsamer* in *Maunz/Schmidt-Bleibtreu/Klein/Ulsamer,* § 82 Rdn. 17.
274 Vgl. BVerfG v. 6. 4. 1976, BVerfGE 42, 90 (91).

Demnach ist auch für die Vorlageverfahren nach Art. 100 GG festzustellen, daß Rechtsverstöße bei der Prozeßleitung oder im Rahmen der Entscheidungsfindung bzw. -verkündung den objektiven Tatbestand des § 336 StGB nicht erfüllen.

(h) Verfahren wegen Meinungsverschiedenheiten über die Fortgeltung vorkonstitutionellen Rechts (Art. 126 GG)

Außer in Art. 123 GG werden in Art. 124 und 125 GG Überleitungsbestimmungen für die Fortgeltung vorkonstitutionellen Rechts getroffen. Entstehen insoweit Meinungsverschiedenheiten, entscheidet auf Antrag das Bundesverfassungsgericht nach Art. 126 GG[275].

Der Wortlaut dieser Zuständigkeitsnorm scheint darauf hinzudeuten, daß das Bundesverfassungsgericht hier zur Schlichtung von Streitigkeiten eingesetzt ist, daß es also in einem kontradiktorischen Verfahren über widerstreitende Parteiinteressen judizieren soll. Dagegen spricht jedoch, daß dieses verfassungsgerichtliche Verfahren zur Gewährleistung von Rechtssicherheit und Rechtsklarheit geschaffen wurde[276]. Mit allgemeinverbindlicher Wirkung (§ 31 Abs. 2 BVerfGG) soll im öffentlichen Interesse geklärt werden, ob „Altrecht" Bundesrecht geworden ist. Ähnlich den Verfahren nach Art. 100 GG wird das Bundesverfassungsgericht auch nach Art. 126 GG zur Klärung der Rechtsordnung tätig[277]. Dementsprechend wird das sog. Normenqualifikationsverfahren des Art. 126 GG[278] durch die §§ 86—89 BVerfGG in Anlehnung an die konkrete Normenkontrolle, d. h. unter konsequenter Bindung der Zulässigkeit des Antrags an eine verfahrensmäßige Aktualität der Frage der Fortgeltung als Bundesrecht, geregelt[279]. Eine Zuordnung dieses verfassungsgerichtlichen Verfahrens zu der Gruppe der objektiven Verfahren ist danach berechtigt.

Darüber hinaus ist in diesem Zusammenhang zu bedenken, daß die für Art. 126 GG gewählte Formulierung der des Art. 93 Abs. 1 Nr. 2 GG stark ange-

---

275 Ob auch bei Meinungsverschiedenheiten nur über die Fortgeltung vorkonstitutionellen Rechts, Art. 123 GG, die Entscheidungskompetenz des BVerfG durch Art. 126 GG begründet ist, ist umstritten. Von der wohl h. M. wird dies ohne nähere Begründung abgelehnt, vgl. BVerfG v. 6. 3. 1952, BVerfGE 1, 162 (164); BVerfG v. 28. 4. 1954, BVerfGE 3, 368 (373); BVerfG v. 30. 11. 1955, BVerfGE 4, 358 (368); BVerfG v. 26. 3. 1957, BVerfGE 6, 309 (344); BVerfG v. 14. 10. 1958, BVerfGE 8, 186 (191); *H. v. Mangoldt*, Art. 126 Anm. 2; *Hamann/Lenz*, S. 709; *H. Holtkotten* in Bonner Kommentar, Art. 126 Erl. II 3 e); a. A. wohl *Th. Maunz* in *Maunz-Dürig*, Art. 126 Rdn. 1, 13 ff.
276 Die Regelung des Art. 126 GG geht wohl auf Art. 140 Herrenchiemsee-Entwurf zurück, der ebenfalls ein Verfahren zur Entscheidung von Streitigkeiten über das Fortgelten vorkonstitutionellen Rechts vorsah. Die Bestimmung erschien dem Herrenchiemseer Konvent erforderlich, um der Gefahr der Rechtsunsicherheit entgegenzuwirken; vgl. hierzu *K.-B. v. Doemming*, JöR Bd. 1 n. F., S. 846; *H. Holtkotten* in Bonner Kommentar, Art. 126 Erl. I.
277 So auch *E. Schumann*, S. 63 f.
278 *C. Pestalozza*, Verfassungsprozessuale Probleme, S. 130; *ders.*, a. a. O. (Fn. 178), S. 159; *K. Stern*, a. a. O. (Fn. 9), S. 994; *K. Schlaich*, S. 95; *M. Kirn* in GGK, Art. 126 Rdn. 1: „Normenqualifizierungsverfahren".
279 Vgl. *M. Kirn* in GGK, Art. 126 Rdn. 1.

nähert ist[280]. Beide Verfassungsnormen begründen die Entscheidungskompetenz des Bundesverfassungsgerichts bei „Meinungsverschiedenheiten". Die für den Wortlaut des Art. 93 Abs. 1 Nr. 2 GG getroffene Feststellung, daß er sowohl einem solchen Verständnis zugänglich ist, das für einen objektiven Charakter des durch ihn zur Verfügung gestellten Verfahrens spricht, als auch einem solchen, das die Annahme eines kontradiktorischen Verfahrens nahelegt[281], beansprucht daher gleichermaßen Geltung für die Fassung des Art. 126 GG. Da deshalb der rechtliche Charakter dieses Normenqualifizierungsverfahrens mittels grammatikalischer Auslegung nicht eindeutig zu ermitteln ist, muß zur Bestimmung der Rechtsnatur auf die Verfahrensfunktion zurückgegriffen werden, die — wie gezeigt — die Annahme eines objektiven Verfahrens rechtfertigt.

Infolgedessen sind vorsätzliche Rechtsverstöße eines Verfassungsrichters auch im Rahmen dieses Verfahrens ebenfalls nicht nach § 336 StGB strafbewehrt.

(9) Sonstige durch Bundesgesetz zugewiesene Fälle (Art. 93 Abs. 2 GG)

Gemäß Art. 93 Abs. 2 GG kann der einfache Bundesgesetzgeber weitere, in Art. 93 Abs. 1 GG nicht normierte Fallgruppen der Entscheidungsgewalt des Bundesverfassungsgerichts unterstellen. Außer für die bereits beim Wahlprüfungsverfahren erörterten[282] wurde von dieser Ermächtigung für folgende Angelegenheiten Gebrauch gemacht[283]:

— In § 105 BVerfGG ist dem Bundesverfassungsgericht die Kompetenz zugewiesen, den Bundespräsidenten unter bestimmten Voraussetzungen zu ermächtigen, einen Richter des Bundesverfassungsgerichts zu entlassen oder in den Ruhestand zu versetzen.

— Nach § 52 Abs. 2 des BBahnG (BGBl. I 1951, S. 955 zuletzt geändert durch Gesetz vom 22. 12. 1981, BGBl. I, S. 1689) entscheidet das Bundesverfassungsgericht Meinungsverschiedenheiten zwischen der Bundesregierung und einem Land über die Auslegung des Achten Abschnitts des Bundesbahngesetzes, der das Verhältnis der Bundesbahn zu den Ländern regelt.

— Gemäß § 39 Abs. 2 Satz 2 und 3 SGG (BGBl. I 1953, S. 1239 zuletzt geändert durch Gesetz vom 26. 6. 1981, BGBl. I, S. 553) ist die Entscheidungskompetenz des Bundesverfassungsgerichts für verfassungsrechtli-

---

280 Vgl. *Th. Maunz* in *Maunz-Dürig,* Art. 126 Rdn. 4.
281 Vgl. oben bei Fn. 146.
282 Vgl. oben Teil 2 C II 1 c aa (8) (c) am Ende.
283 Die Zuständigkeit des BVerfG nach § 9 des Zweiten Gesetzes über die Neugliederung in den Ländern Baden, Württemberg-Baden und Württemberg-Hohenzollern vom 4. 5. 1951 (BGBl. I, S. 284), die ebenfalls aufgrund Art. 93 Abs. 2 GG geschaffen wurde, in der Praxis jedoch keine Bedeutung erlangte (vgl. *H. Kutscher,* S. 170), ist nach der Bildung des Landes Baden-Württemberg gegenstandslos geworden (*K. Stern* in Bonner Kommentar, Art. 93 Rdn. 837). Zu der folgenden Aufzählung vgl. *K. Stern* in Bonner Kommentar, Art. 93 Rdn. 837.

che Streitigkeiten zwischen dem Bund und den Ländern bzw. zwischen den Ländern auf dem Gebiet des Sozialrechts begründet[284].

— Durch § 50 Abs. 3 VwGO (BGBl. I 1960, S. 17 zuletzt geändert durch Gesetz vom 26. 6. 1981, BGBl. I, S. 533) wird die Zuständigkeit des Bundesverfassungsgerichts für verfassungsrechtliche Streitigkeiten zwischen dem Bund und den Ländern normiert[285].

— § 33 Abs. 2 ParteiG (BGBl. I 1967, S. 773 zuletzt geändert durch Gesetz vom 21. 12. 1979, BGBl. I, S. 2358) räumt dem Bundesverfassungsgericht die Kompetenz ein festzustellen, ob eine Partei, die bereis vor dem Verbot der ursprünglichen Partei bestanden hat, als sog. verbotene Ersatzorganisation[286] zu behandeln ist.

(a) Einfachgesetzlich geregelte Verfahren

Will man die Rechtsnatur der genannten Verfahren bestimmen — wobei hier das Verfahren nach § 105 BVerfGG aus noch zu erörternden Gründen zunächst unbeachtet bleiben soll —, wird evident, daß sie sowohl dem Verfahrensgegenstand als auch der Zielrichtung nach einem der in Art. 93 Abs. 1 GG genannten entsprechen[287]. Auch wenn, um nur eines der einfachgesetzlich normierten Verfahren als Beispiel aufzugreifen, Streitigkeiten auf sozialrechtlichem Gebiet zu bereinigen sind, ist das Bundesverfassungsgericht doch auch dann, ebenso wie im Verfahren des Bund-Länder-Streits, zur Entscheidung über subjektiv-öffentliche Berechtigungen eingesetzt. Das Verfahren aufgrund § 39 Abs. 2 Satz 2 und 3 SGG gleicht also dem des Bund-Länder-Streits in den Kriterien, die für die Einstufung als kontradiktorische Verfahrensart maßgeblich sind. Die gleichen Erwägungen treffen ferner auf die oben im übrigen genannten Verfahren zu, denn auch für sie führen die entsprechenden verfahrensrechtlichen Erwägungen zu keinem anderen Ergebnis.

Infolgedessen sind daher die Leitung der und die Entscheidungsfindung bzw. -verkündung in den aufgeführten einfachgesetzlich normierten Verfahren ebenfalls durch § 336 StGB gegen Rechtsbeugung geschützt[288].

---

284 Zu der Streitfrage, ob das BVerfG aufgrund der Vorlage des BVerwG die Streitigkeit zu entscheiden hat oder ob die Verfahrensbeteiligten darauf angewiesen sind, ein neues Verfahren vor dem BVerfG anzustrengen, vgl. *C. Pestalozza,* a. a. O. (Fn. 178), S. 77 f.; einen guten Überblick über den Streitstand gibt auch *K. Stern* in Bonner Kommentar, Art. 93 Rdn. 846. Aus prozeßökonomischen Gründen dürfte wohl der Ansicht zu folgen sein, die die Sachentscheidungskompetenz des BVerfG bejaht, so *M. Sachs,* DÖV 1981, S. 708, 710 mit weiteren Nachweisen in Fn. 8; a. A. *F. O. Kopp,* § 50 Rdn. 10 mit weiteren Nachweisen.
285 Auch hier besteht Streit hinsichtlich der rechtlichen Konsequenzen, wenn das BVerfG den verfassungsrechtlichen Charakter des bei dem BVerwG anhängigen Rechtsstreits bejaht; zum Meinungsstand vgl. die in Fn. 284 angeführte Literatur.
286 Zum Begriff vgl. etwa BVerfG v. 21. 3. 1957, BVerfGE 6, 300 (307); BVerfG v. 2. 4. 1963, BVerfGE 16, 4 (5); *I. v. Münch* in GGK, Art. 21 Rdn. 64.
287 *C. Pestalozza,* a. a. O. (Fn. 178), S. 77 f., beispielsweise behandelt die Verfahren nach § 50 Abs. 3 VwGO, 39 Abs. 2 Satz 2 und 3 SGG im Rahmen des Kapitels „Die Bund-Länder-Streitigkeiten" (S. 71—78).
288 Zu der Frage, ob auch das Treffen einer inhaltlichen und insoweit objektiv „falschen", weil mit dem GG nicht übereinstimmenden Entscheidung als strafbewehrtes Unrecht nach § 336 StGB zu qualifizieren ist, vgl. unten Teil 2 C II 1 c bb.

(b) Insbesondere § 105 BVerfGG

Einer gesonderten Untersuchung bedarf, ob die These, vorsätzliche Rechtsverstöße eines Verfassungsrichters sind strafrechtlich sanktioniert, gleichfalls für das Verfahren nach § 105 BVerfGG mit Überzeugungskraft vertreten werden kann. Unter den aufgrund der Ermächtigungsvorschrift des Art. 93 Abs. 2 GG geschaffenen nimmt es nämlich einerseits deshalb eine Sonderstellung ein, weil es dem Gegenstand nach keine Entsprechung in den durch Art. 93 Abs. 1 GG bereitgestellten Verfahren findet, andererseits aber auch deshalb, weil es die Besonderheit aufweist, daß das Bundesverfassungsgericht hier letztlich in eigener Sache tätig wird. Wird ein Verfahren nach § 105 BVerfGG eingeleitet, ist das Bundesverfassungsgericht zur Entscheidung der Frage berufen, ob der Bundespräsident ermächtigt werden soll, eines der Mitglieder des Gerichts zu entlassen bzw. in den Ruhestand zu versetzen. Das Bundesverfassungsgericht hat also nach § 105 BVerfGG aufgrund der ihm zukommenden Disziplinarautonomie[289] eine Art Selbstverwaltungsangelegenheit zu regeln. In den übrigen ihm zur Erledigung zugewiesenen Verfahren ist es dagegen aufgerufen, auf Ansuchen Antragsbefugter über die von diesen gestellten Rechtsfragen oder über die zwischen ihnen bestehenden Streitigkeiten zu befinden[290]. Hieraus erhellt, daß das für jene Verfahren gefundene Ergebnis nicht ohne nähere Überprüfung auf das durch § 105 BVerfGG eröffnete übertragen werden kann. Unter Hinweis auf den aufgezeigten Unterschied ließe sich nämlich der Rechtsstandpunkt vertreten, es handele sich um ein objektives Verfahren. Es könnte argumentiert werden, daß das Bundesverfassungsgericht nach § 105 BVerfGG in einer Art Selbstreinigungsverfahren[291] ausschließlich zur Wahrung seiner Autorität im Verfassungsleben[292] tätig wird und die Erreichung dieses im Allgemeininteresse liegenden Zieles ein objektives Verfahren erforderlich macht.

Ob damit die Verfahrensfunktion vollständig und zutreffend charakterisiert ist, mag hier offenbleiben, da ihr im vorliegenden Zusammenhang allenfalls eine stützende und bestätigende, aber keine ausschlaggebende Bedeutung für die Bestimmung der Rechtsnatur zukommen kann, weil bereits grammatikalische und systematische Interpretation insoweit eine eindeutige Aussage gestatten[293]. Beide Auslegungsmethoden führen gleichermaßen zu dem Ergebnis, daß das Bundesverfassungsgericht nach § 105 BVerfGG in einem kontradiktorischen Streitverfahren entscheidet. Durch § 105 Abs. 3 BVerfGG wird dieses verfassungsgerichtliche Verfahren in seinen wesentlichen Grundzügen

---

289 Vgl. oben bei Fn. 94.
290 In gewisser Weise handelt es sich um eine Art Unterscheidung von Innen- und Außenverhältnis.
291 Vgl. *G. Leibholz,* S. 82; *K. Stern* in Bonner Kommentar, Art. 93 Rdn. 844.
292 *W. Geiger,* a. a. O. (Fn. 12), § 105 Anm. 6a f., *Leibholz/Rupprecht,* § 105 Rdn. 2, und *K. Stern* in Bonner Kommentar, Art. 93 Rdn. 844, sehen hierin ein dringendes Interesse für eine vorläufige Suspendierung vom Amt nach § 105 Abs. 5 BVerfG.
293 Vgl. *K. Larenz,* S. 319, der der teleologischen Auslegung nur dann ausschlaggebende Bedeutung zumißt, wenn grammatikalische und systematische Auslegung „keine zweifellose Antwort zu geben vermögen".

entsprechend dem der Präsidentenanklage ausgestaltet[294]. Die Schlußfolgerung, daß es, da es seiner Verfahrensstruktur nach dem des Art. 61 GG gleicht, auch der Rechtsnatur nach mit der des Präsidentenanklageverfahrens korrespondiert, ist demnach gerechtfertigt. Desweiteren streitet insbesondere der Umstand, daß der Verfassungsrichter, gegen den sich das nach § 105 BVerfGG eingeleitete Verfahren richtet, ebenso wie der Bundespräsident im Anklageverfahren eine Voruntersuchung durch entsprechenden Antrag erzwingen kann[295], für einen kontradiktorischen Verfahrenscharakter. Durch diese dem Verfassungsrichter gewährte Antragsbefugnis wird ihm insofern eine, wenn auch beschränkte Dispositionsgewalt über die Gestaltung des weiteren Verfahrensablaufs eingeräumt. Der Natur nach handelt es sich um die Einräumung eines prozessualen „Rechts"[296], das nur ein förmlich am Verfahren Beteiligter, also derjenige ausüben kann, der in rechtlich geschützter Weise am Verfahrensausgang interessiert ist. Berücksichtigt am in diesem Zusammenhang weiterhin, daß das Amtsbeendigungsverfahren nur auf *Antrag* hierzu Befugter und nicht lediglich auf deren *Anregung* eingeleitet wird[297], wird deutlich, daß dieses Verfahren ebenfalls Antragsteller und Antragsgegner, also eine Beteiligung von Parteien mit widerstreitenden Interessen kennt, die für ein kontradiktorisches Verfahren kennzeichnend ist[298]. Die eingangs aufgezeigten Besonderheiten scheinen demnach eine abweichende strafrechtliche Beurteilung von Rechtsverstößen im Rahmen dieses Verfahrens nicht zu fordern.

Zu bedenken ist jedoch, daß, bejaht man die Tatbestandsmäßigkeit derartiger Gesetzwidrigkeiten, die Institution Bundesverfassungsgericht dadurch solchen von der Verfassung nicht vorgesehenen und damit verfassungswidrigen Einfluß- und Kontrollmöglichkeiten ausgesetzt wird. Diejenigen Träger der öffentlichen Gewalt, die grundsätzlich zur Durchsetzung des staatlichen Strafanspruchs berufen sind, könnten bzw. müßten die Kompetenzausübung des Bundesverfassungsgerichts nach § 105 BVerfGG inzident auf rechtliche Fehler überprüfen, wodurch ein Verstoß gegen den Gewaltenteilungsgrundsatz des Grundgesetzes, Art. 20 Abs. 2 Satz 2, bewirkt würde. Es ließe sich nun einwenden, daß hierin keine Verfassungsverletzung zu sehen sei, weil

---

294 § 105 Abs. 3 BVerfGG erklärt die den Verfahrensablauf der Präsidentenanklage regelnden Vorschriften der §§ 54 Abs. 1, 55 Abs. 1, 2, 4 bis 6 BVerfGG für entsprechend anwendbar.
295 §§ 105 Abs. 3, 54 Abs. 1 Hlbs. 2 BVerfGG.
296 *E. Schmidt,* Rdn. 64 ff., betont als wesentlich den Unterschied zwischen den sich aus dem materiellen Recht ergebenden „subjektiven Rechten" bzw. „Pflichten" und den prozessualen „Möglichkeiten" bzw. „Lasten".
297 Dies folgt aus dem Umstand, daß das Amtsbeendigungsverfahren grundsätzlich nach Antragsrücknahme einzustellen ist, vgl. *B. Schmidt-Bleibtreu* in *Maunz/Schmidt-Bleibtreu/Klein/Ulsamer,* § 105 Rdn. 14. In den Fällen jedoch, in denen ein Verfahrensantrag nur als Anregung zu qualifizieren ist, also nur den Anstoß zu einem verfassungsgerichtlichen Verfahren gibt, führt die Antragsrücknahme nicht notwendigerweise zur automatischen Beendigung des Verfahrens; so z. B. im abstrakten Normenkontrollverfahren, vgl. etwa BVerfG v. 30. 7. 1952, BVerfGE 1, 396 (414); BVerfG v. 22. 9. 1958, BVerfGE 8, 183 (184); BVerfG v. 18. 3. 1969, BVerfGE 25, 308 (309); kritisch *K. Stern* in Bonner Kommentar, Art. 93 Rdn. 205 mit weiteren Nachweisen.
298 Das ergibt sich e contrario aus BVerfG v. 10. 6. 1953, BVerfGE 2, 307 (311).

diesen Institutionen eine derartige Kontrollkompetenz im Hinblick auf die Tätigkeit des Bundesverfassungsgerichts auch in all jenen Verfahren zukomme, die bereits im Rahmen dieser Untersuchung als durch § 336 StGB geschützt qualifiziert wurden. Eine solche Gleichstellung des Verfahrens nach § 105 BVerfGG mit den übrigen, dem Bundesverfassungsgericht zur Erledigung zugewiesenen, wäre jedoch ein Fehlschluß. Die ratio legis des § 336 StGB ist die Sicherung der Rechte und rechtlich geschützten Interessen von Rechtsinhabern[299], deren Schutz der Gerichtsbarkeit obliegt. Das Amtsbeendigungsverfahren als interner Vorgang im Rahmen der „Selbstverwaltung" des Bundesverfassungsgerichts entspricht indes diesem Normzweck nicht. Das Verfahren nach § 105 BVerfGG dient nicht dem Schutz von Rechtsinhabern, die „von außen" ihr Rechtsschutzbedürfnis an das Bundesverfassungsgericht herantragen. Es geht ausschließlich um die Regeneration des Bundesverfassungsgerichts selbst.

Den betroffenen Verfassungsrichter als Rechtsschutzsuchenden zu qualifizieren, ginge fehl. Sein eigener Schutz kann sich nur als Reflex eines Verfahrens darstellen, das primär darauf gerichtet ist, die Integrität der Funktion des Bundesverfassungsgerichts im Rahmen der Staatsorganisation zu erhalten. Vergleichbar ist dieses Verfahren demjenigen, das die Aufhebung der Immunität eines Abgeordneten zum Gegenstand hat. Obwohl der Abgeordnete in seiner persönlichen Rechtsstellung reflexartig berührt ist, ist doch das Rechtsinstitut der Immunität nur deswegen verfassungsrechtlich verbürgt, weil das Parlament als solches gegen Eingriffe durch die Exekutive abgeschirmt sein soll[300].

Trifft so der Tatbestand des § 336 StGB im Hinblick auf das geschützte Rechtsgut schon in diesem Fall nicht zu, würde seine Anwendung dem spezifischen Gewaltenteilungsgrundsatz des Grundgesetzes widersprechen. Eingriffe der Justiz in die anderen Gewalten, wie sie bei den übrigen kontradiktorischen verfassungsgerichtlichen Verfahren aufgrund des § 336 StGB stattfinden können, widersprechen dem Grundsatz der Gewaltenteilung nur deshalb nicht, weil sie nicht die Gewalt als solche korrigieren, sondern nur ihre Außenwirkung. Hier aber steht nicht die Funktion des Bundesverfassungsgerichts mit Außenwirkung in Frage, sondern ausschließlich dessen innere Ordnung, für die das Grundgesetz zugunsten einer anderen Staatsgewalt eine Kontrollkompetenz nicht begründet hat.

Aufgrund dieser Erwägungen ist deshalb davon auszugehen, daß, trotz des kontradiktorischen Verfahrenscharakters, Rechtsverstöße im Rahmen des Amtsbeendigungsverfahrens den objektiven Tatbestand des § 336 StGB nicht erfüllen.

---

299 Dieser Schutzzweck ergibt sich aus der für § 336 StGB gewählten Fassung. Wäre das durch diese Strafvorschrift geschützte Rechtsgut ausschließlich die Rechtspflege (so wohl *U. Schmidt-Speicher*, S. 67; *Dreher/Tröndle*, § 336 Rdn. 1; *G. Spendel* in LK, § 336 Rdn. 7), hätte es der Aufnahme des objektiven Tatbestandsmerkmals „zugunsten oder zum Nachteil einer Partei" (vgl. hierzu *G. Spendel* in LK, § 336 Rdn. 68 mit weiteren Nachweisen) nicht bedurft. Im Ergebnis ebenso *K. Lackner*, § 336 Anm. 1, ohne nähere Begründung; a. A. *H.-J. Rudolphi* in SK StGB, § 336 Rdn. 2.
300 Vgl. nur *Th. Maunz* in *Maunz-Dürig,* Art. 46 Rdn. 26.

(10) Einstweilige Anordnung (Art. 94 Abs. 2 GG, § 32 BVerfGG)

Das Bundesverfassungsgericht kann nach § 32 BVerfGG, der in Ermächtigung des Art. 94 Abs. 2 GG geschaffen wurde[301], einstweilige Anordnungen erlassen, wenn dies zur Abwehr schwerer Nachteile, zur Verhinderung drohender Gewalt oder aus einem anderen wichtigen Grund zum gemeinen Wohl dringend geboten ist.

Sonderregelungen finden sich in Art. 61 Abs. 2 Satz 2 GG, §§ 53, 58 Abs. 1, 105 Abs. 5 BVerfGG sowie in § 16 Abs. 3 WahlprüfG. Im Rahmen der vorliegenden Untersuchung werden diese Spezialnormen nicht gesondert behandelt, weil sie, ebenso wie die allgemein gefaßte Norm des § 32 BVerfGG, dem Bundesverfassungsgericht eine vorläufige Regelungskompetenz nur insoweit einräumen, als für deren Inanspruchnahme ein dringendes Bedürfnis besteht[302]. Hieraus rechtfertigt sich die Schlußfolgerung, daß die Rechtsnatur der spezialgesetzlich normierten einstweiligen Anordnungsverfahren entsprechend der des durch § 32 BVerfGG geregelten zu bestimmen ist, die hier vorzunehmende Untersuchung sich also auf eine Qualifizierung des Rechtscharakters des Eilverfahrens nach § 32 BVerfGG beschränken kann.

Gemäß dem oben wiedergegebenen Wortlaut des § 32 BVerfGG liegt ein Verständnis dieser Kompetenznorm nahe, wonach über den Erlaß einer einstweiligen Anordnung in einem objektiven Verfahren zu entscheiden ist. Zieht man in Erwägung, daß der Erlaß einer einstweiligen Anordnung nach § 32 BVerfGG an die Voraussetzung geknüpft ist, daß sie „zum gemeinen Wohl" dringend geboten ist[303], liegt der Schluß nahe, daß das Bundesverfassungsgericht nur aus Gründen des öffentlichen Interesses zu einer vorläufigen Regelung befugt ist, daß es also ein objektives Verfahren zu erledigen hat.

Hiergegen spricht jedoch, daß § 32 BVerfGG als „allgemeine Verfahrensnorm"[304] in allen im Bundesverfassungsgerichtsgesetz vorgesehenen Verfahrensarten Anwendung findet[305], also auch in jenen, die primär dem subjektiven Rechtsschutz zu dienen bestimmt sind. Es erscheint schwer verständlich, daß, dient das Hauptsacheverfahren primär der Durchsetzung von Individualrechten, das dem Hauptsacheverfahren vorgelagerte einstweilige Anord-

---

301 Vgl. *E.-W. Fuß,* DÖV 1959, S. 202, 1. Sp.; kritisch *R. Gebhardt,* S. 43 f. mit weiteren Literaturnachweisen auf S. 43 in Fn. 2.
302 So für § 53 BVerfGG *W. Geiger,* a. a. O. (Fn. 12), § 53 Anm. 2; *Th. Maunz* in *Maunz/ Schmidt-Bleibtreu/Klein/Ulsamer,* § 53 Rdn. 2; *H. Lechner,* § 53 Erl.: „Wichtiger Grund". Für § 105 Abs. 5 BVerfGG so *K. Stern* in Bonner Kommentar, Art. 93 Rdn. 844: „Dringendes Interesse"; ebenso *Leibholz/Rupprecht,* § 105 Rdn. 2, weitergehend wohl *W. Geiger,* a. a. O. (Fn. 12), § 105 Anm. 6: „Interesse".
303 So *W. Geiger,* a. a. O. (Fn. 12), § 32 Anm. 3; *E.-W. Fuß,* DÖV 1959, S. 205, 1. Sp.; *R. Gebhardt,* S. 141 f.; *E. Schlitzberger,* JR 1965, S. 405; *H. P. Tüttenberg,* S. 79; *R. Granderath,* NJW 1971, S. 544, 1. Sp.; *H.-U. Erichsen,* S. 185; *C. Pestalozza,* a. a. O. (Fn. 178), S. 185; a. A. *H. Lechner,* § 32 Zu Abs. 1 Erl. 3c; *J. Wintrich/H. Lechner,* Die Grundrechte Bd. 3 Hlbbd. 2, S. 709; *F. Klein* in *Maunz/Schmidt-Bleibtreu/Klein/Ulsamer,* § 32 Rdn. 7; wohl auch *W. Grundmann,* DVBl. 1959, S. 877 Fn. 21.
304 BVerfG v. 28. 11. 1951, BVerfGE 1, 85 (86).
305 BVerfG v. 20. 5. 1952, BVerfGE 1, 281 (282); vgl. auch *E.-W. Fuß,* DÖV 1959, S. 201; *H. Lechner,* § 32 Zu Abs. 1 Erl. 3a; *R. Granderath,* NJW 1971, S. 543, 1. Sp.

nungsverfahren nicht zumindest auch deren Sicherung dienen soll. Das Bundesverfassungsgericht hat denn auch den Individualrechtsschutz in den Gemeinwohlbegriff einbezogen[306]. Diese Erwägungen machen deutlich, daß der Rechtsstandpunkt, es handele sich bei dem einstweiligen Anordnungsverfahren nach § 32 BVerfGG durchweg um ein der Natur nach objektives, nicht zu überzeugen vermag. Ein solcher wäre nur vertretbar, hätte dieses verfassungsgerichtliche Verfahren generell nicht die Sicherung subjektiver Rechte zum Ziel[307]. Die vorstehenden Ausführungen zeigen indes, daß im einstweiligen Anordnungsverfahren die Sicherung subjektiver Rechtspositionen insoweit rechtliche Relevanz besitzt, als das Hauptsacheverfahren diesem Zweck dient. Demgemäß erscheint es naheliegend, die Rechtsnatur des Hauptsacheverfahrens auch für das vorgeschaltete Eilverfahren maßgeblich sein zu lassen.

Für die These, daß der Rechtscharakter des einstweiligen Anordnungsverfahrens dem des Hauptsacheverfahrens akzessorisch ist, spricht weiterhin die Funktion des Eilverfahrens im System des gerichtlichen Verfassungsschutzes. Die Befugnis, einstweilige Anordnungen zu erlassen, trägt dem Umstand Rechnung, daß über die Hauptsache — aus welchen Gründen auch immer — nicht sofort oder nicht rasch genug entschieden werden kann[308]. Durch die Kompetenz, vorläufige Regelungen zu treffen, soll dem Bundesverfassungsgericht einerseits die Möglichkeit gegeben werden, zu verhindern, daß bis zum Abschluß des Hauptsacheverfahrens vollendete Tatsachen geschaffen werden, die dem Gerichtsentscheid seine rechtserhaltende Wirkung nähmen[309]. Andererseits wird eine vorläufige Befriedung der zur gerichtlichen Klärung gestellten Streitigkeiten, Zweifel oder Meinungsverschiedenheiten bezweckt[310]. Hieraus erhellt, daß beide verfassungsgerichtlichen Verfahren letztlich zwar nicht prozessual[311], aber doch der Sache nach, dieselbe Angelegenheit zum Gegenstand haben[312]. Sie unterscheiden sich lediglich insoweit, als das Verfahren nach § 32 BVerfGG nur der vorläufigen, das

---

306 Vgl. BVerfG v. 18. 12. 1962, BVerfGE 15, 223 (226); BVerfG v. 14. 7. 1964, BVerfGE 18, 146 (147); BVerfG v. 11. 7. 1967, BVerfGE 22, 178 (180); BVerfG v. 13. 3. 1973, BVerfGE 34, 341 (344); BVerfG v. 18. 10. 1973, BVerfGE 36, 137 (139).
307 Vgl. oben Teil 2 C II 1c aa (2), Teil 2 C II 1c aa (8) (c) und Teil 2 C II 1c aa (8) (g), wo gezeigt wird, daß ausschließlich im öffentlichen Interesse bereitgestellte verfassungsgerichtliche Verfahren als der Natur nach objektive zu qualifizieren sind.
308 So ausdrücklich *D. Leipold*, S. 177.
309 Vgl. etwa BVerfG v. 9. 9. 1951. BVerfGE 1, 1 (1 f.); BVerfG v. 27. 5. 1958, BVerfGE 7, 367 (373); BVerfG v. 23. 6. 1958, BVerfGE 8, 42 (45); BVerfG v. 17. 12. 1960, BVerfGE 12, 36 (40); *A. Arndt*, NJW 1958, S. 337; *E.-W. Fuß*, DÖV 1959, S. 201 f.; *E. Schlitzberger*, JR 1965, S. 405 mit weiteren Nachweisen in Fn. 17; *H. P. Tüttenberg*, S. 39; *R. Granderath*, NJW 1971, S. 546, 1. Sp.; *H.-U. Erichsen*, S. 171; *F. Klein* in *Maunz/Schmidt-Bleibtreu/Klein/Ulsamer*, § 32 Rdn. 5, 9.
310 Vgl. *W. Geiger*, a. a. O. (Fn. 12), § 32 Anm. 2; *G. Helfferich*, S. 16; *H. P. Tüttenberg*, S. 36 f.; *H.-U. Erichsen*, S. 172, 175; diese Auffassung liegt auch BVerfG v. 23. 6. 1958, BVerfGE 8, 42 (46) zugrunde; verneint wird eine solche Verfahrensfunktion wohl von *D. Leipold*, S. 177.
311 Siehe nur *W. Grundmann*, DVBl. 1959, S. 877, r. Sp.; *F. Klein* in *Maunz/Schmidt-Bleibtreu/Klein/Ulsamer*, § 32 Rdn. 9.
312 Ähnlich *E. Schlitzberger*, JR 1965, S. 405, r. Sp.

Hauptsacheverfahren der endgültigen Regelung der Angelegenheit dient. Hierin einen wesensmäßigen Unterschied sehen zu wollen, der eine vom Hauptsacheverfahren abweichende rechtliche Charakterisierung des einstweiligen Anordnungsverfahrens erfordert, erscheint angesichts des aufgezeigten inneren Sachzusammenhangs[313] zwischen beiden Verfahren nicht angängig.

Im Hinblick auf § 336 StGB ist demnach die Rechtslage wie folgt zu beurteilen: Ein Eilverfahren ist nur dann eine der Rechtsbeugung zugängliche „Rechtssache", wenn es sich bei dem zugehörigen Hauptsacheverfahren um eine kontradiktorische Verfahrensart handeln würde, andernfalls ist hiervon nicht auszugehen.

bb) Tathandlung

Nach der in der Strafrechtslehre weithin vertretenen Auffassung macht sich der Täter des § 336 StGB „einer Beugung des Rechts schuldig", wenn er sich bei der Leitung oder der Entscheidung einer Rechtssache objektiv in Widerspruch zu materiellem oder prozessualem Recht setzt (sog. objektive Rechtsbeugungstheorie)[314]. Begründet wird diese Auffassung mit einem Hinweis auf das von dieser Norm geschützte Rechtsgut, als das die Rechtspflege in Form der staatlichen wie vom Staat anerkannten richtigen und unparteiischen Rechtsprechung betrachtet wird[315]. Die entgegengesetzte Auslegungsvariante, wonach ein Handeln des Täters gegen seine Rechtsüberzeugung erforderlich und ausreichend wäre (sog. subjektive Rechtsbeugungstheorie)[316], führt in der praktischen Handhabung zu unerträglichen Ergebnissen[317]. Dem weiteren Gedankengang soll daher die herkömmlicherweise vertretene Auffassung[318] zugrunde gelegt werden, nach welcher die Rechtsbeugungshandlung darin zu sehen ist, daß der Täter ein Auseinanderfallen der objektiven Rechtslage und des Inhalts seiner Entscheidung bewirkt.

„The Constitution is what the judges say it is"[319]. Legt man dieses immer wieder zur Kennzeichnung der Verfassungsrechtsprechung bemühte Zitat[320] zugrunde, nach welchem die Verfassung ihren maßgeblichen Inhalt erst durch

---

313 Das BVerfG, Entscheidung v. 4. 5. 1971, BVerfGE 31, 87 (90), verwendet den Begriff „innere Sachbezogenheit".
314 *Dreher/Tröndle,* § 336 Rdn. 5; *P. Cramer* in *Schönke/Schröder,* § 336 Rdn. 5a; *K. Lackner,* § 336 Anm. 5a; *G. Spendel* in LK, § 336 Rdn. 41, jeweils mit weiteren Nachweisen.
315 Vgl. *G. Spendel* in LK, § 336 Rdn. 7. Zum Schutzzweck des § 336 StGB ausführlich *U. Schmidt-Speicher,* S. 65 ff.
316 Vgl. die Darstellung dieser Lehre bei *U. Schmidt-Speicher,* S. 60 f. mit umfassenden Literaturnachweisen auf S. 60 in Fn. 34.
317 So *G. Spendel* in LK, § 336 Rdn. 37. Beispielsfälle finden sich bei *G. Spendel,* S. 173, 176 f. Den gleichen Bedenken sind auch die sog. eingeschränkten subjektiven Rechtsbeugungstheorien ausgesetzt, die bei der Bestimmung der Tathandlung objektive und subjektive Elemente zu verbinden suchen, vgl. zum Ganzen *G. Spendel* in LK, § 336 Rdn. 6, 38, 40.
318 Vgl. die Nachweise bei *G. Spendel* in LK, § 336 Fn. 58.
319 So *Charles Evan Hughes,* ehemals Richter am Supreme Court; Addresses and Papers of *Charles Evan Hughes,* New York/London, *G. P. Putnam's Sons,* 2. Aufl. 1916, S. 185 f. (zit. nach *R. H. Jackson,* S. 3).
320 Vgl. *K. Stern,* a. a. O. (Fn. 7), S. 130.

den Richterspruch gewinnt, so müßte notwendigerweise zwischen Verfassungsaussage und einer solchen richterlichen Entscheidung Deckungsgleichheit herrschen. Eine objektiv tatbestandsmäßige Beugung des Rechts durch eine Sachentscheidung des Bundesverfassungsgerichts wäre demnach denkgesetzlich ausgeschlossen; lediglich das Treffen einer prozessual „unrichtigen" Entscheidung[321], Gesetzwidrigkeiten bei der Entscheidungsfindung und solche bei der Leitung einer Verfassungsrechtssache gehörten demnach zu den durch § 336 StGB verbotenen Verhaltensweisen.

Nun lassen sich aus einem bloßen Zitat freilich keinerlei Rechtsfolgen ableiten; die Übertragbarkeit dieser aus dem amerikanischen Rechtskreis überlieferten Sentenz auf die Verfassungsrechtsordnung der Bundesrepublik Deutschland kann nur danach beurteilt werden, welche Funktion dem Bundesverfassungsgericht nach den Regeln der deutschen Verfassungsrechtsordnung zukommt. Diese wird in der Verfassungslehre dahingehend umschrieben, daß das Bundesverfassungsgericht nach Art. 93 GG zur authentischen Interpretation der Verfassung berufen sei[322]. Auch das Gericht selbst mißt sich eine solche Rolle bei, wenn es sich im Hinblick auf die ihm durch das Grundgesetz übertragene Aufgabe als der „maßgebliche Interpret der Verfassung" bezeichnet[323]. Die Authentizität bundesverfassungsgerichtlicher Grundgesetzinterpretation ist die normative Konsequenz aus der dem Grundgesetz seiner Funktion nach anhaftenden Weite und Unbestimmtheit[324]. Wie jede Verfassung ist auch das Grundgesetz nur das rechtstechnische Instrument zur Regelung der Grundentscheidungen des Gemeinwesens[325]. Es kann damit nicht alle rechtlichen Entscheidungen in sich tragen[326], denn die Verfassung ist nicht das „juristische Weltenei, aus dem alles hervorgeht vom Strafgesetzbuch bis zum Gesetz über die Herstellung von Fieberthermometern"[327]. Sie ist keine „absolut vollständige Oberrechtsordnung"[328], „kein Superkodex allen Rechts..., sondern nur ein weitmaschiges Grundgerüst gleichwohl rechtsverbindlicher Leitprinzipien"[329], welche im Sinne der Rechtsanwendung nicht ohne weiteres vollzugsfähig sind[330]. Begriffe sehr hohen Abstraktionsgrades wie Rechtsstaatlichkeit, Demokratie, Sozialstaatlichkeit, Bundesstaatlichkeit, freiheitlich demokratische Grundordnung und Menschenwürde — die Aufzählung ließe sich beliebig fortsetzen — bedürfen erst der „Entfaltung, [der] Ausbreitung des vom Verfas-

---

321 Auch bei den Entscheidungen nach § 93a BVerfGG handelt es sich um solche prozessualer Art, denn das BVerfG entscheidet hier nur über die Annahme der erhobenen Verfassungsbeschwerde, nicht aber in der Sache selbst, vgl. *W. Endemann,* S. 29.
322 Vgl. nur *E.-W. Böckenförde,* NJW 1976, S. 2099, 1. Sp.; *K. Doehring,* a. a. O. (Fn. 7), S. 17, 26; *H. Schneider,* S. 854: „Maßgebliche Interpretation"; *K. Stern* a. a. O. (Fn. 7), S. 130: „Ausschlaggebende Bedeutung".
323 BVerfG v. 10. 6. 1975, BVerfGE 40, 88 (93).
324 Vgl. *K. Hesse,* S. 12 f.
325 Vgl. nur *K. Stern,* a. a. O. (Fn. 7), S. 71 mit weiteren Nachweisen; *K. Hesse,* S. 10.
326 Vgl. *K. Stern,* a. a. O. (Fn. 7), S. 83.
327 *E. Forsthoff,* a. a. O. (Fn. 28), S. 144.
328 *G. Roellecke,* S. 33.
329 *H. H. Rupp,* AöR Bd. 101, S. 171.
330 Vgl. *E.-W. Böckenförde,* NJW 1976, S. 2091, 1. Sp.

sungsgeber[s] in ihnen angelegten Ideengutes"³³¹, wenn sie im konkreten Einzelfall eine Rechtsantwort zu geben vermögen sollen. Eine derartige Sinnhaftmachung der in den Verfassungsnormen nur in groben Maßstäben angelegten Wertungen³³² ist mit den Mitteln klassischer Interpretationstechnik nicht zu bewältigen³³³. Es bedarf in gewisser Weise einer schöpferischen Tätigkeit, um der Aufgabe, im verfassungsrechtlichen Bereich judikative Gewalt auszuüben, gerecht werden zu können³³⁴. Dies zeigt, daß das Bundesverfassungsgericht als institutionalisiertes Rechtsprechungsorgan in Verfassungsfragen (Art. 93 GG) vom Grundgesetz selbst zur Rechtskonkretisierung, zur Fortschreibung der Verfassung im Einzelfall³³⁵, also zur authentischen Interpretation berufen ist.

Gewinnt im Hinblick auf diesen Befund das Grundgesetz erst Kontur durch die ausfüllende Rechtsprechung des Bundesverfassungsgerichts, so könnten sich hieraus durchaus Konsequenzen für die Frage ergeben, ob sich die Mitglieder des Bundesverfassungsgerichts mittels Gerichtsentscheids in Widerspruch zur objektiven Verfassungsrechtslage setzen können. In Konsequenz der dem Bundesverfassungsgericht vom Grundgesetz zugebilligten Stellung scheint dies nicht der Fall. Eine solche Sichtweise würde allerdings verkennen, daß das Grundgesetz nicht nur solche der Ausfüllung bedürftige Bestimmungen enthält, sondern in ihm auch, insbesondere im Kompetenzbereich und bei einigen Organisationsfragen³³⁶, ins Detail gehende Regelungen und sprachlich „dichte" Passagen³³⁷ anzutreffen sind, die für die Rechtsanwendung keiner ausfüllenden Konkretisierung bedürfen und letztlich nicht mehr interpretationsfähig sind³³⁸. Hätte des Bundesverfassungsgericht beispielsweise über die Verfassungsmäßigkeit eines Gesetzes zu befinden, das, nur mit einfacher Mehrheit beschlossen, die Farben Schwarz-Weiß-Rot zum Inhalt der Bundesflagge erklärt, ist keine Rechtsschöpfung im dargestellten Sinne vonnöten, um feststellen zu können, daß dieses Gesetz wegen Verstoßes gegen Art. 79 Abs. 2 GG und demzufolge auch wegen Verstoßes gegen Art. 22 GG verfassungswidrig ist. Es bedarf nur der Subsumtion des als Beispiel geschilderten Sachverhalts unter die genannten Verfassungsartikel, die eine Änderung der schwarz-rot-goldenen Bundesflagge nur mit Zustimmung von zwei Dritteln der Mitglieder des Bundestages und zwei Dritteln der Stimmen des Bundesrates zulassen, um die Frage der Verfassungsmäßigkeit dieses Gesetzes entscheiden zu können. Da in diesem Beispielsfall das Grundgesetz

---

331 *K. Stern,* a. a. O. (Fn. 7), S. 138.
332 Vgl. *K. Doehring,* a. a. O. (Fn. 7), S. 135.
333 Vgl. *E.-W. Böckenförde,* NJW 1976, S. 2091, 1. Sp.; *K. Stern,* a. a. O. (Fn. 7), S. 138; *K. Hesse,* S. 23.
334 Vgl. *K. Stern,* a. a. O. (Fn. 7), S. 138; *K. Hesse,* S. 24.
335 Vgl. *K. Larenz,* S. 347 f.
336 So *E.-W. Böckenförde,* NJW 1976, S. 2091, 1. Sp.
337 *K. Stern,* a. a. O. (Fn. 7), S. 83.
338 Vgl. *B.-O. Bryde,* S. 81, der zutreffend darauf hinweist, daß eine solche Aussage deshalb immer nur unter Vorbehalt getroffen werden kann, weil „die juristische Problemerfindungskompetenz fast unbegrenzt ist". Zu den verschiedenen Arten von Verfassungsrechtssätzen vgl. *K. Stern,* a. a. O. (Fn. 7), S. 118 ff.

die Antwort auf die für die Fallentscheidung maßgebliche Rechtsfrage explizit enthält, diese nicht erst durch Richterspruch „geschaffen" werden muß, ist hier ein Auseinanderklaffen zwischen Verfassungsrecht und gerichtlicher Entscheidung denkbar, der objektive Tatbestand der Rechtsbeugung durchaus erfüllbar. Gleiches muß wegen ihrer Aussagedichte auch für die Normen des Grundgesetzes gelten, die ebenfalls ausdrückliche Antworten auf die sich im Gemeinwesen stellenden Rechtsfragen enthalten. Anders verhält es sich demgegenüber bei den Verfassungsvorschriften, die der schöpferischen Entfaltung bedürfen; es sind dies typischerweise diejenigen Regelungen, die inhaltliche Wertungen erteilen wie augenfällig der Rechtsstaats- oder der Menschenwürdebegriff. Bei jenen wäre, wie gezeigt, eine Rechtsbeugung durch Verfassungsrichter denkunmöglich.

Gleichwohl besteht jedoch nicht das Erfordernis, die Artikel des Grundgesetzes in sprachlich dichte, der Rechtsbeugung fähige, und „offene" Normen und Normgruppen einzuteilen, denn auch die Erstgenannten sind aus anderen, nun zu erörternden Gründen einer tatbestandsmäßigen Rechtsbeugung nicht zugänglich. Die Einrichtung des Bundesverfassungsgerichts nach Art. 93, 94 GG soll bewirken, daß verfassungsrechtliche Zweifelsfragen nach Rechtsmaßstäben geklärt werden[339]. Zur Erreichung dieses Zieles ist es unerläßlich, daß das Bundesverfassungsgericht in der Sache immer „richtig" entscheidet, soll sich das gewaltenteilende System des Grundgesetzes nicht selbst aufheben[340].

Doch selbst wenn man sich diesen verfassungsdogmatischen Erwägungen nicht anschließen möchte, zeigt ein Blick auf § 31 Abs. 1 BVerfGG, dem sodann konstitutive Wirkung zukommt, daß es rein tatsächlich kein Staatsorgan und damit auch kein Justizorgan gibt, das bei der Würdigung des fraglichen Verfassungsproblems zu einer von der Entscheidung des Bundesverfassungsgerichts abweichenden rechtlichen Beurteilung gelangen könnte, mit anderen Worten, daß weder Staatsanwaltschaft noch Strafgericht insoweit die Verwirklichung des Rechtsbeugungstatbestandes durch Verfassungsrichter bejahen könnten. Die in Konsequenz des Gesetzgebungsauftrags nach Art. 94 Abs. 2 Satz 1 Hlbs. 1 GG erlassene Vorschrift bindet nämlich die Verfassungsorgane des Bundes und der Länder sowie *alle Gerichte und Behörden* inhaltlich an die Entscheidungen des Bundesverfassungsgerichts[341]. Das bedeutet, daß sich keines der genannten Staatsorgane durch sein Verhalten in Widerspruch zu einer Sachentscheidung des Bundesverfassungsgerichts setzen darf[342]. Gerade dies wäre jedoch vonnöten, um seitens der Justizorgane die Verwirklichung des Rechtsbeugungstatbestandes durch eine inhaltlich „falsche" Bundesverfassungsgerichtsentscheidung feststellen und ahnden zu

---

339 Vgl. *K. Vogel,* S. 580.
340 So auch *Th. Oppermann,* JZ 1971, S. 301; *K. Doehring* a. a. O. (Fn. 7), S. 17; a. A. *B.-O. Bryde,* S. 350.
341 Zur Funktion des § 31 Abs. 1 BVerfGG vgl. nur *H. G. Rupp,* S. 405, und die Darstellung von *H. Kerbusch,* S. 119 f. mit weiteren Literaturnachweisen auf S. 120 in Fn. 104.
342 Vgl. *W. Geiger,* a. a. O. (Fn. 12), § 31 Anm. 4; *Th. Maunz* in *Maunz/Schmidt-Bleibtreu/Klein/Ulsamer,* § 31 Rdn. 23.

können. Schließlich erfährt dieses Zwischenergebnis eine weitere Bekräftigung durch das zugehörige Verfassungsprozeßrecht, das, anders als sämtliche Prozeßordnungen[343], den Wiederaufnahmegrund der richterlichen Rechtsbeugung nicht kennt. Im Hinblick auf das Vorstehende erscheint dies nicht als planwidrige Unvollständigkeit des Bundesverfassungsgerichtsgesetzes, sondern trägt im Gegenteil den genannten Besonderheiten der verfassungsgerichtlichen Grundgesetzinterpretation Rechnung.

Als taugliche Tathandlungen eines Verfassungsrichters kommen demgemäß nur Gesetzwidrigkeiten bei Leitung einer Verfassungsrechtssache, im Rahmen der Entscheidungsfindung oder das Fällen einer normwidrigen prozessualen Entscheidung in Betracht.

Zwischenergebnis zu c)

Es mag zunächst befremdlich anmuten, daß Rechtsverstöße eines Verfassungsrichters den Tatbestand des § 336 StGB nur erfüllen, wenn sie, mit Ausnahme des § 105 BVerfGG, bei Leitung eines kontradiktorischen verfassungsgerichtlichen Verfahrens, im Rahmen der Entscheidungsfindung oder durch eine normwidrige prozessuale Entscheidung in einem solchen Verfahren begangen werden. Dieses Ergebnis findet jedoch seine Rechtfertigung einerseits in den aufgezeigten Besonderheiten verfassungsgerichtlicher Grundgesetzinterpretation und andererseits in der für § 336 StGB gewählten Fassung. Es im Analogiewege korrigieren zu wollen, verbietet sich angesichts der dem Straftatbestand von Verfassungs wegen zukommenden Garantiefunktion[344].

Die vorstehenden Ausführungen zeigen also, daß der zweiten Tatbestandsalternative des § 105 Abs. 1 Nr. 2 BVerfGG im Hinblick auf Pflichtwidrigkeiten, die die eigentliche Amtsführung betreffen, ein nur sehr eingeschränkter Anwendungsbereich zukommt.

2. Pflichtwidrigkeiten bei Gelegenheit der Amtsführung

Ob die Aussage, § 105 Abs. 1 Nr. 2, 2. Alt. BVerfGG könne nur in sehr beschränktem Maße rechtlich relevant werden, gleichermaßen für Pflichtwidrigkeiten Geltung beansprucht, die — tatbestandsmäßig im Sinne des Strafgesetzbuches — gelegentlich der Amtsführung begangen werden, erscheint zweifelhaft. Die Erwägungen, die im Vorstehenden eine solche These rechtfertigen, finden ihre Ursache primär in der Anerkennung eines strafrechtlichen Haftungsprivilegs, das die persönliche Unabhängigkeit der Richter und

---

343 §§ 359 Nr. 3, 362 Nr. 3 StPO, § 580 Nr. 5 ZPO; § 153 Abs. 1 VwGO, § 79 Satz 1 ArbGG, § 179 Abs. 1 SGG und § 134 FGO erklären die Vorschriften der ZPO über die Wiederaufnahme des Verfahrens für entsprechend anwendbar.
344 Aus der staatsrechtlichen Literatur vgl. etwa *Ph. Kunig* in GGK, Art. 103 Rdn. 26; *G. Dürig* in *Maunz-Dürig,* Art. 103 Rdn. 111; aus der strafrechtlichen Literatur vgl. etwa *H.-H. Jescheck,* S. 100; *J. Wessels,* S. 9 ff.

also auch der Verfassungsrichter sichern soll. Dieses richterliche Privileg kann jedoch eine Beschränkung der strafrechtlichen Verantwortlichkeit nur insoweit begründen, als Gesetzwidrigkeiten in Frage stehen, die die eigentliche Amtsführung betreffen. Die auch den Richtern des Bundesverfassungsgerichts von Art. 97 Abs. 2 GG verliehene Rechtsposition wird ihnen nämlich nur zur Erfüllung der ihnen vom Grundgesetz übertragenen Aufgabe und nicht nur zum Schutze ihrer Individualität zuerteilt[345]. Kommt demnach der verfassungsrechtlichen Garantie der richterlichen Unabhängigkeit privilegierende Wirkung nur für den Bereich der spezifisch richterlichen Tätigkeit zu, so folgt hieraus, daß die Verwirklichung strafgesetzwidriger Handlungen, die in keinerlei Bezug zu diesem Aufgabenbereich stehen, in gleicher Weise zu verfolgen ist, wie dies bei jedem Staatsbürger nach § 152 Abs. 2 StPO zu erfolgen hätte[346].

Der Entlassungsgrund des § 105 Abs. 1 Nr. 2, 2. Alt. BVerfGG kann deshalb aufgrund eines jeden Vergehens eines Verfassungsrichters bei Gelegenheit der Amtsführung erfüllt sein, dessentwegen ein Gericht ihn zu einer Freiheitsstrafe von mehr als sechs Monaten verurteilt hat. Allerdings kommen für einen derartigen Rechtsfolgenausspruch nach den praktizierten Maßstäben der Strafzumessungslehre nur Unrechtmäßigkeiten von einigem Gewicht in Betracht. Gemäß der Konzeption des Strafgesetzbuchs sollen nämlich Delikte der unteren und mittleren Kriminalität durch Verhängung von Geldstrafen geahndet werden[347].

Der eingangs formulierten These, § 105 Abs. 1 Nr. 2, 2. Alt. BVerfGG besitze in nur geringem Maße rechtliche Relevanz, ist deshalb auch für Pflichtwidrigkeiten gelegentlich der Amtsführung eine gewisse Gültigkeit nicht abzusprechen. Sie findet hier ihre Rechtfertigung jedoch nicht in der grundgesetzlich verbürgten besonderen Rechtsstellung auch der Verfassungsrichter, sondern im einfachen Gesetzesrecht.

III. Rechtskräftige Verurteilung wegen einer entehrenden Handlung (§ 105 Abs. 1 Nr. 2, 1. Alt. BVerfGG)

1. Pflichtwidrigkeiten im Rahmen spezifisch richterlicher Tätigkeit

Nach § 105 Abs. 1 Nr. 2, 1. Alt. BVerfGG ist auch die rechtskräftige Verurteilung eines Verfassungsrichters wegen einer entehrenden Handlung als Entlassungsgrund vorgesehen. Im Gegensatz zu der zweiten Alternative dieser

---

345 Vgl. *E. Benda/E. Klein,* DRiZ 1975, S. 166 f.; *K. Stern,* a. a. O. (Fn. 9), S. 909: „Eine irgendwie geartete Abhängigkeit von anderen Kräften würde die Ausschließlichkeit der Rechtsbindung gefährden".
346 Nach BVerfG, Beschl. v. 23. 7. 1982, NStZ 1982, S. 430 (430, 1. Sp.), bedeutet das in § 152 Abs. 2 StPO normierte Legalitätsprinzip Verfolgungszwang gegen jeden Verdächtigen, es stelle insoweit auch eine Aktualisierung des Willkürverbots als eines allgemeinen Rechtsgrundsatzes des GG dar.
347 *H.-J. Bruns,* S. 72; ähnlich *K. Lackner,* § 40 Anm. 2.

Vorschrift genügt hier also nicht die strafgerichtliche Verurteilung allein, hinzu kommen muß vielmehr, daß die den verurteilenden Richterspruch provozierende Handlung entehrenden Charakter aufweist.

Angesichts der gewandelten Moralauffassung, die zu einem Bedeutungsverlust des Ehrbegriffs im Bewußtsein weiter Kreise geführt hat[348] und angesichts der verschiedenen Möglichkeiten der Deutung seines Sinngehalts, ist eine Interpretation allein anhand des Gesetzeswortlauts nicht vollziehbar. Diese Schwierigkeit überträgt sich unmittelbar auch auf die Frage nach dem Verhältnis der beiden in § 105 Abs. 1 Nr. 2 BVerfGG an erster Stelle angeführten Entlassungsgründe. Betrachtet man die Tatbestandsalternative „rechtskräftige Verurteilung wegen einer entehrenden Handlung" im Gesetzeszusammenhang, erscheint es durchaus angängig, ihr gegenüber der zweiten Alternative die Funktion eines Auffangtatbestandes zuzuweisen, zumal nach der Anschauung des täglichen Lebens jeder Veruteilung aufgrund des Strafgesetzbuchs grundsätzlich zumindest ehrmindernde Wirkung beigemessen wird[349]. Andererseits ist es im Hinblick auf die besondere Rechtsposition der Richter des Bundesverfassungsgerichts und angesichts ihrer außerordentlich exponierten Stellung ebenso naheliegend, § 105 Abs. 1 Nr. 2, 1. Alt. BVerfGG dahingehend auszulegen, daß er, trotz geringerer geahndeter Tatschuld, nur solche Fallkonstellationen erfaßt, die ihrem ethischen Unwertgehalt nach ein den Fällen des § 105 Abs. 1 Nr. 2, 2. Alt. BVerfGG vergleichbares Gewicht aufweisen.

Welcher Sichtweise aus systematischen und teleologischen Gründen der Vorzug zu geben ist, bedarf im vorliegenden Zusammenhang indes keiner abschließenden Stellungnahme. Auch eine Interpretation des Begriffs der entehrenden Handlung erübrigt sich hier in Anbetracht des Umstandes, daß der ersten Alternative des § 105 Abs. 1 Nr. 2 BVerfGG gegenüber der zweiten Alternative für Pflichtwidrigkeiten im Rahmen der eigentlichen Amtsführung kein eigenständiger Anwendungsbereich verbleibt. Wie bereits im Rahmen der Ausführung zu § 105 Abs. 1 Nr. 2, 2. Alt. BVerfGG dargestellt[350], führt nämlich nach allgemeiner Ansicht der Grundsatz der persönlichen Unabhängigkeit der Richter dazu, daß dem Tatbestand des § 336 StGB eine Sperrwirkung in der Weise zukommt, daß eine Verurteilung wegen eines Strafdelikts nur dann ausgesprochen werden kann, wenn zugleich, idealkonkurrierend, der Tatbestand des § 336 StGB verwirklicht ist. Diese Sperrwirkung gilt nun gleichermaßen für die erste Alternative des § 105 Abs. 1 Nr. 2 BVerfGG. Da somit eine Verurteilung wegen einer entehrenden Handlung nur erfolgen

---

348 Ähnlich *B. Schmidt-Bleibtreu* in *Maunz/Schmidt-Bleibtreu/Klein/Ulsamer,* § 105 Rdn. 5.
349 BVerfG v. 16. 7. 1969, BVerfGE 27, 18 (33), bezeichnet die Verhängung einer Kriminalstrafe als ein nach allgemeiner Auffassung *ehrenrühriges* (Hervorhebung vom Verf.), autoritatives Unwerturteil über eine Verhaltensweise des Täters; ähnlich BVerfG v. 6. 6. 1967, BVerfGE 22, 49 (79): „Ethischer Schuldvorwurf"; ebenso BGH, Beschl. v. 4. 11. 1957, BGHSt 11, 263 (264). Nach allgemeiner Ansicht ist hierin auch das maßgebliche materiale Kriterium für die Einordnung eines Vergehens als Straftat oder als Ordnungwidrigkeit zu sehen, vgl. *Rebmann/Roth/Herrmann,* Vor § 1 Rdn. 11 mit umfassenden Rechtsprechungsnachweisen; *H.-H. Jescheck,* S. 45 mit umfassenden Literaturnachweisen.
350 Vgl. oben Teil 2 C II 1 a.

darf, wenn diese zugleich den Tatbestand der Rechtsbeugung erfüllt, der als Verbrechen mit einer Mindestfreiheitsstrafe von einem Jahr ausgestaltet ist, führt zwangsläufig die Verwirklichung der ersten Alternative auch zu der der zweiten Alternative des § 105 Abs. 1 Nr. 2 BVerfGG.

Da sich aus diesem Umstand jedoch gemäß § 105 BVerfGG keine anderen als die ohnehin bereits an die Erfüllung der zweiten Alternative geknüpften Rechtsfolgen ergeben, erübrigen sich im vorliegenden Zusammenhang weitere Ausführungen.

2. Pflichtwidrigkeiten bei Gelegenheit der Amtsführung

Die im Vorstehenden aufgezeigten Rechtsfragen bedürfen der Klärung, soll im Hinblick auf Pflichtwidrigkeiten, bei Gelegenheit der Amtsführung begangen, der Regelungsbereich des § 105 Abs. 1 Nr. 2, 1. Alt. BVerfGG ermittelt werden. Da die Bestimmung der systematischen Funktion dieser Tatbestandsalternative durch das Verständnis des Begriffs der entehrenden Handlung beeinflußt werden kann, ist zunächst durch Auslegung der Sinngehalt dieses vom Gesetz verwendeten Ausdrucks klarzulegen.

Weder der Wortlaut des § 105 BVerfGG noch die Entstehungsgeschichte[351] bieten für dessen Ermittlung eindeutige und eigenständige Kriterien. Berücksichtigt man jedoch, daß aufgrund der entehrenden Handlung eine strafgerichtliche Verurteilung erfolgt sein muß, liegt es nahe, der „entehrenden Handlung" kein zusätzliches Erfordernis für die Zulässigkeit einer zwangsweisen Amtsbeendigung zu entnehmen. Die im Strafgesetzbuch normierten Tatbestände sind nämlich Ausdruck der Überzeugung der Rechtsgemeinschaft, daß die durch sie erfaßten Verhaltensweisen als asozial[352] oder — anders formuliert — als ehrwidrig zu bewerten sind. Entspräche eine solche Interpretation dem Normsinn des § 105 Abs. 1 Nr. 2, 1. Alt. BVerfGG, wäre eine weitere Untersuchung entbehrlich. Die Frage, welche Verhaltensweisen zur Erfüllung des § 105 Abs. 1 Nr. 2, 1. Alt. BVerfGG führen könnten, würde dann bereits durch den Text des Strafgesetzbuchs in unmißverständlicher Weise beantwortet. Gegen eine solche Auslegung spricht jedoch schon die Systematik des § 105 Abs. 1 Nr. 2 BVerfGG selbst. Es hätte der Kodifizierung der zweiten Tatbestandsalternative des § 105 Abs. 1 Nr. 2 BVerfGG (rechtskräftige Verurteilung zu einer Freiheitsstrafe von mehr als sechs Monaten) nicht bedurft, beanspruchten die im Vorstehenden aufgezeigten Ehrmaßstäbe ebenfalls Geltung für § 105 Abs. 1 Nr. 2, 1. Alt. BVerfGG. Die durch die zweite Tatbestandsalternative geregelten Lebenssachverhalte wären nämlich bereits vom Normbereich der ersten Alternative des § 105 Abs. 1 Nr. 2 BVerfGG mitumfaßt. Mit anderen Worten, § 105 Abs. 1 Nr. 2, 2. Alt.

---

351 Vgl. die Darstellung der Entstehungsgeschichte des BVerfGG von *R. Schiffers,* wo sich im Hinblick auf § 105 auf S. 469 nur der Hinweis findet, daß durch diese Vorschrift eine abschließende Regelung für das Disziplinarrecht der Richter des BVerfG getroffen sei.
352 Vgl. *J. Wessels,* S. 2 f.

BVerfGG wäre eine überflüssige gesetzliche Regelung. Gänzlich ungewöhnlich wäre eine derart überflüssige Gesetzesformulierung aber nicht, kann doch auch — zumindest aufgrund entsprechender Interpretation[353] — in der Formulierung des Art. 20 Abs. 3 GG eine Tautologie gesehen werden, wenn es dort heißt, daß Gesetz und Recht die Bindung der Staatsgewalt ausmachen. Auszugehen ist jedoch zuvörderst immer davon, daß der Gesetzgeber jedem von ihm verwendeten Terminus eine spezifische Bedeutung beilegen wollte. Es spricht eine Vermutung dafür, daß der Gesetzgeber nichts Überflüssiges anordnet[354]. Demgemäß ist für den Begriff der entehrenden Handlung in § 105 Abs. 1 Nr. 2, 1. Alt. BVerfGG eine Auslegung zu wählen, die diesem methodischen Gesichtspunkt Rechnung trägt.

§ 105 Abs. 1 Nr. 2, 2. Alt. BVerfGG (rechtskräftige Verurteilung zu einer Freiheitsstrafe von mehr als sechs Monaten) verfügt über einen eigenständigen Anwendungsbereich, interpretiert man den Begriff der entehrenden Handlung dahingehend, daß nur ein solches strafgesetzwidriges Verhalten eines Verfassungsrichters die erste Alternative des § 105 Abs. 1 Nr. 2 BVerfGG erfüllt, das zum einen zu einem verurteilenden Richterspruch geführt hat und das zum anderen in besonderer Weise moralisch anstößig erscheint. Anders ausgedrückt, folgt aus dieser Interpretation, daß als „entehrende Handlung" nur eine solche anzusehen ist, die sich nicht allein in der Verwirklichung eines Straftatbestandes erschöpft, sondern zusätzlich Merkmale moralischer Verwerflichkeit aufweist.

Die damit aufgeworfene Frage, bei welchen Tathandlungen eine derartige Bewertung gerechtfertigt erscheint, bereitet bei der Beantwortung besondere Schwierigkeiten. Das mag daraus resultieren, daß in immer stärkerem Maße gerade auf dem Gebiet des ethisch-sozialen Verhaltens ein Verlust an Homogenität festzustellen ist[355]. Lange Zeit festgefügte Konventionalregeln des gesellschaftlichen Zusammenlebens wurden und werden in Frage gestellt, was unter anderem an der Lockerung von Familienbanden, an der Abnahme kirchlicher Einflüsse und auch an der Einwirkung fremder Kulturordnungen in einer kleiner werdenden Welt liegen mag. Aus diesen Gründen wird man die erforderliche Definition des Begriffs „moralische Verwerflichkeit" jedenfalls für die Zwecke der Normanwendung nur noch aus der Funktion dessen bestimmen können, den ein entsprechender Vorwurf treffen soll. Dies muß jedenfalls dann gelten, wenn die Norm, deren Verständnis durch den Begriff der moralischen Verwerflichkeit maßgeblich geprägt wird, die sinnvolle, d. h. die ihrem sozialen Wertgehalt entsprechende Funktionswahrnehmung sichern soll. Hiervon ist bei § 105 Abs. 1 Nr. 2, 1. Alt. BVerfGG auszugehen. Wäre die Vorschrift des § 105 und damit auch die des § 105 Abs. 1 Nr. 2, 1. Alt. BVerfGG allein Ausfluß der Disziplinarautonomie des Bundesverfassungsgerichts[356], erschiene schwer verständlich, warum mit diesen gesetzli-

---

353 Als Beispiel für eine solche Interpretation vgl. *K. Doehring,* a. a. O. (Fn. 7), S. 206.
354 Vgl. *K. Engisch,* S. 79.
355 Vgl. *K. Doehring,* DRiZ 1987, S. 6, l. Sp.
356 Zu diesem Gesichtspunkt vgl. oben unter Teil 2 B.

chen Bestimmungen auch materielles Amtsrecht der Richter des Bundesverfassungsgerichts geregelt wurde. Der verfassungsrechtlich gebotenen Disziplinarautonomie des Bundesverfassungsgerichts wäre nämlich bereits dadurch genügt, daß durch § 105 BVerfGG nur die Ausübung der Disziplinargewalt beim Bundesverfassungsgericht konzentriert wäre. Daß § 105 und also auch § 105 Abs. 1 Nr. 2, 1. Alt. BVerfGG gleichwohl materielles Amtsrecht der Richter des Bundesverfassungsgerichts regeln, kann demzufolge nur mit der besonderen Funktion des Bundesverfassungsgerichts, deren Wahrnehmung den Gerichtsmitgliedern obliegt, erklärt werden. § 105 und damit auch § 105 Abs. 1 Nr. 2, 1. Alt. BVerfGG sollen also nicht nur dem Gebot der Disziplinarautonomie Rechnung tragen, sondern gleichermaßen das Ansehen der Institution Bundesverfassungsgericht und damit die soziale Wirkkraft verfassungsgerichtlicher Urteile sichern. Eine funktionsbezogene Interpretation der „moralischen Verwerflichkeit" wird deshalb dem Sinn der gesetzlichen Regelung in vollem Umfang gerecht.

Für die Auslegung des § 105 Abs. 1 Nr. 2, 1. Alt. BVerfGG ergibt sich aus diesem Ansatz, daß all jene strafbaren Verhaltensweisen eines Verfassungsrichters, die zu einer gerichtlichen Verurteilung geführt haben, moralisch verwerflich sind und deshalb entehrend wirken, weil sie vernünftigerweise[357] geeignet sind, das der verfassungsrichterlichen Tätigkeit entgegengebrachte Vertrauen und damit gleichzeitig die Glaubwürdigkeit verfassungsgerichtlicher Rechtsprechung zu erschüttern. Die dem Bundesverfassungsgericht zugewiesene Aufgabe, durch letztverbindliche Interpretation des Grundgesetzes im gesamten Bereich des staatlichen Lebens Rechtsfrieden zu gewährleisten[358], kann nämlich sinnvollerweise nur erfüllt werden, wird den verfassungsgerichtlichen Urteilen ein besonderes Maß an Akzeptanz entgegengebracht. Diese Bereitschaft zur Akzeptanz wird wesentlich auch durch die Reputation der einzelnen Verfassungsrichter beeinflußt, sind sie es doch, die letztverbindlich auch ethische Begriffe, die das Grundgesetz in reichem Maße enthält (z. B. Menschenwürde, Sittengesetz, Sozialstaatsprinzip), auszulegen und diesen Durchsetzungskraft zu verleihen haben. Hieraus erhellt, daß sich ein seiner Reputation abträgliches Verhalten des Verfassungsrichters auch nachteilig für das Ansehen des Bundesverfassungsgerichts im Rechtsleben auswirkt und die Erfüllung der ihm obliegenden Aufgabe gefährdet.

Durch dieses Verständnis des § 105 Abs. 1 Nr. 2, 1. Alt. BVerfGG ist gleichzeitig auch die Antwort auf die Frage nach dem Verhältnis zur zweiten Alternative des § 105 Abs. 1 Nr. 2 BVerfGG vorgegeben. Wie die vorstehenden Ausführungen deutlich machen, ist der Anwendungsbereich der zweiten Alternative nicht notwendigerweise von dem der ersten Alternative mitumfaßt.

---

[357] Ob dem strafgesetzwidrigen Verhalten eines Verfassungsrichters die beschriebene Wirkung zuzumessen ist, kann nicht allein in einem demoskopischen Verfahren, das die Sozialpsyche erfaßt, ermittelt werden; vielmehr bedarf es gegebenenfalls der Korrektur anhand eines normativen Kriteriums, das, bezogen auf das Menschenbild des GG, festlegt, welche Verhaltensweisen vernünftiger- und billigerweise als vertrauensmindernd zu bewerten sind.

[358] Vgl. *H. G. Rupp,* S. 405.

Eine solche Teilkongruenz wäre jedoch begrifflich Voraussetzung, um § 105 Abs. 1 Nr. 2, 1. Alt. BVerfGG Auffangcharakter gegenüber § 105 Abs. 1 Nr. 2, 2. Alt. BVerfGG zumessen zu können. § 105 Abs. 1 Nr. 2, 1. Alt. und § 105 Abs. 1 Nr. 2, 2. Alt. BVerfGG stehen deshalb — systematisch gesehen — nicht im Verhältnis der Spezialität, sondern gleichgeordnet nebeneinander. Jede der genannten Tatbestandsalternativen ist dazu bestimmt, die andere im Hinblick auf den durch § 105 BVerfGG verfolgten Zweck zu ergänzen.

IV. Grobe Pflichtverletzung, die ein Verbleiben im Amt ausschließt (§ 105 Abs. 1 Nr. 2, 3. Alt. BVerfGG)

Nach § 105 Abs. 1 Nr. 2, 3. Alt. BVerfGG kann ein Verfassungsrichter schließlich entlassen werden, wenn er sich einer so groben Pflichtverletzung schuldig gemacht hat, daß sein Verbleiben im Amt ausgeschlossen ist.

Im folgenden soll nur das richterliche Verhalten betrachtet werden, das im Rahmen der Amtsführung rechtlich relevant ist. Das Verhalten des Bundesverfassungsrichters außerhalb des Amtes, d. h. losgelöst von seiner gesamten Amtstätigkeit, wird in Teil 3 dieser Darstellung untersucht werden. Auch geht es im folgenden nicht um diejenigen Verhaltensweisen des Verfassungsrichters, von den oben dargelegt wurde[359], daß ihre Sanktion ausschließlich in der Verurteilung wegen Rechtsbeugung bestehen kann, d. h. also um diejenigen Verhaltensweisen, die in unmittelbarem Zusammenhang mit der spezifischen Aufgabe des Richters zur Streitentscheidung stehen. Das Verhalten des Richters im Amt, das eine spezifische richterliche Tätigkeit in diesem Sinne nicht ist, kann zu einer groben Pflichtverletzung führen, die nicht mit der Sanktion des § 336 StGB geahndet werden kann. Wollte man in einer spezifischen richterlichen Amtsverfehlung gleichzeitig eine Rechtsbeugung und eine grobe Pflichtverletzung sehen, wäre es denkbar, daß der Bundesverfassungsrichter zwar nicht wegen Rechtsbeugung verurteilt wird, aber doch wegen grober Pflichtverletzung entlassen werden könnte. Ein solches Ergebnis würde geeignet sein, die verfassungsrechtlich auch für Verfassungsrichter verbürgte richterliche Unabhängigkeit zu beeinträchtigen, denn wenn man — wie schon dargelegt — den Standpunkt vertritt, daß der Richter bei spezifisch richterlicher Tätigkeit exklusiv der Sanktion der Verurteilung wegen Rechtsbeugung unterliegt, folgt das aus dem Gedanken, daß die richterliche Unabhängigkeit mit dieser Ausschließlichkeit gegen alle Versuche der Beeinträchtigung geschützt sein soll.

Zu der Frage, welche Pflichten im einzelnen an das Amt des Richters am Bundesverfassungsgericht geknüpft sind, ist der Vorschrift des § 105 ebensowenig etwas zu entnehmen wie den übrigen Normen des Bundesverfassungsgerichtsgesetzes. Nur § 11 Abs. 1 BVerfGG auferlegt die Verpflichtung zur

---

359 Vgl. oben Teil 2 C II 1.

Eidesleistung[360]. Eine Untersuchung, die den Anwendungsbereich des § 105 Abs. 1 Nr. 2, 3. Alt. BVerfGG bestimmen soll, hat sich deshalb zunächst dieser Problematik zuzuwenden.

1. Die Pflichtenstellung der Richter des Bundesverfassungsgerichts

In erster Linie wird die persönliche Rechtsstellung der Mitglieder kollegialer Verfassungsorgane durch die Verfassung selbst geregelt[361]. Eine Durchsicht des Grundgesetzes erweist jedoch, daß sich aus ihm konkrete Amtspflichten nicht deduzieren lassen. Es enthält in Art. 94 Abs. 1 nur „gewisse Leitsätze für die personelle Besetzung"[362] des Gerichts, überläßt im übrigen die Regelung der personellen Verfassung gemäß Art. 94 Abs. 2 dem einfachen Gesetzgeber[363]. Demzufolge sind nunmehr die einfachgesetzlichen Bestimmungen, die ihre Grundlage in Art. 94 Abs. 2 GG finden, im Hinblick darauf zu untersuchen, ob sie mit dem Amt des Richters am Bundesverfassungsgericht Rechtspflichten verbinden. Eine Überprüfung des Bundesverfassungsgerichtsgesetzes ist allerdings entbehrlich, da es — wie bereits festgestellt — außer in § 11 Abs. 1 zu dieser Frage keine Aussage trifft. Doch nicht nur das Bundesverfassungsgerichtsgesetz wurde in Konsequenz dieser verfassungsgesetzlichen Regelungskompetenz in Kraft gesetzt, auch das Deutsche Richtergesetz ist aufgrund des Art. 94 Abs. 2 GG insoweit erlassen, als es die Richter des Bundesverfassungsgerichts in den Kreis seiner Regelungsadressaten einbezieht[364]. Es ist daher im folgenden zu prüfen, inwieweit das Deutsche Richtergesetz — kompetenzgemäß erlassen — auf die Richter des Bundesverfassungsgerichts anwendbar ist und deren Pflichtenstellung regelt[365]. Wegen des Wortlauts des § 69 DRiG erhebt sich nämlich die Frage, in welchem Umfang die im Deutschen Richtergesetz genannten Pflichten auch für Verfassungsrichter Geltung beanspruchen, denn diese Vorschrift erklärt, daß wegen deren besonderen Rechtsstellung gegebenenfalls nur eine sinngemäße Anwendung in Betracht kommt oder gar die Normen des Deutschen Richtergesetzes gänzlich außer Betracht zu bleiben haben.

---

360 Vgl. *W. Geiger,* a. a. O. (Fn. 12), § 11 Anm. 1; *H. Lechner,* § 12 Erl. 12 Zu Abs. 1; *F. Klein* in *Maunz/Schmidt-Bleibtreu/Klein/Ulsamer,* § 11 Rdn. 1.
361 Vgl. *A. Köttgen,* S. 204, der im Zweifel die verfassungsrechtliche Regelung als abschließend qualifiziert; a. A., jedenfalls soweit die Rechtsstellung der Richter des BVerfG in Frage steht, *K. Stern* in Bonner Kommentar, Art. 94 Rdn. 4.
362 *v. Mangoldt/Klein,* Art. 94 Anm. 2; vgl. auch *J. Wintrich/H. Lechner,* Die Grundrechte Bd. 3 Hlbbd. 2, S. 689, die Art. 94 GG im Hinblick auf die Organisation des BVerfG als unvollständige Regelung bezeichnen; ähnlich *Hamann/Lenz,* S. 606: Art. 94 als Rahmenvorschrift; so offenbar auch BVerfG, Beschl. v. 16. 6. 1965, BVerfGE 19, 88 (91).
363 Vgl. *K. Stern* in Bonner Kommentar, Art. 94, Rdn. 4.
364 Diese Auffassung wird wohl auch von *K. Stern* in Bonner Kommentar, Art. 94 Rdn. 4, geteilt, der das Deutsche Richtergesetz — in den Grenzen seiner Anwendbarkeit — als das GG insoweit ergänzende Regelung bezeichnet; vgl. auch *B. Schmidt-Bleibtreu* in *Maunz/Schmidt-Bleibtreu/Klein/Ulsamer,* vor §§ 98—105 Rdn. 5, § 105 Rdn. 6, der die Anwendbarkeit des Deutschen Richtergesetzes bejaht.
365 Ablehnend *H. Laufer,* S. 316.

Das richterliche Dienstrecht wird durch die Vorschriften des Deutschen Richtergesetzes nicht abschließend normiert; zur Ergänzung sind nach § 46 DRiG die Vorschriften des Bundesbeamtenrechts heranzuziehen. Demnach hat sich das Augenmerk bei Untersuchung der Frage, welchem Verhaltenskodex die Richter des Bundesverfassungsgerichts unterworfen sind, entsprechend dem Grad der Subsidiarität auch auf diese beamtenrechtlichen Normen zu erstrecken[366].

Ob darüber hinaus auch gewohnheitsrechtliche Normen die Pflichtenstellung der Richter des Bundesverfassungsgerichts prägen können[367] und demgemäß im Rahmen der nachfolgenden Darstellung zu behandeln sind, erscheint zweifelhaft. Gewohnheitsrechtliche Normen entstehen durch ein über längere Zeit hinweg, im Bewußtsein der Rechtsüberzeugung praktiziertes Verhalten von Mitgliedern der Rechtsordnung[368]. Zwar sind auch Richter grundsätzlich diesem Kreis zugehörig; ihnen kommt jedoch von Verfassungs wegen nur die Aufgabe zu, das Recht anzuwenden und gegebenenfalls dessen Entstehung festzustellen, nicht jedoch, solches durch tatsächliche Übung zu kreieren[369]. Ein richterliches Verhalten, auch über einen längeren Zeitraum praktiziert, kann daher die Entstehung von Gewohnheitsrecht nicht begründen[370]. Die in der Denkschrift des Bundesverfassungsgerichts für die Frage nach der Pflichtenstellung der Verfassungsrichter vertretene gegenteilige Ansicht[371] überzeugt deshalb letztlich nicht.

Gleiches muß auch für die Auffassung gelten, die aus dem von den Verfassungsrichtern zu leistenden Amtseid[372] bzw. aus deren Gewissen[373] originäre, d. h. andernorts nicht normierte Rechtspflichten ableiten will. Der Amtseid kann nämlich nicht zu etwas berechtigen oder verpflichten, was die Verfassung bzw. die auf ihrer Grundlage erlassenen einfachgesetzlichen Vorschrif-

---

366 Die Anwendbarkeit des Bundesbeamtengesetzes bejahen *B. Schmidt-Bleibtreu* in *Maunz/Schmidt-Bleibtreu/Klein/Ulsamer,* vor §§ 98—105 Rdn. 5, § 105 Rdn. 6, und *K. Stern* in Bonner Kommentar, Art. 94 Rdn. 4; a. A. auch insoweit *H. Laufer,* S. 316. Eine Auseinandersetzung mit der weitergehenden Ansicht, die davon ausgeht, daß den Richtern des BVerfG auch aus der Geschäftsführung des BVerfG Pflichten erwachsen (so. *B. Schmidt-Bleibtreu* in *Maunz/Schmidt-Bleibtreu/Klein/Ulsamer,* vor §§ 98—105 Rdn. 5), ist entbehrlich, da sich deren Vorschriften nur mit dem Bereich der spezifisch richterlichen Tätigkeit befassen, dieser jedoch aus Rechtsgründen aus dem Regelungsbereich des § 105 Abs. 1 Nr. 2, 3. Alt. BVerfGG ausgegrenzt wurde (vgl. Teil 2 C IV vor 1).
367 So *H. Höpker-Aschoff,* JöR Bd. 6 n. F., S. 146.
368 Vgl. *K. Larenz,* S. 341.
369 Ähnlich *Th. Mayer-Maly,* JZ 1986, S. 561, l. Sp.: „Wer zum Ergebnis gelangt, Legislative und Justiz seien ‚letztlich mit prinzipiell gleichem Rang dazu berufen, das Recht zu schaffen' (*Th. Raiser,* ZRP 1985, 111, 116), geht von einem Verfassungsverständnis aus, das mit Art. 20 Abs. 3 GG und Art. 92 GG nicht mehr zu vereinen ist".
370 Grundsätzliche Bedenken gegen die Entstehung von Gewohnheitsrecht durch die Rechtsprechung bei *K. Doehring,* Rechtsprechung, S. 549 f.; vgl. auch *F. Müller,* Richterrecht, S. 76, 79, 81; a. A. *K. Larenz,* S. 416; ebenso *Maunz/Zippelius,* S. 48, die die Entstehung von Verfassungsgewohnheitsrecht durch die Rechtsprechung des BVerfG für möglich erachten.
371 *H. Höpker-Aschoff,* JöR Bd. 6 n. F., S. 146.
372 So *H. Höpker-Aschoff,* JöR Bd. 6 n. F., S. 146 ohne nähere Begründung; *B. Schmidt-Bleibtreu* in *Maunz/Schmidt-Bleibtreu/Klein/Ulsamer,* § 105 Rdn. 6.
373 So *H. Höpker-Aschoff,* JöR Bd. 6 n. F., S. 146 ohne nähere Begründung.

ten nicht enthalten[374]. Seinem Charakter nach ist der Amtseid nur das feierliche Gelöbnis[375], die mit dem Richteramt ohnehin verbundenen Pflichten einhalten zu wollen. Der Schwur, als gerechter Richter alle Zeit das Grundgesetz der Bundesrepublik Deutschland getreulich zu wahren und die richterlichen Pflichten gegenüber jedermann gewissenhaft zu erfüllen[376], soll den Schwörenden nachhaltig daran erinnern, wie groß die ihm übertragene Verantwortung ist und wie hoch die in ihn gesetzte Erwartung ist, daß er ihr genügen werde. Durch die Eidesleistung sollen dem Schwörenden seine Pflichten eindringlich bewußt gemacht und er „zu erhöhter pflichtmäßiger Aufmerksamkeit und zu gewissenhafter Erfüllung seiner Obliegenheiten"[377] angehalten werden. Inhaltlich reicht deshalb die sich aus der Eidesleistung ergebende Verpflichtung nicht weiter als die ohnehin bestehenden Amtspflichten[378].

Auch das Gewissen der Bundesverfassungsrichter kann für diese originäre, d. h. andernorts nicht geregelte Verhaltenspflichten nicht begründen. Der Grund hierfür liegt in der mangelnden Rechtsverbindlichkeit seiner Verhaltensgebote. Dem Gewissen fehlt die rechtsverbindliche Kraft, die Gesetzesnormen zukommt. Der einzelne Verfassungsrichter mag zwar sein Gewissen für sich als verpflichtend empfinden und folglich bestrebt sein, dessen Geboten zu folgen. Gänzlich ungewiß und damit ungesichert bliebe jedoch auch dann, ob die übrigen Verfassungsrichter diese durch das Gewissen eines Verfassungsrichters vorgegebenen Verhaltensweisen als für sich verbindlich akzeptieren. Sie könnten sich nämlich mit der gleichen Berechtigung auf ihr Gewissen berufen, das möglicherweise eine abweichende Verhaltensweise gebietet. Das Gewissen eines Verfassungsrichters als Rechtsquelle für Amtspflichten anzuerkennen, hätte somit zu Konsequenz, daß sich ein für alle Verfassungsrichter geltender Verhaltenskodex nicht mehr ermitteln ließe. Ein Ergebnis, das mit der hergebrachten rechtsstaatlichen Forderung nach Rechtssicherheit, nach Vorhersehbarkeit und Berechenbarkeit des Rechts[379] nicht vereinbar wäre. Demgemäß sind die Amtspflichten der Bundesverfassungsrichter einem durch das Gewissen geprägten, subjektiven Verständnis nicht zugänglich.

Die nachfolgende Untersuchung hat sich deshalb, entsprechend der eingangs aufgezeigten Systematik, allein mit den Normen des Deutschen Richtergesetzes sowie jenen des Bundesbeamtengesetzes zu befassen.

---

374 So zur ähnlich gelagerten Problematik, ob das Prüfungsrecht des Bundespräsidenten originär aus seinem Amtseid ableitbar sei, treffend *K. Doehring,* a. a. O. (Fn. 7), S. 204 f.
375 *F. Klein* in *Maunz/Schmidt-Bleibtreu/Klein/Ulsamer,* § 11 Rdn. 1.
376 Zum Wortlaut der Eidesformel vgl. § 11 Abs. 1 BVerfGG.
377 *H. Bally,* S. 100 unter Bezugnahme auf die preußische Kabinettsorder v. 11. 8. 1832.
378 So schon *H. Bally,* S. 99 f. unter Hinweis auf die preußische Kabinettsorder v. 11. 8. 1832; ebenso *F. Klein* in *Maunz/Schmidt-Bleibtreu/Klein/Ulsamer,* § 11 Rdn. 4.
379 Vgl. *K. Stern,* a. a. O. (Fn. 7), S. 796 f.; *R. Herzog* in *Maunz/Dürig,* Art. 20 VII. Abschnitt Rdn. 61 f.; *F. E. Schnapp* in GGK, Art. 20 Rdn. 23; *Maunz/Zippelius,* S. 87 f.; *K. Doehring,* a. a. O. (Fn. 7), S. 234; zu dem Gebot der Rechtssicherheit vgl. insbes. *Ph. Kunig,* S. 193 mit umfassenden Rechtsprechungs- und Literaturnachweisen in Fn. 412, 415 und 418.

a) Die Pflichten der Richter des Bundesverfassungsgerichts nach dem Deutschen Richtergesetz

Das Deutsche Richtergesetz enthält, wie bereits festgestellt, keine vollständige Regelung des richterlichen Dienstrechts. Es beschränkt sich auf die für die Richter besonders wesentlichen Materien, die deren Rechtsstellung kennzeichnen und die Unterschiede gegenüber der Amtsstellung der Angehörigen der anderen Staatsgewalten sinnfällig zum Ausdruck bringen. Hierbei soll nicht übersehen werden, daß sich innerdienstliche Pflichten der Richter, soweit sie die nicht spezifisch richterliche Tätigkeit betreffen, auch aus dem Beamtenrecht ergeben; die diesbezüglichen Normen werden an späterer Stelle behandelt werden[380].

Auch hinsichtlich des richterlichen Pflichtengefüges hält das Deutsche Richtergesetz in den §§ 38 ff. nur einige Bestimmungen von grundsätzlicher Bedeutung[381] bereit. Dem einfachgesetzlichen Regelungsbedarf entsprechend wird durch diese Gesetzesvorschriften größtenteils nur das außerdienstliche Verhalten der Richter einer Reglementierung unterworfen; für den innerdienstlichen Bereich besteht ein vergleichbarer Regelungsbedarf nicht, da die Verfassung selbst insoweit eine konkrete Aussage trifft, als sie den Richtern durch Art. 97 Abs. 1 GG die sachliche Unabhängigkeit garantiert. Demgemäß hat dieser Bereich durch die Normen des Deutschen Richtergesetzes lediglich insoweit eine nähere Ausgestaltung erfahren, als der Richter nach § 42 DRiG verpflichtet ist, eine Nebentätigkeit in der Rechtspflege und in der Gerichtsverwaltung zu übernehmen und ihm gemäß § 39 DRiG zur Pflicht gemacht wird, sich, auch bei politischer Betätigung, so zu verhalten, daß das Vertrauen in seine Unabhängigkeit nicht gefährdet wird. Darüber hinaus ist dem Richter durch § 38 DRiG die Pflicht auferlegt, alsbald nach seiner Ernennung[382] den Amtseid zu leisten.

Von den genannten Gesetzesbestimmungen kommt als auf Verfassungsrichter anwendbare Vorschrift nur § 39 DRiG in Betracht. § 38 DRiG ist deshalb auszuscheiden, weil die Verpflichtung der Verfassungsrichter zur Eidesleistung spezialgesetzlich in § 11 Abs. 1 BVerfGG normiert wurde[383]. Auch § 42 DRiG ist insoweit die Geltung zu versagen, da die Richter des Bundesverfassungsgerichts kraft ihrer besonderen Rechtsstellung zur Übernahme einer Nebentätigkeit auch in der Rechtspflege oder in der Gerichtsverwaltung nicht verpflichtet sind[384]. Die Verpflichtung zur Übernahme einer Nebentätigkeit hat nämlich zur Voraussetzung, daß einem Staatsorgan die Kompetenz eingeräumt ist, eine solche anzuordnen[385]. Mit anderen Worten, nur der-

---

380 Vgl. unten Teil 2 C IV 1 b.
381 *G. Schmidt-Räntsch,* Vorbemerkung § 38, geht davon aus, daß in den §§ 38 ff. DRiG die richterlichen „Grundpflichten" geregelt werden.
382 *G. Schmidt-Räntsch,* § 38 Rdn. 7.
383 So auch *G. Schmidt-Räntsch,* § 69 Rdn. 3.
384 So auch *G. Schmidt-Räntsch,* § 69 Rdn. 3, ohne nähere Begründung.
385 So schon § 64 BBG, der einen Beamten verpflichtet, *auf Verlangen seiner obersten Dienstbehörde* (Hervorhebung vom Verf.) eine Nebentätigkeit im öffentlichen Dienst zu übernehmen.

jenige ist zur Übernahme einer Nebentätigkeit verpflichtet, der der Weisungsgewalt eines Dienstvorgesetzten unterworfen ist. Verfassungsrichter sind jedoch aufgrund ihrer Zugehörigkeit zu einem Verfassungsorgan und mangels entsprechender grundgesetzlicher Regelung einer solchen Subordination nicht ausgesetzt[386]. Als Träger der Institution Bundesverfassungsgericht nehmen sie die dem Bundesverfassungsgericht zugewiesenen Kompetenzen wahr. Die Ausübung der dem Bundesverfassungsgericht zugewiesenen Kompetenzen durch die Verfassungsrichter ist Kompetenzausübung durch das Bundesverfassungsgericht selbst. Um dem Gewaltenteilungsgrundsatz des Grundgesetzes (Art. 20 Abs. 2 Satz 2) zu entsprechen, darf diese nicht von weiteren als von der Verfassung selbst vorgesehenen Abhängigkeiten beeinflußt werden. Das das Grundgesetz insoweit nur die Bindung an Gesetz und Recht (Art. 20 Abs. 3 GG) nennt und damit eine darüber hinausgehende Beeinflussung ausschließt, eine solche jedoch aufgrund einer Unterordnung der Verfassungsrichter unter ein anderes Staatsorgan bewirkt werden könnte, stehen Verfassungsrichter in einer derartigen Rechtsbeziehung nicht[387]. Kraft ihrer besonderen Rechtsstellung ist für sie auch zu dem Präsidenten des Bundesverfassungsgerichts eine solche nicht begründet[388]. Im Kreis der Verfassungsrichter ist der Präsident nur primus inter pares[389], weiterreichende Kompetenzen kommen ihm lediglich gegenüber dem nicht-richterlichen Personal des Bundesverfassungsgerichts zu[390].

Da es so nur um die Ausübung des Richteramtes gehen kann, müssen nun Feststellungen darüber getroffen werden, ob und inwieweit § 39 DRiG für die Rechtsstellung von Verfassungsrichtern von Bedeutung ist. § 39 DRiG verpflichtet die Richter, „von sich aus alles zu tun"[391], damit das Vertrauen der Allgemeinheit in die ihnen von Art. 97 Abs. 1 GG gewährte Unabhängigkeit nicht gefährdet wird. Durch die Auferlegung dieser Pflicht wird einfachgesetzlich herausgestellt, daß diese Unabhängigkeit dem Richter nicht um seiner Person willen gewährleistet ist, sondern unmittelbar aus dem im Grundgesetz verankerten Prinzip des Rechtsstaates[392]

---

386 So wohl auch *G. Schmidt-Räntsch,* § 26 Rdn. 9, der die Frage, ob die Richter des BVerfG einer Dienstaufsicht unterworfen sind, verneint; ebenso *H. Laufer,* S. 315, der zu diesem Ergebnis jedoch aufgrund der Annahme eines „eigenen, durch die Verfassung verliehenen verfassungsrechtlichen Status" der Richter des BVerfG gelangt.
387 Vgl. zu dieser Argumentation oben unter Teil 2 B nach Fn. 92.
388 Ebenso wohl *G. Schmidt-Räntsch,* § 26 Rdn. 9, der auch dem Präsidenten des BVerfG dienstaufsichtsrechtliche Kompetenzen im Hinblick auf die Richter des BVerfG versagt; *H. Laufer,* S. 315, gelangt zu diesem Ergebnis aufgrund der Annahme eines „eigenen, durch die Verfassung verliehenen verfassungsrechtlichen Status" der Richter des BVerfG.
389 *K. Stern* in Bonner Kommentar, Art. 94 Rdn. 32 Fn. 6.
390 Eine gute Übersicht über die Kompetenzen des Präsidenten des BVerfG hinsichtlich des nicht-richterlichen Personals bietet *H. Laufer,* S. 326; zu den Kompetenzen des Präsidenten im übrigen vgl. *F. Klein* in *Maunz/Schmidt-Bleibtreu/Klein/Ulsamer,* § 9 Rdn. 7.
391 *G. Schmidt-Räntsch,* § 39 Rdn. 3.
392 Seine normative Verortung im GG ist nicht abschließend geklärt. Das BVerfG, Entscheidung v. 1. 7. 1953, BVerfGE 2, 380 (403), hat hierzu ausgeführt, das Rechtsstaatsprinzip gehöre nicht zu den geschriebenen Sätzen der Verfassung, sondern zu den allgemeinen Grundsätzen und Leitideen, die der Verfassungsgeber nicht in einem besonderen Rechtssatz

folgt[393]. Die Unabhängigkeit der Rechtsprechung und der sie ausübenden Amtsträger ist das notwendige Korrelat zu der von der Verfassung in Art. 20 Abs. 3 GG vorgeschriebenen Bindung des Richters an Gesetz und Recht[394]. Die Unabhängigkeit der Richter soll gewährleisten, daß diese die zu treffenden Entscheidungen nur aus dem Gesetz, d. h. aus der Summe aller geschriebenen und ungeschriebenen Rechtsnormen, entnehmen und anderen Erwägungen, Weisungen und Rücksichten keinen Einfluß auf die zu fällenden Entscheidungen einräumen[395], mit anderen Worten, daß die Maxime richterlichen Handelns allein Recht und Gesetz sei. Hieran wird deutlich, daß die von Verfassungs wegen verbürgte Unabhängigkeit des Richters nicht zu dessen Disposition steht[396], sondern dieser das ihm übertragene Amt jederzeit getreu diesem Grundsatz wahrzunehmen hat. Die grundgesetzlich gewährte Unabhängigkeit ist damit für den Richter Privileg und Verpflichtung zugleich[397]. Auch außerhalb seiner spezifisch richterlichen Tätigkeit kann er sich dieser Bindung nicht entziehen, wird doch die soziale Wirkkraft gerichtlicher Entscheidungen von der Akzeptanzbereitschaft bestimmt, die diesen Hoheitsakten von den Prozeß- und Verfahrensbeteiligten entgegengebracht wird und die im wesentlichen auf dem Vertrauen in die richterliche Unabhängigkeit beruht[398]. § 39 DRiG, der den Richter zur Bewahrung des ihm entgegengebrachten Vertrauens verpflichtet, ist deshalb nur die notwendige

---

konkretisiert habe; es ergebe sich aus einer Zusammenschau der Bestimmungen des Art. 20 Abs. 3 GG und der Art. 1 Abs. 3, 19 Abs. 4, 28 Abs. 1 Satz 1 GG sowie aus der Gesamtkonzeption des GG; ähnlich BVerfG v. 26. 2. 1969, BVerfGE 25, 269 (290); BVerfG v. 21. 6. 1977, BVerfGE 45, 187 (246). Diese Auffassung vertritt offenbar auch *K. Hesse*, S. 72, wenn er formuliert, die Geltung des Rechtsstaatsprinzips für den Bund sei zwar nicht ausdrücklich normiert, vom GG aber vorausgesetzt. In BVerfGE 30, 1 (24), Entscheidung v. 15. 12. 1970, wird bekräftigt, daß das Rechtsstaatsprinzip nicht in Art. 20 GG „niedergelegt" sei. Demgegenüber benennen BVerfG v. 8. 5. 1973, BVerfGE 35, 41 (47), BVerfG v. 22. 1. 1975, BVerfGE 39, 128 (143), BVerfG v. 19. 4. 1978, BVerfGE 48, 210 (221) Art. 20 Abs. 3 GG als grundgesetzliche Verankerung. Nach *R. Herzog* in *Maunz-Dürig*, Art. 20 I. Abschnitt Rdn. 28 f., VII. Abschnitt Rdn. 31—35, kann das Rechtsstaatsprinzip auf zweifache Weise aus dem Verfassungstext erhoben werden: einerseits unmittelbar aus der Staatsfundamentalnorm des Art. 20 GG, zum anderen aber auch als ein allgemeiner Rechtsgrundsatz durch eine Gesamtschau der mit ihm inhaltlich zusammenhängenden „Ausführungsbestimmungen" des GG.

393 Vgl. *G. Schmidt-Räntsch*, § 39 Rdn. 3; *Gerner/Decker/Kaufmann,* § 25 Rdn. 6; aus der staatsrechtlichen Literatur vgl. etwa *R. Herzog* in *Maunz/Dürig*, Art. 20 VII. Abschnitt Rdn. 27; *Hamann/Lenz*, S. 612; ebenso *W. Meyer* in GGK, Art. 97 Rdn. 2, für die Unabhängigkeit der Richter von der vollziehenden Gewalt; *K. Stern*, a. a. O. (Fn. 9), S. 907, sieht einen engen Zusammenhang zwischen den Prinzipien der Unabhängigkeit und der Gesetzesunterworfenheit des Richters und dem Rechtsstaatsprinzip.
394 Vgl. *Kern/Wolf*, S. 112; *K. A. Bettermann,* Richterliche Unabhängigkeit, S. 45 f.; umgekehrt *ders.,* Die Grundrechte Bd. 3 Hlbbd. 2, S. 531; ebenso *K. Stern*, a. a. O. (Fn. 9), S. 907; *P. Badura*, S. 453.
395 So ausdrücklich *K. A. Bettermann,* a. a. O. (Fn. 394), S. 46.
396 Vgl. *Gerner/Decker/Kaufmann,* § 25 Rdn. 6; *G. Schmidt-Räntsch,* § 39 Rdn. 3.
397 Ähnlich *P. Badura*, S. 453: „. . . Recht und Pflicht des Richters bilden einen unauflöslichen Zusammenhang".
398 Ähnlich *K. Doehring,* DRiZ 1987, S. 7, r. Sp., der die Sicherung der Autorität des Rechts durch die Gerichte nur gewährleistet sieht, „wenn man ihm [dem Richter] glaubt, daß er nur Recht anwendet und nicht eigene Wertungen einsetzt".

Konsequenz aus der unabänderlich[399] verbürgten richterlichen Unabhängigkeit[400]. Er konkretisiert letztlich nur die in Art. 97 Abs. 1 GG selbst angelegte Verpflichtung der Richter, sich der ihnen übertragenen Funktion gemäß zu verhalten. Da Art. 97 Abs. 1 GG gleichermaßen für Verfassungsrichter Geltung beansprucht[401], hat diese Richtergruppe ebenfalls jener Verpflichtung zu genügen.

Ist demnach davon auszugehen, daß die Richter des Bundesverfassungsgerichts grundsätzlich in den persönlichen Anwendungsbereich des § 39 DRiG einbezogen sind[402], stellt sich doch die Frage, ob dies auch für die dort besonders hervorgehobene Fallgruppe der „politischen Betätigung" gilt, kann doch schon häufig die politische Relevanz verfassungsgerichtlicher Entscheidungen aus dem Zuständigkeitskatalog des Bundesverfassungsgerichts in Art. 93 GG abgelesen werden. Auch § 18 Abs. 1 und Abs. 2 BVerfGG scheinen die These zu stützen, die politische Betätigung von Verfassungsrichtern sei der Beschränkung des § 39 DRiG nicht unterworfen. Nach § 18 Abs. 1 und Abs. 2 BVerfGG ist ein Richter des Bundesverfassungsgerichts von der Ausübung seines Richteramtes nicht ausgeschlossen, obwohl er wegen Zugehörigkeit zu einer politischen Partei am Verfahrensausgang interessiert ist.

Hieraus könnte der Schluß gezogen werden, daß den Verfassungsrichtern im Vergleich zu den übrigen Richtern größere politische Betätigungsfreiheit zugestanden sei. Die angeführte Regelung könnte als Beleg dafür verstanden werden, daß eine aktive Teilnahme des Verfassungsrichters am politischen Leben ihm nicht verwehrt, sondern eher wünschenswert sei. Daürber hinaus könnte eine zusätzliche Bestätigung dieser Auffassung auch in dem Berufungsmodus der Bundesverfassungsrichter gesehen werden, der wiederholt den Gegenstand heftiger Kritik bildete[403]. Nach Art. 94 Abs. 1 Satz 2 GG werden die Mitglieder des Bundesverfassungsgerichts im Gegensatz zu den Richtern im übrigen[404] je zur Hälfte von Bundestag und Bundesrat gewählt. Die Verfassung selbst trägt damit dem Umstand Rechnung, daß der berufliche Werdegang des als Verfassungsrichter gewünschten Personenkreises (ehemalige aktive Politiker, Richter oberer Bundesgerichte, Hochschullehrer oder sonstige besonders profilierte Juristen)[405] öffentliche Stellungnahmen zu politischen Themen erfordert und somit eine politische Prägung voraus-

---

399 Vgl. *Th. Maunz/G. Dürig* in *Maunz-Dürig,* Art. 79 Rdn. 48; *B.-O. Bryde* in GGK, Art. 79 Rdn. 43; ebenso auch *R. Wassermann* in AK-GG, Art. 97 Rdn. 14.
400 Ähnlich *P. Badura,* S. 453, der den mit § 39 DRiG verfolgten Zweck in der Wahrung der richterlichen Unabhängigkeit sieht.
401 Vgl. oben Teil 2 A I.
402 So auch, allerdings ohne nähere Begründung, *Th. Maunz* in *Maunz/Schmidt-Bleibtreu/Klein/Ulsamer,* § 3 Rdn. 1; *G. Schmidt-Räntsch,* § 69 Rdn. 5; *W. K. Geck,* a. a. O. (Fn. 2), S. 94.
403 Zum Streitstand insbes. der fünziger Jahre vgl. *W. Billing,* S. 229 ff. mit eingehenden Literaturnachweisen.
404 Zu deren Berufungsverfahren vgl. *K. Stern,* a. a. O. (Fn. 9), S. 358 f. Eine Ausnahme insoweit stellt jedoch auch das Berufungsverfahren der Landesverfassungsrichter dar. Sie werden ebenfalls durch parlamentarische Gremien gewählt. Zu den landesrechtlichen Berufungsverfahren im einzelnen vgl. *K. Stern,* Verfassungsgerichtsbarkeit, S. XXXV ff.
405 Vgl. *M. Stadler,* S. 26; *F. Klein* in *Maunz/Schmidt-Bleibtreu/Klein/Ulsamer,* § 18 Rdn. 7.

setzt, die nicht im Augenblick des Wahlaktes abgestreift werden kann, sondern auch dem gewählten Kandidaten in seinem Amt als Verfassungsrichter anhaftet[406]. Wäre dies nicht zumindest auch der rechtspolitische Hintergrund für die Regelung des Art. 94 Abs. 1 Satz 2 GG, hätte es näher gelegen, als Berufungsmodus der Verfassungsrichter etwa ein Wahlverfahren durch Expertengruppen, orientiert an wissenschaftlicher Dignität oder anderen fachspezifischen Gesichtspunkten, vorzusehen. Wirkt also die politische Prägung auch während der Stellung als Verfassungsrichter und somit während der Mitgliedschaft in einem Verfassungsorgan fort, scheint aus Gründen der repräsentativen Demokratie eine demokratische Legitimation[407] der Gerichtsmitglieder geboten, welche mittels der Wahl durch die parlamentarischen Körperschaften bewirkt wird[408]. Wenn demnach der Richter des Bundesverfassungsgerichts nicht als politisches Neutrum, sondern gerade als politisch geprägte Persönlichkeit gewählt wird, ist es — so könnte argumentiert werden — nicht einsichtig, daß er nach seiner Wahl soll nicht mehr als solche in die Öffentlichkeit hineinwirken können. Der Ansicht, die politische Betätigung der Verfassungsrichter sei ebenfalls durch § 39 DRiG reglementiert, könne deshalb aus übergeordneten, in der Verfassung selbst zum Ausdruck gelangenden Gründen nicht gefolgt werden[409].

Allerdings darf nicht übersehen werden — und dieser Gesichtspunkt erscheint letztlich überzeugend —, daß, hielte man diese Auffassung für zutreffend, das Bundesverfassungsgericht zumindest in der Anschauung der Allgemeinheit zu einem politisch handelnden Staatsorgan denaturierte. Das Odium, politisch und nicht nach Gesetz und Recht entschieden worden zu sein, haftete dann nämlich jedem Gerichtsspruch an, der die Klärung solcher verfassungsrechtlicher Zweifelsfragen zum Inhalt hat, die bereits zuvor den Gegenstand einer politischen Äußerung eines am Verfahren beteiligten Ver-

---

[406] Ähnlich BVerfG, Beschl. v. 12. 7. 1986, EuGRZ 1986, S. 436 (438 l. Sp.): „Das Grundgesetz und das Gesetz über das Bundesverfassungsgericht setzen voraus, daß die Richter des Bundesverfassungsgerichts politische Auffassungen ... haben ...". Ebenso BVerfG, Beschl. v. 1. 10. 1986, EuGRZ 1986, S. 569 (570, r. Sp.). Weitergehend *G. Leibholz,* JöR Bd. 6 n. F., S. 122, der das besondere Wahlverfahren der Richter des BVerfG mit der Begründung rechtfertigt, daß sie sich „auch insofern politisch ausweisen müssen, als sie etwas vom Wesen des Politischen verstehen und insbesondere den in einem demokratischen Rechtsstaat wirkenden, politischen Kräften Verständnis entgegenbringen müssen". Vgl. auch *E. Friesenhahn,* a. a. O. (Fn. 46), S. 101: „Das Verfassungsgericht soll sich aus ... politisch erfahrenen ... Richtern zusammensetzen."

[407] Zu diesem Gesichtspunkt vgl. insbes. *K. Kröger,* S. 78; *K. Stern,* a. a. O. (Fn. 9), S. 359.

[408] Der Klarstellung halber sei darauf hingewiesen, daß durch diese Rechtfertigung des besonderen Berufungsmodus der Bundesverfassungsrichter kein Widerspruch zu der eingangs vertretenen Ansicht auftritt, das BVerfG sei dem rechtlichen Charakter nach Gericht und kein politisches Staatsorgan (vgl. oben Teil 1 IV und V). Es ist nämlich die Stellung des BVerfG als Verfassungsorgan, die letztlich das besondere Berufungsverfahren bedingt (vgl. *K. Stern,* a. a. O. (Fn. 2), S. 357; *ders.* in Bonner Kommentar, Art. 94 Rdn. 62) und nicht eine dem BVerfG vom GG eingeräumte Teilhabe an der Ausübung politischer Macht.

[409] So wohl *H.-J. Wipfelder,* ZRP 1982, S. 122, l. Sp., der den Standpunkt vertritt, daß die von ihm für die politische Betätigung der übrigen Richter aufgezeigten „engen Grenzen" notwendigerweise für Verfassungsrichter nicht gelten könnten, da Aspekte der Verfassungsgerechtigkeit nun einmal Fragen nach der legitimen Begründung, Verteilung und Abgrenzung der Macht seien und deshalb politischen Gehalt hätten.

fassungsrichters bildeten. Dies hätte wohl zur Konsequenz, daß die Akzeptanzbereitschaft, die den richterlichen Entscheidungen von den Prozeß- bzw. Verfahrensbeteiligten entgegengebracht wird und die im wesentlichen auf dem Vertrauen in die richterliche Unabhängigkeit beruht[410], dadurch derart gemindert würde, daß die Erfüllung der dem Bundesverfassungsgericht zugewiesenen Aufgabe, durch letztverbindliche Interpretation des Grundgesetzes im gesamten Bereich des staatlichen Lebens Rechtsfrieden zu gewährleisten[411], erheblich erschwert, wenn nicht sogar gänzlich in Frage gestellt wäre. Um derartigen Gefahren vorzubeugen, ist es unerläßlich, die Richter des Bundesverfassungsgerichts ebenfalls zu politischer Zurückhaltung zu verpflichten. Auch sie haben deshalb mit Rücksicht auf das ihnen übertragene Amt bei Teilnahme am politischen Leben Mäßigung zu wahren[412].

Als Zwischenergebnis kann somit festgehalten werden, daß § 39 DRiG seinem gesamten Regelungsinhalt nach auf Verfassungsrichter Anwendung findet[413].

b) Die Pflichten der Richter des Bundesverfassungsgerichts nach dem Bundesbeamtengesetz

Im folgenden soll es nicht darum gehen, sämtliche und auch die subtilsten beamtenrechtlichen Vorschriften daraufhin zu untersuchen, ob sie ebenfalls das Verhalten der Richter des Bundesverfassungsgerichts regeln. Ohnehin ist durch § 46 DRiG nur eine sinngemäße Anwendung dieser Vorschriften gefordert und so wären sie jeweils daraufhin zu prüfen, ob sie angesichts der besonderen Stellung der Verfassungsrichter im Einzelfall anwendbar sind. Auf einige Bestimmungen sei hier allerdings wegen ihrer grundlegenden Bedeutung hingewiesen. So ist sicherlich vom Verfassungsrichter wie von jedem Beamten zu verlangen, daß er sich mit voller Hingabe seinem (Richter-)Beruf widmet (§ 54 Satz 1 BBG)[414], das ihm übertragene Amt uneigennützig nach bestem Gewissen verwaltet (§ 54 Satz 2 BBG)[415], sich im Verkehr mit Publikum höflich und hilfsbereit verhält[416] und keine Belohnungen und Geschenke in bezug auf sein Amt annimmt (§ 70 Satz 1 BBG)[417].

---

410 Vgl. hierzu bereits oben nach Fn. 397.
411 Vgl. *H. G. Rupp,* S. 405.
412 Im Ergebnis ebenso *C. Niethammer-Vonberg,* S. 106, die insoweit den Umstand für entscheidend hält, daß sich die Bundesverfassungsrichter im Gegensatz zu den anderen Richtern vorwiegend mit Fällen zu befassen haben, bei denen politische Parteien direkt oder indirekt beteiligt sind. Diese Ansicht wird wohl auch von *E. Heimeshoff,* DRiZ 1975, S. 263, 1. Sp., geteilt, der die Vorschrift des § 39 DRiG auf Verfassungsrichter im Rahmen der Untersuchung der parteipolitischen Betätigung der Richter für anwendbar erklärt. Im Falle des Befangenheitsantrags der Bayerischen Staatsregierung gegen den Verfassungsrichter *Dr. Simon,* EuGRZ 1986, S. 436 ff., hat denn auch das BVerfG durchaus recht subtile Erwägungen anstellen müssen, um zu dem Ergebnis zu gelangen, die Unbefangenheit sei trotz aller Bedenken anzunehmen.
413 Vgl. die in Fn. 402 Genannten.
414 So *G. Schmidt-Räntsch,* § 39 Rdn. 2, für die Richter im allgemeinen.
415 So *G. Schmidt-Räntsch,* § 39 Rdn. 2, für die Richter im allgemeinen.
416 Diese Pflicht des Beamten entnimmt *C. H. Ule,* § 36 BRRG Rdn. 4, § 35 Abs. 1 Satz 1 BRRG, der wörtlich mit § 52 Abs. 1 Satz 1 BBG übereinstimmt. Zur entsprechenden Anwendbarkeit des § 52 BBG auf Richter im allgemeinen siehe *G. Schmidt-Räntsch,* § 39 Rdn. 2.
417 Eine Zustimmung zur Annahme wird allerdings mit Rücksicht auf die Bedeutung des Rich-

Als selbstverständlich darf ebenso die Erkenntnis gelten, daß Verfassungsrichter verpflichtet sind, zu anberaumten Terminen und sonst zur erforderlichen Zeit im Gericht anwesend zu sein[418], wie diejenige, daß sie ihre Wohnung so zu wählen haben, daß sie in der ordnungsgemäßen Wahrnehmung der Dienstgeschäfte nicht beeinträchtigt werden (§ 74 Abs. 1 BBG)[419]. Unbedenklich kann auch die entsprechende Anwendbarkeit des § 78 BBG bejaht werden[420], der zum Ersatz des Schadens verpflichtet, der dem Diensthrn durch eine schuldhafte Pflichtverletzung des Beamten entstanden ist. Aus Gründen des in § 839 Abs. 2 BGB normierten Richterprivilegs[421] werden allerdings nur solche Schädigungen in Betracht kommen, die nicht durch spezifisch richterliche Tätigkeit bewirkt wurden wie beispielsweise die schuldhafte Beschädigung amtlich benutzter Gegenstände oder die durch schuldhaft unzutreffende Angaben verursachte Überzahlung von Bezügen[422].

Bei Verletzung der im Vorstehenden aufgelisteten Richterpflichten ist für Verfassungsrichter die Anwendung des allgemeinen Disziplinarrechts ausgeschlossen[423]. Wie die Regelung des § 105 Abs. 1 Nr. 2, 3. Alt. BVerfGG zeigt, soll ein Richter des Bundesverfassungsgerichts insoweit nur mit der disziplinarrechtlichen Konsequenz der Entlassung rechnen müssen und zwar auch nur dann, wenn er sich einer so groben Pflichtverletzung schuldig gemacht hat, daß sein Verbleiben im Amt ausgeschlossen ist. Zu der Frage, nach welchem Beurteilungsmaßstab eine solche Pflichtverletzung zu ermitteln ist, trifft § 105 Abs. 1 Nr. 2, 3. Alt. BVerfGG indes keine eindeutige Aussage. Eine Untersuchung, die die rechtliche Verantwortlichkeit der Bundesverfassungsrichter zum Gegenstand hat, kommt daher nicht umhin, auf diese Problematik einzugehen.

---

teramtes nicht in Betracht kommen. So auch *B. Schmidt/Bleibtreu* in *Maunz/Schmidt-Bleibtreu/Klein/Ulsamer,* vor §§ 98—105 Rdn. 5, unter Berufung auf *G. Schmidt-Räntsch,* § 46 Rdn. 41, der dies generell für Richter feststellt.

418 *B. Schmidt-Bleibtreu* in *Maunz/Schmidt-Bleibtreu/Klein/Ulsamer,* vor §§ 98—105 Rdn. 5; ebenso für Richter generell *G. Schmidt-Räntsch,* § 46 Rdn. 12.

419 So auch *B. Schmidt-Bleibtreu* in *Maunz/Schmidt-Bleibtreu/Klein/Ulsamer,* vor §§ 98—105 Rdn. 5; *H. Laufer,* S. 317, und *Leibholz/Rupprecht,* § 3 Rdn. 2, betonen allerdings, daß Bundesverfassungsrichter einer „Residenzpflicht" nicht unterliegen. Der Klarstellung halber ist hierzu jedoch anzumerken, daß auch andere Richter sowie Beamte grundsätzlich nicht verpflichtet sind, am Dienstort zu wohnen. Bundesverfassungsrichter brauchen deshalb keineswegs, wie *H. Laufer* meint, ein Privileg in Anspruch zu nehmen, wenn sie außerhalb von Karlsruhe ihren Wohnsitz nehmen bzw. beibehalten. In der Sache wollen wohl auch *H. Laufer* und *Leibholz/Rupprecht* nicht annehmen, daß die Wahl der Wohnung Verfassungsrichter in der ordnungsgemäßen Wahrnehmung ihrer Dienstgeschäfte beeinträchtigen dürfe.

420 Vgl. *B. Schmidt-Bleibtreu* in *Maunz/Schmidt-Bleibtreu/Klein/Ulsamer,* vor §§ 98—105 Rdn. 6.

421 Vgl. statt vieler *Palandt/Thomas,* § 839 Anm. 8; *W. Grunsky,* Richterliche Amtspflichtverletzungen, S. 141; *H. Hagen,* NJW 1970, S. 1017 r. Sp.

422 Zu diesen Beispielsfällen vgl. *B. Schmidt-Bleibtreu* in *Maunz/Schmidt-Bleibtreu/Klein/Ulsamer,* vor §§ 98—105 Rdn. 6.

423 Vgl. *B. Schmidt-Bleibtreu* in *Maunz/Schmidt-Bleibtreu/Klein/Ulsamer,* vor §§ 98—105 Rdn. 6.

2. Der Beurteilungsmaßstab für die Anwendung des § 105 Abs. 1 Nr. 2, 3. Alt. BVerfGG

Der Begriff der groben Pflichtverletzung ist einer abstrakten Definition nicht zugänglich. Das Unvermögen, den Sinngehalt dieses Terminus verbal zu verdeutlichen, resultiert aus der Verwendung des Wortes „grob", dessen Bedeutungsinhalt sich unterschiedlichen Verständnismöglichkeiten nicht verschließt. Hieraus nun den Schluß ziehen zu wollen, daß, da eine eindeutige verbale Klarlegung nicht möglich ist, der gesamte Tatbestand des § 105 Abs. 1 Nr. 2, 3. Alt. BVerfGG im Hinblick auf Art. 103 Abs. 2 GG zu unbestimmt formuliert sei[424], ginge aber fehl. Wenn schon im Bereich des Strafrechts die Verwendung allgemeiner, „flüssiger"[425] Begriffe — weil unerläßlich — als verfassungsrechtlich unbedenklich anzusehen ist[426], so muß Gleiches erst recht im Bereich des Disziplinarrechts gelten, dessen Zweck nicht in der Vergeltung begangenen Unrechts, sondern nur in der Aufrechterhaltung der Ordnung und Integrität in einem bestimmten Berufsstand besteht[427].

Indes entbindet diese Erkenntnis nicht von der Verpflichtung, den Sinngehalt des Tatbestandsmerkmals „grobe Pflichtverletzung" mittels Interpretation einzugrenzen. Die Regelung des § 105 Abs. 1 Nr. 2, 3. Alt. BVerfGG gibt hierfür insoweit einen ersten eingrenzenden und präzisierenden Hinweis, als nach ihr einen Entlassungsgrund nur eine solche Pflichtverletzung darstellt, die ein Verbleiben im Amt ausschließt. Dieser Formulierung kann entnommen werden, daß der Begriff „grobe Pflichtverletzung" funktionsbezogen auszulegen ist. Ein Verfassungsrichter soll, ebenso wie jeder Richter und Beamte, entlassen werden können, wenn die von ihm begangene Pflichtverletzung einen so wesentlichen Ansehensverlust bewirkt hat, daß eine Weiterverwendung als Verfassungsrichter die Integrität des Bundesverfassungsgerichts unzumutbar belasten[428] und deshalb zu einer Einbuße an Vertrauen in diese Institution führen würde, die ihre Funktionserfüllung letztlich zerstören würde[429]. Das folgt vor allem daraus, daß unter Geltung des Grundgesetzes die Gerichtsbarkeit als solche ein bis dahin unbekanntes Ausmaß an Verantwortung übernehmen mußte[430].

---

424 Zur Anwendbarkeit des Art. 103 Abs. 2 GG im Disziplinarrecht vgl. BVerfG v. 11. 6. 1969, BVerfGE 26, 186 (203 f.); BVerfG v. 9. 5. 1972, BVerfGE 33, 125 (164); BVerfG v. 3. 1. 1980, BVerfGE 53, 96 (99); *G. Dürig* in *Maunz-Dürig,* Art. 103 Rdn. 116.
425 BVerfG v. 22. 6. 1960, BVerfGE 11, 234 (237).
426 BVerfG v. 30. 11. 1955, BVerfGE 4, 352 (358); BVerfG v. 22. 6. 1960, BVerfGE 11, 234 (237); BVerfG v. 14. 5. 1969, BVerfGE 26, 41 (42 f.); *Leibholz/Rinck,* Art. 103 Anm. 20; *G. Dürig* in *Maunz-Dürig,* Art. 103 Rdn. 107.
427 So BVerfG v. 2. 5. 1967, BVerfGE 21, 391 (403 f.); vgl. auch *K. Behnke,* Einführung Rdn. 167; *H. R. Claussen/W. Janzen,* Einl. A Rdn. 4 mit weiteren Nachweisen.
428 Ähnlich *W. Geiger,* a. a. O. (Fn. 12), § 105 Anm. 2b cc. Für Beamte vgl. *H. R. Claussen/ W. Janzen,* Einl. D Rdn. 2b. Da auch das richterliche Disziplinarrecht der Funktionssicherung dient (*G. Schmidt-Räntsch,* Vor §§ 63, 64 Rdn. 2: Entlassung als Konsequenz der Untragbarkeit) und die Normen des Deutschen Richtergesetzes die Frage der Entlassung spezialgesetzlich nicht regeln, müssen die beamtenrechtlichen Disziplinargrundsätze für Richter ebenfalls Geltung beanspruchen.
429 Ähnlich BVerfG v. 2. 5. 1967, BVerfGE 21, 391 (404): Entlassung als Schutzmaßnahme.
430 Vgl. *K. Doehring,* a. a. O. (Fn. 7), S. 238.

Betrachtet man speziell die Verfassungsgerichtsbarkeit, so zeigt sich, daß dieses die allgemeine Gerichtsbarkeit, die Exekutive und die Legislative kontrollierende Organ als letzte Instanz der gesamten staatlichen Rechtskontrolle ein Maß an Verantwortung zu tragen hat, das weit über das typischerweise von der Justiz zu übernehmende hinausreicht. Es stellt sich deshalb die Frage, ob bei der Beurteilung der Pflichtverletzung eines Verfassungsrichters in Hinblick darauf, ob sie einen funktionsgefährdenden Ansehensverlust herbeigeführt hat, ein strengerer Maßstab anzulegen ist als bei der Pflichtverletzung eines sonstigen Richters oder eines Beamten. Hierfür spricht nicht nur die bereits erwähnte besondere Rechtsstellung des Bundesverfassungsgerichts und die ihm zugewiesene einzigartige[431] Kontrollkompetenz. Eine solche These rechtfertigt sich insbesondere aus dem Umstand, daß das Bundesverfassungsgericht in besonderem Maße dem öffentlichen Interesse ausgesetzt ist[432]. Die Öffentlichkeit nimmt regen Anteil an der Tätigkeit des Bundesverfassungsgerichts. So werden die Probleme verfassungsgerichtlicher Fälle in den Medien ebenso heftig diskutiert wie die letztlich verkündeten Entscheidungen. Man denke nur etwa an die Diskussionen in den Massenmedien und an die Presseveröffentlichungen, ehe z. B. die Entscheidungen des Bundesverfassungsgerichts über die Zulässigkeit des Schwangerschaftsabbruchs[433], über die rechtlichen Möglichkeiten der Bundestagsauflösung[434] oder auch der Raketenstationierung[435] ergingen. Eine nicht mindere Aufmerksamkeit werden den Interna des Gerichts[436] und dem Verhalten seiner Mitglieder entgegengebracht[437]. Den Äußerungen eines Verfassungsrichters etwa zu tagespolitisch brisanten Themen wird besondere Bedeutung zugemessen[438]; sie sind in gewisser Weise spektakulär[439]. Da das Bundesverfassungsgericht und seine Mitglieder so im Lichte der Öffentlichkeit stehen, werden auch Pflichtverletzungen eines Verfassungsrichters von der Öffentlichkeit kritisch registriert, kaum vergessen, und schon eine ansonsten nur als Entgleisung empfundene Verhaltensweise kann zu einem nachhaltigen Ansehensverlust führen. Nimmt man hinzu, daß der einzelne Richter keiner Dienstaufsicht unterliegt[440], verstärkt diese fehlende Korrekturmöglichkeit

---

431 Siehe *A. Rinken* in AK-GG, vor Art. 93/94 Rdn. 1; *E. McWhinney,* S. 10.
432 Vgl. *F.-W. Dopatka,* S. 104.
433 BVerfG v. 25. 2. 1975, BVerfGE 39, 1 ff.
434 BVerfG v. 16. 2. 1983, BVerfGE 62, 1 ff.
435 BVerfG v. 18. 12. 1984, BVerfGE 68, 1 ff.
436 Vgl. die von *F.-W. Dopatka* auf S. 105, 107 und 113 mit ausführlichen Nachweisen geschilderten Beispielsfälle.
437 Vgl. *F.-W. Dopatka,* S. 109.
438 Wäre dem nicht so, würde die Äußerung *H.-J. Wipfelders,* ZRP 1982, S. 123, r. Sp., es sei das Recht, ja sogar die Pflicht des Verfassungsrichters *Martin Hirsch* gewesen, sich während seiner Amtszeit zu tagespolitischen Themen zu äußern, jeden Sinnes entbehren.
439 Als Beispiel seien hier nur die Äußerungen des Präsidenten des BVerfG *Prof. Dr. W. Zeidler* bei den „Bitburger Gesprächen" genannt. Dort bezeichnete *Zeidler* das im Strafgesetzbuch normierte Verbot der Tötung auf Verlangen (§ 216 StGB) als eine „Insel der Inhumanität als Folge kirchlichen Einflusses auf unsere Rechtsordnung" und die befruchtete Eizelle als ein „himbeerähnliches Gebilde" und als eine „wuchernde Substanz der ersten Stunden"; vgl. FAZ v. 16. 1. 1986, S. 1.
440 Vgl. hierzu oben nach Fn. 91 und bei Fn. 386.

das Gefühl, der Verfassungsrichter müsse in besonderem Maße für sein eigenes Verhalten einstehen.

Ob das Bundesverfassungsgericht bei Erwägung der allein zulässigen Sanktion, nämlich der Entlassung, sich den hier vertretenen Maßstab zu eigen machen würde, erscheint zweifelhaft. Das Gegenteil scheint eher der Fall zu sein. Mancher Sachverhalt, der Anlaß gab, die Befangenheit eines Verfassungsrichters zu prüfen, hätte gleichermaßen Anlaß zur Prüfung einer groben Pflichtverletzung im Sinne des § 105 Abs. 1 Nr. 2, 3. Alt. BVerfGG sein können. Indes hat das Bundesverfassungsgericht diesen Zusammenhang nur in einer von mehreren Entscheidungen, die Fragen der Befangenheit zum Gegenstand hatten, mittelbar hergestellt. Im Rahmen eines konkreten Normenkontrollverfahrens zum Zwecke der Prüfung der Verfassungsmäßigkeit des § 28 der hamburgischen JAO hat es ausgeführt, daß die Weigerung, sich selbst für befangen zu erklären, obwohl ein Fall der Befangenheit im Sinne des Bundesverfassungsgerichtsgesetzes eindeutig vorliege, eine grobe Pflichtverletzung darstelle[441]. Diese Stellungnahme ist hier insoweit bedeutsam, als sie darauf hindeutet, daß nach Ansicht des Bundesverfassungsgerichts bereits die Äußerungen des Verfassungsrichters, die die Besorgnis der Befangenheit und damit die Selbstablehnung provozieren, im Hinblick auf § 105 Abs. 1 Nr. 2, 3. Alt. BVerfGG suspekt seien. Wären nämlich die das Mißtrauen in die Unparteilichkeit des Richters rechtfertigenden Äußerungen nicht verlautbart worden, hätte kein Grund bestanden, der die Selbstablehnung hätte erforderlich machen können.

Die im Vorstehenden behandelte Aussage des Bundesverfassungsgerichts ist die einzige dieser Art. Das Bundesverfassungsgericht hat die Frage, ob Äußerungen eines Verfassungsrichters als grobe Pflichtverletzung im Sinne des § 105 Abs. 1 Nr. 2, 3. Alt. BVerfGG zu werten sein könnten, bei ähnlich gelagerten Sachverhalten nicht in seine Erwägungen einbezogen[442]. Dies belegen jene Entscheidungen des Gerichts, durch welche die Befangenheitsanträge für begründet erklärt wurden, welche sich gegen den Verfassungsrichter Prof. Dr. Leibholz wegen seiner Äußerungen auf der Würzburger Staatsrechtslehrertagung im Jahre 1965 gerichtet hatten[443]. Dort war Leibholz, damals zugleich Berichterstatter in einem anhängigen „Parteienfinanzierungsverfahren", dezidiert für eine vom Staat getragene Parteienfinanzierung eingetreten; hieran anknüpfend hatte er außerdem erklärt, „daß sich heute offenbar Liberale mit Kräften verbunden haben, die der heutigen Form der Demokratie ablehnend gegenüberstehen" und ihm diese Verbindung ein „unheiliges Bündnis" zu sein scheine[444]. Aufgrund dieses Sachverhalts hielt das

---

441 BVerfG v. 5. 10. 1977, BVerfGE 46, 34 (42).
442 Diese Aussage kann selbstredend nur anhand der im folgenden geschilderten veröffentlichten Entscheidungen belegt werden. Beurteilt werden kann nicht, ob und inwieweit § 105 Abs. 1 Nr. 2, 3. Alt. BVerfGG in Beratungen erwogen wurde.
443 BVerfG v. 2. 3. 1966, BVerfGE 20, 1 ff.; BVerfG v. 3. 3. 1966, BVerfGE 20, 9 ff. Diese Entscheidungen haben auch in der internationalen Rechtsvergleichung Beachtung gefunden, vgl. *E. McWhinney,* S. 59 f.
444 Vgl. BVerfG v. 2. 3. 1966, BVerfGE 20, 1 (7); BVerfG v. 3. 3. 1966, BVerfGE 20, 9 (16).

Bundesverfassungsgericht nur den Hinweis für angebracht, daß für die Richter des Bundesverfassungsgerichts der Umstand, daß ein abgelehnter Richter nicht durch einen Stellvertreter ersetzt wird[445], sicherlich Anlaß sein müsse, besonders sorgfältig darauf zu achten, keinen Grund für eine Ablehnung zu geben[446]. Erwägungen zu § 105 BVerfGG bzw. zu einer etwaig gegebenen groben Pflichtverletzung werden, obwohl nach dem in dieser Untersuchung vertretenen Standpunkt naheliegend, nicht angestellt.

Gleiches gilt für jene Entscheidung, durch die Verfassungsrichter Dr. Rottmann im einstweiligen Anordnungsverfahren zum Zwecke der Aussetzung der Ratifizierung des Grundlagenvertrages für befangen erklärt wurde[447]. Obwohl dieser in einem bekannt gewordenen Brief — das einstweilige Anordnungsverfahren war bereits anhängig — seine Auffassung vom Untergang des Deutschen Reichs bekräftigt und die gegenteilige Rechtsauffassung als „Wunschdenken", als „Vernebeln der Wirklichkeit" und als „Gerede" apostrophiert hatte[448], sah das Bundesverfassungsgericht keinen Grund, eine grobe Pflichtverletzung im Sinne des § 105 Abs. 1 Nr. 2, 3. Alt. BVerfGG zu erwägen.

Auch in dem am 14. Juli 1986 veröffentlichten Beschluß[449], durch den ein gegen den Verfassungsrichter Dr. Simon gerichteter Befangenheitsantrag zurückgewiesen wurde[450], fehlt jeglicher Hinweis darauf, daß ein Zusammenhang zwischen Befangenheitsgründen und grober Pflichtverletzung bestehen könnte, obschon dieser Fall hierzu nicht minder Veranlassung geboten hätte als der hier an erster Stelle geschilderte. Der in den anhängigen „Sitzblockadeverfahren" zum Berichterstatter ernannte Verfassungsrichter war nämlich in Vorträgen auf dem Deutschen Evangelischen Kirchentag 1983 und bei dem „Kulturforum der Sozialdemokratie" im September 1983 auch auf Fragen des zivilen Ungehorsams eingegangen. Er hatte erklärt, daß die Inhaber der staatlichen Macht rechtlich streng zwischen Gewalttätigkeiten und gewaltfreien Maßnahmen unterscheiden müßten und die Grenzen nicht durch gleichmacherische Kriminalisierung verwischen dürften. Er hatte von „gewaltfreier Blockade" gesprochen und denjenigen seine Sympathie bekundet, die Aktionen des „bürgerlichen Ungehorsams" durchführten. Eine „Kriminalisierung" von Menschen, die sich „durch die Nachrüstung an die Grenzen der Loyalität versetzt sähen", erscheine ihm „unerträglich". Eine ähnliche Auffassung hatte er in einem in der Zeitschrift „Spiegel" veröffentlichten Gespräch vom September 1983 vertreten. Allerdings hatte er, ebenso wie in den genannten Vorträgen, auch in diesem Gespräch darauf hingewiesen, daß er zu den Fragen, die den Gegenstand der seinerzeit noch anhängigen verfas-

---

445 Vgl. aber nunmehr § 19 Abs. 4 Satz 1 BVerfGG, eingefügt durch Gesetz v. 12. 12. 1985, BGBl. I, S. 2226: „Hat das Bundesverfassungsgericht die Ablehnung oder Selbstablehnung eines Richters für begründet erklärt, wird durch Los ein Richter des anderen Senats als Vertreter bestimmt."
446 BVerfG v. 2. 3. 1966, BVerfGE 20, 1 (8 f.); BVerfG v. 3. 3. 1966, BVerfGE 20, 9 (18).
447 BVerfG v. 16. 6. 1973, BVerfGE 35, 246 ff.
448 Vgl. BVerfG v. 16. 6. 1973, BVerfGE 35, 246 (247 f., 253).
449 Vgl. FAZ v. 15. 7. 1986, S. 1.
450 EuGRZ 1986, S. 436 ff.

sungsgerichtlichen Verfahren bildeten, keine Stellungnahme abgeben könne. Die Frage, ob gewaltlose Sitzblockaden strafwürdiges Unrecht seien, wolle er deshalb nicht beantworten. Hinzufügend erklärte er jedoch, daß es sich im Grunde eher um Ordnungswidrigkeiten als um kriminelles Unrecht handele[451].

Man mag aus innergerichtlichen Gründen die Entscheidung des Bundesverfassungsgerichts für verständlich halten, die dem mit diesen Äußerungen begründeten Befangenheitsantrag den Erfolg versagte. Auffällig ist allerdings, daß das Bundesverfassungsgericht dennoch in den Entscheidungsgründen die Formulierung wählte, Verfassungsrichter Dr. Simon sei „noch nicht" befangen[452]. Diese Wortwahl deutet darauf hin, daß, obwohl Simon nicht aus den Verfahren ausgeschlossen wurde, das geschilderte Verhalten nach Auffassung des Gerichts in Hinblick auf das Vertrauen in die richterliche Unabhängigkeit bedenklich sei. Wenn das Gericht hieraus gleichwohl keine Konsequenzen zieht und — ebenso wie in den übrigen geschilderten Verfahren — auch § 105 BVerfGG nicht in seine Erwägungen einbezieht, läßt dies darauf schließen, daß das Bundesverfassungsgericht bei Beurteilung der Frage, ob das Verhalten eines Verfassungsrichters als grobe Pflichtverletzung im Sinne des § 105 Abs. 1 Nr. 2, 3. Alt. BVerfGG zu bewerten sei, einen großzügigeren als den hier vertretenen Maßstab zugrunde legen würde.

Diese Feststellung kann getroffen werden, obwohl die hier erörterten Verfahren nicht zum Zwecke der Amtsbeendigung wegen grober Pflichtverletzung, § 105 Abs. 1 Nr. 2, 3. Alt. BVerfGG, sondern allein mit dem Ziel angestrengt und durchgeführt worden sind, den betreffenden Verfassungsrichter aus dem jeweils anhängigenn Verfahren wegen der Befürchtung seiner Befangenheit auszuschließen. Wie nämlich der Beschluß vom 5. Oktober 1977 zeigt[453], der ebenfalls Fragen der Befangenheit zum Gegenstand hat und der gleichwohl in einem obiter dictum eine grobe Pflichtverletzung konstatiert, nimmt das Gericht die Gelegenheit wahr, auf eine solche auch dann einzugehen, wenn sie nicht den Verfahrensgegenstand, sondern jener nur den Anlaß für ihre Erörterung bildet. Aus dem Umstand, daß in den übrigen hier wiedergegebenen Entscheidungen insoweit keine Feststellungen getroffen wurden, obwohl nach der im Vorstehenden dargelegten Rechtsansicht hierzu Anlaß bestanden hätte, kann deshalb geschlossen werden, daß das Gericht der hier vertretenen Auffassung wohl auch dann nicht folgen würde, hätte es im Verfahren nach § 105 BVerfGG darüber zu befinden, ob der Bundespräsident zur Entlassung eines Verfassungsrichters wegen grober Pflichtverletzung ermächtigt werden soll.

Zwischenergebnis zu IV

Die Richter des Bundesverfassungsgerichts sind, wie die obigen Ausführungen deutlich machen, in ein Pflichtengefüge eingebunden, das dem der Rich-

---

451 Vgl. zum Ganzen BVerfG, Beschl. v. 12. 7. 1986, EuGRZ 1986, S. 437 f.
452 Beschl. v. 12. 7. 1986, EuGRZ 1986, S. 438 l. Sp.
453 BVerfGE 46, 34 ff.

ter im übrigen durchaus vergleichbar ist[454]. Anders als für jene bietet die Rechtsordnung gegenüber den Verfassungsrichtern jedoch keine Handhabe, die Einhaltung der ihnen auferlegten Pflichten durch Dienstvorgesetzte zu überwachen, da sie, wie bereits ausgeführt[455], aufgrund ihrer Zugehörigkeit zu einem Verfassungsorgan einer Dienstaufsicht nicht unterstehen. Auch § 105 Abs. 1 Nr. 2, 3. Alt. BVerfGG eröffnet eine höchst unvollständige Kontrollmöglichkeit. Da diese Gesetzesvorschrift dazu dient, die Dignität des Bundesverfassungsgerichts im Rechtsleben zu bewahren, berechtigen nach ihr nur solche Pflichtverletzungen eines Verfassungsrichters zu dessen Entlassung, die einen Ansehensverlust des Bundesverfassungsgerichts als Institution des Verfassungslebens herbeigeführt haben. Pflichtverletzungen, die diese Wirkung nicht zur Folge haben, sind — weil von der Rechtsordnung nicht mit Sanktionen bedroht — rechtlich ohne Belang.

Als Zwischenergebnis kann deshalb festgestellt werden, daß Verfassungsrichter im Gegensatz zu den übrigen Richtern für Pflichtenverstöße bei Gelegenheit der Amtsführung nur begrenzt rechtlich zur Verantwortung gezogen werden können.

Zusammenfassung von Teil 2

Die Exegese des § 105 Abs. 1 Nr. 2 BVerfGG hat für Pflichtwidrigkeiten, begangen im Rahmen der Amtsführung, ergeben, daß sich die rechtliche Verantwortlichkeit der Richter des Bundesverfassungsgerichts, insbesondere im Bereich der strafrechtlichen Verantwortlichkeit, gravierend von der der Richter im übrigen unterscheidet. So sind vorsätzliche Rechtsverstöße, verwirklicht im Rahmen der kontradiktorischen verfassungsgerichtlichen Verfahren nur dann mit Strafsanktionen belegt, wenn sie bei der Verfahrensleitung, im Rahmen der Entscheidungsfindung oder durch eine normwidrige prozessuale Entscheidung erfolgen. Normverstöße, die in den sog. objektiven verfassungsgerichtlichen Verfahren oder im Rahmen des Amtsbeendigungsverfahrens nach § 105 BVerfGG vorgenommen worden sind, sind dagegen in keinem Fall mit Strafe bedroht.

Auch im Bereich der disziplinarrechtlichen Verantwortlichkeit, die für Bundesverfassungsrichter abschließend in § 105 Abs. 1 Nr. 2 BVerfGG geregelt ist, bestehen erhebliche Divergenzen. So müssen Verfassungsrichter bei Pflichtverletzungen nur die disziplinarrechtliche Konsequenz der Entlassung gewärtigen, geringfügigere Disziplinarmaßnahmen wie etwa Verweis, Geldbuße oder Gehaltskürzung[456] dürfen nicht verfügt werden. Andererseits ist bei Beurteilung der Frage, ob eine Pflichtverletzung die Entlassung rechtfertigt, ein strengerer Maßstab als bei der Pflichtverletzung eines sonstigen Richters anzulegen. Gleichwohl wird — im Gegensatz zu den Richtern im übrigen — das Amtsverhältnis eines Verfassungsrichters nicht kraft Gesetzes

---

454 A. A. wohl *H. Laufer*, S. 319.
455 Vgl. oben nach Fn. 91 und bei Fn. 386.
456 Vgl. § 5 Abs. 1 BDO, der gemäß § 63 Abs. 1 DRiG auch für Richter im Bundesdienst Geltung beansprucht (so *G. Schmidt-Räntsch*, § 64 Rdn. 3).

beendet, wird er wegen einer vorsätzlichen Straftat zu einer Freiheitsstrafe von mindestens einem Jahr verurteilt. Trotz des schwerwiegenden Pflichtenverstoßes bedarf es des Verfahrens nach § 105 BVerfGG, um ihn gegen seinen Willen aus dem Amt zu entfernen[457].

Die aufgezeigten Besonderheiten mögen zunächst als überraschend empfunden werden. Vergegenwärtigt man sich jedoch, daß dem Bundesverfassungsgericht nicht nur Gerichts-, sondern zugleich auch Verfassungsorganqualität zukommt, wird verständlich, daß dieser besondere Status notwendigerweise Konsequenzen auch für die Rechtsstellung der Gerichtsmitglieder erzeugt und deshalb Modifikationen gegenüber der Rechtsstellung der übrigen Richter bedingt[458].

Ob dies gleichermaßen für den außergerichtlichen Bereich zu gelten hat, ist für die Frage nach der rechtlichen Verantwortlichkeit der Bundesverfassungsrichter nicht minder bedeutsam und deshalb nun näher zu betrachten. Fragen der Amts- und Staatshaftung sind nicht Gegenstand dieser Untersuchung, da sich insoweit aus der Rechtsstellung der Richter des Bundesverfassungsgerichts keine Besonderheiten ergeben.

---

457 Vgl. *W. Geiger,* a. a. O. (Fn. 12), § 105 Anm. 2b; *Leibholz/Rupprecht,* § 105 Rdn. 1; *H. Lechner,* § 105 Erl. zu Abs. 1b; *B. Schmidt-Bleibtreu* in *Maunz/Schmidt-Bleibtreu/Klein/Ulsamer,* § 105 Rdn. 5.
458 Vgl. hierzu bereits oben Teil 2 B am Anfang.

Teil 3 Rechtliche Verantwortlichkeit der Richter des Bundesverfassungsgerichts für ihr Verhalten außerhalb der Amtsführung

Auch die folgenden Ausführungen sollen sich darauf beschränken, den Normbereich des § 105 Abs. 1 Nr. 2 BVerfGG klarzulegen, denn ebenso wie für innerdienstliches Verhalten wird die Frage nach der rechtlichen Verantwortlichkeit für außerdienstliches Verhalten durch die Bestimmung des Anwendungsbereichs dieser Vorschrift beantwortet. § 105 BVerfGG regelt nämlich abschließend sowohl das formelle als auch das materielle Disziplinarrecht der Bundesverfassungsrichter. Dies hat zur Konsequenz, daß, abgesehen von strafbaren Verhaltensweisen, nur solche außerdienstlichen Pflichtwidrigkeiten rechtlich von Belang sind, die die Tatbestandsvoraussetzungen eines der in § 105 Abs. 1 Nr. 2 BVerfGG normierten Entlassungsgründe erfüllen, denn nur solche sind von der Rechtsordnung mit Sanktionen bedroht.

Wenn, ebenso wie in Teil 2, auf § 105 Abs. 1 Nr. 1 BVerfGG (dauernde Dienstunfähigkeit) nicht näher eingegangen wird, rechtfertigt sich dies aus der Überlegung, daß das Vorliegen der genannten Tatbestandsalternative im Regelfall auf Umständen beruht, die ihre Ursache nicht in einem willensgesteuerten Verhalten des von ihr betroffenen Verfassungsrichters finden und deshalb insoweit thematisch kein Zusammenhang mit dem hier behandelten Problemkreis der rechtlichen Verantwortlichkeit der Verfassungsrichter besteht.

Um Wiederholungen zu vermeiden, werden Rechtsfragen, die in Teil 2 behandelt worden sind und die im folgenden nochmals relevant werden, nicht wieder aufgegriffen.

A. Die Tatbestände des § 105 Abs. 1 Nr. 2 BVerfGG

I. Rechtskräftige Verurteilung zu einer Freiheitsstrafe von mehr als sechs Monaten (§ 105 Abs. 1 Nr. 2, 2. Alt. BVerfGG)

Erläuterungen zu dieser Tatbestandsalternative sind entbehrlich, da der Gesetzeswortlaut die Entlassungsvoraussetzungen durch den Hinweis auf die strafgerichtliche Verurteilung eindeutig formuliert und so auch den Anwendungsbereich des § 105 Abs. 1 Nr. 2, 2. Alt. BVerfGG hinreichend deutlich macht. Einschränkungen nämlich, wie sie in Teil 2 für Pflichtwidrigkeiten, die im Rahmen spezifisch richterlicher Tätigkeit begangen werden, dargelegt worden sind[459], sind für den außerdienstlichen Bereich nicht ersichtlich, da die Gründe, die für jene die Anerkennung eines strafrechtlichen Haftungsprivilegs rechtfertigen, auf Verfehlungen außerhalb des Amtes nicht übertragbar sind. Dies deshalb, weil Richter gegenüber den sonstigen Staatsbürgern strafrechtlich nur insoweit privilegiert werden sollen, als es um ihrer Funktion willen erforderlich erscheint. Verfehlungen, die zwar einen der übrigen Straftatbestände des Strafgesetzbuchs, nicht jedoch den der Rechtsbeugung, § 336 StGB, erfüllen, sollen deshalb nicht verfolgt werden können, weil andernfalls zu befürchten wäre, daß die innere Unbefangenheit des Richters verloren ginge[460]. Diese Erwägungen sind für den außerdienstlichen Bereich irrelevant, so daß allein die Tatsache der Verurteilung zu einer Freiheitsstrafe von mehr als sechs Monaten den Tatbestand des § 105 Abs. 1 Nr. 2, 2. Alt. BVerfGG ausfüllt.

Allerdings könnte erstaunen, daß das Amtsverhältnis eines Verfassungsrichters nicht schon kraft Gesetzes beendet wird — wie es bei den Richtern im übrigen der Fall ist[461] —, wenn er wegen einer vorsätzlichen Tat zu einer Freiheitsstrafe von mindestens einem Jahr bzw. zu einer Freiheitsstrafe wegen einer vorsätzlichen Tat rechtskräftig verurteilt wird, die nach den Vorschriften über Friedensverrat, Hochverrat, Gefährdung des demokratischen Rechtsstaates oder Landesverrat und Gefährdung der äußeren Sicherheit strafbar ist. Offenbar geht der Gesetzgeber davon aus, daß das Bundesverfassungsgericht als Institution und damit auch seine einzelnen Richter eines erhöhten Schutzes durch Selbstüberwachung bedürftig sind. Daß auch in diesen Fällen eine Ermessensentscheidung seitens des Bundesverfassungsgerichts zu erfolgen hat, was sich aus der Verwendung des Wortes „kann" in § 105 Abs. 1 BVerfGG ergibt, mag daran liegen, daß so auch ein möglicherweise stattfindender politischer Einfluß auf die Strafjustiz oder deren politischer Mißbrauch korrigiert werden könnte.

II. Rechtskräftige Verurteilung wegen einer entehrenden Handlung (§ 105 Abs. 1 Nr. 2, 1. Alt. BVerfGG)

Die Regelung des § 105 Abs. 1 Nr. 2 BVerfGG ist Audruck der Überzeugung, daß sich ein seiner Reputation abträgliches Verhalten eines Verfassungsrichters nachteilig auch für das Ansehen der Institution Bundesverfassungsgericht auswirken und die Erfüllung der ihm obliegenden Aufgabe gefährden kann. Durch die Möglichkeit der Entlassung soll derartigen Gefahren begeg-

---

459 Vgl. oben Teil 2 C II 1.
460 Vgl. *H. Begemann,* NJW 1968, S. 1361. Zur Begründung des strafrechtlichen Haftungsprivilegs im einzelnen vgl. oben Teil 2 C II 1 a.
461 Vgl. § 24 DRiG; dazu *G. Schmidt-Räntsch,* § 24 Rdn. 7.

net und so das Ansehen des Bundesverfassungsgerichts im Rechtsleben bewahrt werden[462]. Dieser Normzweck des § 105 Abs. 1 Nr. 2 BVerfGG führte deshalb in Teil 2 (Rechtliche Verantwortlichkeit der Richter des Bundesverfassungsgerichts für ihre Amtsführung) auch dazu, den Begriff der entehrenden Handlung funktionsbezogen auszulegen[463].

Doch kann ein funktionsgefährdender Ansehensverlust nicht nur durch innerdienstliches pflichtwidriges Verhalten eines Verfassungsrichters bewirkt werden; auch außerdienstliches Verhalten kann sich gleichermaßen ansehensmindernd auswirken. Die einem Richter des Bundesverfassungsgerichts entgegengebrachte Wertschätzung wird nämlich wesentlich auch durch sein außerdienstliches Verhalten beeinflußt, da hinsichtlich des Gesamterscheinungsbildes seiner Persönlichkeit nicht differenziert werden kann[464]. Aus diesem Grund auferlegen folgerichtig Beamten- und Richtergesetze für ihren Anwendungsbereich die Verpflichtung, sich gleichermaßen innerhalb wie außerhalb des Amtes der übertragenen Stellung entsprechend zu verhalten[465]. Zwar kann dem Bundesverfassungsrichter sicherlich nicht zugemutet werden, bei der Gestaltung des Privatlebens eine asketische Selbstkontrolle auszuüben, jedoch muß er gewärtig sein, daß er auch hinsichtlich seines Privatlebens in besonderem Maße der Beachtung durch die Öffentlichkeit ausgesetzt ist. Eine solche Pflicht zur Selbstbeschränkung folgt insofern aus der Bereitschaft zur Übernahme eines derart verantwortlichen und exponierten Amtes.

Der Maßstab zur Beurteilung eines Verhaltens in Hinblick auf § 105 Abs. 1 Nr. 2, 1. Alt. BVerfGG könnte sich hier ebenfalls an dem Begriff des Sittengesetzes orientieren, wie ihn Art. 2 Abs. 1 GG als Schranke für das Grundrecht auf freie Entfaltung der Persönlichkeit nennt[466], wobei auch im Rahmen der Beurteilung der Sittenordnung die soziale Verantwortung des übertragenen Amtes von Bedeutung ist.

III. Grobe Pflichtverletzung, die ein Verbleiben im Amt ausschließt (§ 105 Abs. 1 Nr. 2, 3. Alt. BVerfGG)

Um abschließend — d. h. über die schon erörterten Tatbestandsalternativen mit ihren formellen Anknüpfungen hinausgehend — beurteilen zu können,

---

462 Vgl. hierzu oben bei Fn. 357 und nach Fn. 427.
463 Siehe oben unter Teil 2 C III 2 nach Fn. 355.
464 Diese Auffassung wird wohl auch von dem BVerfG geteilt, wenn es formuliert: „Auch kann die Person eines Richters, der zugleich Hochschullehrer ist, nicht in der Weise aufgespalten werden, daß seine Äußerungen ihm jeweils nur in der einen und nicht auch in der anderen Eigenschaft zuzurechnen wären". So BVerfG v. 2. 3. 1966, BVerfGE 20, 1 (6); BVerfG v. 3. 3. 1966, BVerfGE 20, 9 (15).
465 § 36 Satz 3 BRRG, § 54 Satz 3 BBG; dazu *C. H. Ule,* § 36 BRRG Rdn. 3; *U. Battis,* § 54 Anm. 4. Für Richter ergibt sich diese Verpflichtung aus § 46 DRiG i.V.m. § 54 Satz 3 BBG, vgl. *G. Schmidt-Räntsch,* § 46 Rdn. 34.
466 Zur Schrankenfunktion des Sittengesetzes und seiner Auslegung vgl. allgemein das Werk von *G. Erbel* und *C. Starck,* S. 259 ff.

inwieweit Verfassungsrichter für außerdienstliche Verfehlungen rechtlich einzustehen haben, ist es nicht nur erforderlich, den Normbereich des § 105 Abs. 1 Nr. 2, 3. Alt. BVerfGG klarzulegen. Vorgreiflich insoweit ist nämlich die Frage, welche Verhaltenspflichten die Rechtsordnung Verfassungsrichtern für den außerdienstlichen Bereich auferlegt. Erst nachdem klargestellt ist, welche Verhaltensgebote ein Richter des Bundesverfassungsgerichts im privaten Lebensbereich zu befolgen hat, kann beurteilt werden, ob deren Verletzung gemäß § 105 Abs. 1 Nr. 2, 3. Alt. BVerfGG mit der Sanktion der Entlassung bedroht ist. Alle jene Erwägungen, die in Teil 2 bei Untersuchung der Frage, welchem Verhaltenskodex die Verfassungsrichter unterworfen sind, eine Beschränkung auf die Normen des Deutschen Richtergesetzes bzw. die des Bundesbeamtengesetzes rechtfertigen[467], sind auch hier maßgeblich, so daß im folgenden ebenfalls nur auf diese Gesetze einzugehen ist.

1. Die Pflichtenstellung der Richter des Bundesverfassungsgerichts

Das richterliche Dienstrecht wird durch das Deutsche Richtergesetz nicht umfassend geregelt. In diesem Gesetzeswerk sind nur diejenigen Pflichten der Richter normiert, die für deren Rechtsstellung von besonderer Bedeutung sind und die die Unterschiede gegenüber der Amtsstellung der Angehörigen der anderen Staatsgewalten sinnfällig zum Ausdruck bringen. Zur Ergänzung sind die entsprechenden Vorschriften der Beamtengesetze in den Grenzen ihrer Anwendbarkeit heranzuziehen[468].

a) Die Pflichten der Richter des Bundesverfassungsgerichts nach dem Deutschen Richtergesetz

Das außerdienstliche Verhalten der Richter hat durch das Deutsche Richtergesetz nur insofern eine Regelung erfahren, als ihnen durch § 41 Abs. 1 DRiG verboten ist, Rechtsgutachten zu erstatten oder entgeltlich Rechtsauskünfte zu erteilen, sie gemäß § 43 DRiG über den Hergang bei Beratung und Abstimmung auch nach Beendigung des Dienstverhältnisses zu schweigen haben und nur unter bestimmten Voraussetzungen eine Nebentätigkeit als Schiedsrichter oder Schiedsgutachter ausüben dürfen, § 40 DRiG. Darüber hinaus normiert § 39 DRiG als generelle Richterpflicht das Gebot, sich außerhalb des Amtes, auch bei politischer Betätigung, so zu verhalten, daß das Vertrauen in die Unabhängigkeit nicht gefährdet wird[469].

Diesen für die allgemeine Richterschaft geltenden Bestimmungen kann wohl ohne Bedenken auch für die Richter des Bundesverfassungsgerichts Gel-

---

467 Vgl. oben Teil 2 C IV 1.
468 Vgl. oben bei Fn. 366.
469 Wohl deshalb hält der Präsident des BGH Pfeiffer die Richter für verpflichtet, sich nicht zum Zwecke der Kundgabe ihrer politischen Überzeugung zu einem Verhalten verleiten zu lassen, das sich „jedenfalls in der Grauzone des möglicherweise Strafbaren" bewege, vgl. FAZ v. 29. 1. 1987, S. 4.

tungskraft zugemessen werden[470]. Es handelt sich dabei nämlich um fundamentale Grundsätze[471], die in einem weiteren Sinne zu dem das Grundgesetz beherrschenden Rechtsstaatsprinzip zu zählen sind, denn sie begründen nur einen Mindeststandard derjenigen Anforderungen, die unter Geltung des Grundgesetzes an die rechtsprechende Gewalt gestellt werden müssen. Hierbei kann auch die spezifische verfassungsrichterliche Tätigkeit nicht als Ausnahmetatbestand anerkannt werden. Trotz ihrer notwendigerweise auch politischen Dimension[472] ist daran festzuhalten, daß auch sie immer dem strikten Zwang zur Rechtsanwendung zu genügen hat. Überspitzt könnte man sogar sagen, daß gerade wegen der Tatsache, daß der Verfassungsrichter häufiger als die übrigen Richter mit politischen Sachverhalten konfrontiert wird, dessen politische Zurückhaltung besonders zu fordern sei.

Eine Besonderheit allerdings, die sich auf das Beratungsgeheimnis bezieht, darf nicht unerwähnt bleiben. Zwar gilt auch für das Bundesverfassungsgericht der allgemeine Grundsatz, daß die Interna der Beratung der Schweigepflicht unterliegen, doch hat sich der Gesetzgeber dazu entschlossen, den Verfassungsrichtern die Abgabe von Sondervoten freizustellen und das Abstimmungsergebnis erkennbar werden zu lassen[473]. Diese der übrigen Gerichtsbarkeit nicht eröffnete Möglichkeit ändert aber grundsätzlich nichts daran, daß die persönliche Stellungnahme des einzelnen Verfassungsrichters gegen seinen Willen nicht aufgedeckt werden darf.

b) Die Pflichten der Richter des Bundesverfassungsgerichts nach dem Bundesbeamtengesetz

Wenn nunmehr die Problematik zu behandeln ist, inwieweit das Beamtenrecht auch den Richtern des Bundesverfassungsgerichts Pflichten auferlegt, kann derselben Untersuchungsmethode gefolgt werden, wie sie in Teil 2 hinsichtlich der Pflichten im Amt und in gleichem Zusammenhang dargelegt worden ist[474]. Es sei deshalb auch hier nur auf einige Pflichten von grundlegender Bedeutung hingewiesen.

Als gesichert darf wohl die Erkenntnis gelten, daß der Verfassungsrichter ebenso wie jeder Beamte, auch nach Beendigung des Dienstverhältnisses, über die ihm bei seiner amtlichen Tätigkeit bekanntgewordenen Angelegenheiten zu schweigen hat (§ 61 Abs. 1 BBG)[475]. Der Umstand, daß alle Vorgänge, die das Verfassungsorgan Bundesverfassungsgericht betreffen oder die mit ihm in Zusammenhang gebracht werden können, in der Öffentlichkeit

---

470 So, ohne nähere Begründung, *Gerner/Decker/Kaufmann,* § 69 Rdn. 2; *G. Schmidt-Räntsch,* § 69 Rdn. 5.
471 *G. Schmidt-Räntsch,* Vorbemerkung § 38, geht davon aus, daß in den §§ 38 ff. DRiG die richterlichen „Grundpflichten" geregelt werden.
472 Vgl. *K. Stern,* a. a. O. (Fn. 9), S. 943.
473 Siehe § 30 Abs. 2 BVerfGG.
474 Vgl. oben Teil 2 C IV 1 b am Anfang.
475 So, ohne nähere Begründung, *H. Lechner,* § 105 Erl. Zu Abs. 1 c); *B. Schmidt-Bleibtreu* in *Maunz/Schmidt-Bleibtreu/Klein/Ulsamer,* vor §§ 98—105 Rdn. 5.

auf vergleichsweise gesteigertes Interesse stoßen[476], kann eine Ausnahme nicht begründen. Angesichts der besonderen Stellung des Bundesverfassungsgerichts mag man zwar dem öffentlichen Bedürfnis nach Information durchaus Verständnis entgegenbringen, indes ist dennoch dem Geheimhaltungsinteresse insoweit der Vorrang einzuräumen. Dies rechtfertigt sich einerseits aus der Überlegung, daß zur Wahrung der Autorität des Bundesverfassungsgerichts im Rechtsleben die Amtsverschwiegenheit seiner Mitglieder unerläßlich ist; andererseits spricht für eine entsprechende Anwendung des § 61 Abs. 1 BBG auch der Umstand, daß die Entscheidung der Rechtsfragen, die den Verfassungsrichtern unterbreitet werden, oft die Kenntnis solcher Tatsachen mit sich bringt, die aus Gründen der Staatssicherheit als geheimhaltungsbedürftig zu bewerten sind[477]; und schließlich darf im vorliegenden Zusammenhang nicht außer Betracht gelassen werden, daß das Bundesverfassungsgericht wie jedes andere Staatsorgan (Art. 1 Abs. 3 GG) gehalten ist, die Persönlichkeitsrechte der Antragsteller (Art. 2 Abs. 1 i.V.m. Art. 1 Abs. 1 GG)[478] zu wahren. Daher ist es durchaus mit der Rechtsstellung der Verfassungsrichter vereinbar — wenn nicht sogar verfassungsrechtlich geboten —, auch auf jene die Regelung des § 61 Abs. 1 BBG entsprechend anzuwenden.

Gleiches gilt für die Regelung des § 54 Satz 3 BBG, die die Beamten zu einem Verhalten verpflichtet, das der Achtung und dem Vertrauen gerecht wird, die ihr Beruf erfordert[479]. Die Rechtsstellung der Bundesverfassungsrichter weist nämlich auch insofern keine Besonderheiten auf, die es rechtfertigen würden, sie von dieser Pflicht freizustellen. Indes kann die entsprechende Anwendung des § 54 Satz 3 BBG nicht dazu führen, daß im konkreten Einzelfall an einen Verfassungsrichter nicht höhere Verhaltensanforderungen gestellt werden als beispielsweise an einen Gerichtswachtmeister. Das Gesetz selbst verbietet eine solche Konsequenz, indem es die zu erfüllenden Verhaltensforderungen an das jeweils übertragene Amt rückbindet und so einen variablen Maßstab fordert[480]. Andererseits ist zu bedenken, daß einem Verfassungsrichter sicherlich dennoch nicht zugemutet werden kann, bei der Gestaltung seines Privatlebens eine asketische Selbstkontrolle auszuüben; allerdings muß er angesichts seiner exponierten Stellung jederzeit gewärtigen, daß er auch hinsichtlich seines Privatlebens einer stärkeren Beachtung durch die Öffentlichkeit ausgesetzt ist[481] und sich deshalb im außerdienstlichen Bereich entsprechend verhalten und darauf achten, daß der Respekt vor seiner Persönlichkeit gewahrt bleibt.

---

476 Vgl. bereits oben nach Fn. 432.
477 Als augenfälliges Beispiel sei hier nur die Entscheidung des BVerfG über die Raketenstationierung (BVerfG v. 18. 12. 1984, BVerfGE 68, 1 ff.) genannt. Aus diesem Grunde kann nach § 17 BVerfGG i.V.m. § 172 Nr. 1 GVG auch in den Verfahren vor dem BVerfG die Öffentlichkeit für die Verhandlung oder für einen Teil davon ausgeschlossen werden, wenn sie eine Gefährdung der Staatssicherheit besorgen läßt.
478 Zum allgemeinen Persönlichkeitsrecht vgl. etwa *I. v. Münch* in GGK, Art. 2 Rdn. 22 ff.; *v. Mangoldt/Klein/Starck*, Art. 1 Abs. 1 Rdn. 78 f., jeweils mit weiteren Nachweisen.
479 So wohl auch *W. Geiger*, a. a. O. (Fn. 12), § 105 Anm. 2b cc.
480 Vgl. etwa *Wolff/Bachof*, S. 536; *U. Battis*, § 54 Anm. 4a.
481 Vgl. hierzu bereits oben nach Fn. 465.

2. Der Beurteilungsmaßstab für die Anwendung des § 105 Abs. 1 Nr. 2, 3. Alt. BVerfGG

Auch im außerdienstlichen Bereich muß letztlich der Maßstab zur Beurteilung des Verhaltens eines Verfassungsrichters im Hinblick auf § 105 Abs. 1 Nr. 2, 3 Alt. BVerfGG aus der Tatsache hergeleitet werden, daß auch sein persönliches Verhalten nicht von seiner Amtsstellung als völlig losgelöst betrachtet werden kann[482]. Diese Verbindung rechtfertigt hier gleichfalls die Auslegung des § 105 Abs. 1 Nr. 2, 3. Alt. BVerfGG, wonach nur eine solche Verletzung der im Vorstehenden aufgeführten Pflichten als Entlassungsgrund zu werten ist, die einen funktionsgefährdenden Effekt im Sinne eines Ansehensverlusts herbeigeführt hat[483]. Aus der Natur der Sache folgt, daß sich diese Lebens- und Rechtsbeziehungen einer bis ins einzelne gehenden Beschreibung entziehen. Wie schon erwähnt, kann der Gesetzgeber „der Vielgestaltigkeit des Lebens[484]" in derartigen Fällen nur durch die Verwendung von Generalklauseln Rechnung tragen[485].

Zusammenfassung von Teil 3

Die vorstehenden Ausführungen zeigen, daß auch für den außerdienstlichen Bereich durchaus Unterschiede zwischen der rechtlichen Verantwortlichkeit der Verfassungsrichter und der der übrigen Richter festzustellen sind. Jedoch sind in der Rechtsstellung der Verfassungsrichter insofern keine Besonderheiten angelegt, die ihre Erörterung dem Grunde nach nicht bereits in Teil 2 der Untersuchung gefunden hätten. Um Wiederholungen zu vermeiden, sei hier deshalb auf jene Ausführungen verwiesen[486].

---

[482] Vgl. hierzu oben bei Fn. 464.
[483] Vgl. hierzu oben nach Fn. 427.
[484] BVerfG v. 30. 11. 1955, BVerfGE 4, 352 (358); BVerfG v. 22. 6. 1960, BVerfGE 11, 234 (237).
[485] Vgl. hierzu oben Teil 2 C IV 2 am Anfang.
[486] Vgl. insbes. die Zusammenfassung von Teil 2, S. 163 f.

Teil 4 Das Entlassungsverfahren nach § 105 BVerfGG

Nachdem klargelegt worden ist, welche Verhaltensweisen der Verfassungsrichter die Rechtsordnung mit der Sanktion der Entlassung belegt, ist nunmehr auf die Frage einzugehen, wie diese Sanktion gegebenenfalls verfügt und durchgesetzt werden kann. Erst die Antwort auf diese Frage wird letztlich erweisen, ob und inwieweit von einer rechtlichen Verantwortlichkeit der Richter des Bundesverfassungsgerichts ausgegangen werden kann.

Da das Bundesverfassungsgericht auch für jene Verfassungsrichter, die als Bundesrichter in dieses Amt gewählt worden sind, jede „Disziplinierung" außerhalb des Verfahrens nach § 105 BVerfGG ausgeschlossen hat[487], hat sich die nachfolgende Untersuchung nur mit diesem und den mit ihm zusammenhängenden Rechtsfragen zu befassen. Zum besseren Verständnis scheint es unerläßlich, zunächst den Verfahrensablauf zu skizzieren, weil insbesondere erst auf dieser Grundlage die Frage nach der Letztentscheidungskompetenz gemäß § 105 Abs. 1 BVerfGG behandelt werden kann.

A. *Das Verfahren im formellen Sinne*

Gemäß § 105 Abs. 2 BVerfGG wird das Entlassungsverfahren, auf Antrag von mindestens sechs Mitgliedern des Gerichts[488], eingeleitet durch Beschluß des Plenums des Bundesverfassungsgerichts, der entsprechend § 15 Abs. 3 Satz 2 BVerfGG der einfachen Mehrheit der anwesenden Gerichtsmitglieder bedarf[489]. Das Plenum ist beschlußfähig, wenn zwei Drittel der Richter jedes Senats anwesend sind, § 16 Abs. 2 BVerfGG. Nach § 18 Abs. 1 Nr. 1 BVerfGG ist der betroffene Richter von der Mitwirkung ausgeschlossen. Bei oder nach Einleitung des Verfahrens[490] kann — auf Antrag des betroffenen Richters muß — das Plenum eine Voruntersuchung anordnen, § 105 Abs. 3 i.V.m. § 54 Abs. 1 BVerfGG. Gemäß § 105 Abs. 3 i.V.m. § 55 Abs. 1 und 2, 4 bis 6 BVerfGG ergeht die Entscheidung aufgrund mündlicher Verhand-

---

[487] So BVerfG v. 5. 10. 1977, BVerfGE 46, 34 (41); vgl. hierzu bereits oben bei Fn. 94.
[488] Siehe § 49 Abs. 1 Hlbs. 1 der Geschäftsordnung des BVerfG v. 2. 9. 1975, BGBl. I, S. 2515 ff., zuletzt geändert durch Bekanntmachung v. 5. 12. 1978, BGBl. I, S. 2095.
[489] Vgl. hierzu *B. Schmidt-Bleibtreu* in *Maunz/Schmidt-Bleibtreu/Klein/Ulsamer,* § 105 Rdn. 14, der jedoch — offenbar versehentlich — § 15 Abs. 2 Satz 3 BVerfGG zitiert.
[490] Vgl. *B. Schmidt-Bleibtreu* in *Maunz/Schmidt-Bleibtreu/Klein/Ulsamer,* § 105 Rdn. 14.

lung⁴⁹¹. Kommt das Plenum dabei zu dem Schluß, daß einer der in § 105 Abs. 1 Nr. 2 BVerfGG genannten Entlassungsgründe gegeben ist, kann es den Bundespräsidenten mit Zweidrittelmehrheit ermächtigen, den betroffenen Verfassungsrichter zu entlassen, § 105 Abs. 4 BVerfGG Erst dieser vollzieht mit Wirkung nach außen den Akt der Amtsbeendigung.

B. Die Ermessensentscheidung des Bundesverfassungsgerichts

Um das Amt eines Verfassungsrichters gegen seinen Willen beenden zu können, ist also das Zusammenwirken zweier oberster Bundesorgane vonnöten; nach dem Wortlaut des § 105 Abs. 1 BVerfGG kommt dabei dem Bundesverfassungsgericht die Entscheidungsinitiative zu. Spricht es eine Ermächtigung nicht aus, kann der Bundespräsident nicht tätig werden, auch wenn einer der in § 105 Abs. 1 Nr. 2 BVerfGG genannten Entlassungsgründe objektiv erfüllt ist.

Darüber hinaus ergibt sich aus dem Wortlaut der Vorschrift, ebenfalls mit völliger Klarheit, daß dem Bundesverfassungsgericht im Hinblick darauf, ob es die Ermächtigung ausspricht, ein Ermessensspielraum zukommt⁴⁹², auch wenn es sich bei den Tatbestandsmerkmalen des § 105 Abs. 1 Nr. 2 BVerfGG um unbestimmte Rechtsbegriffe handelt. Zwar ist dieses Ermessen, mit dem über die Entlassung zu entscheiden ist, ebenso wie das den übrigen Staatsorganen durch Gesetz eingeräumte, in jedem Fall pflichtgemäß auszuüben; doch im Gegensatz zu jenem kann die Pflichtwidrigkeit der Ermessensausübung des Bundesverfassungsgerichts, auch im gröbsten Fall einer rein willkürlichen Entscheidung, auf keine Weise kontrolliert oder korrigiert werden. Selbst wenn insoweit die Zulässigkeit einer Verfassungsbeschwerde erwogen würde, ergäbe sich nämlich, daß das Bundesverfassungsgericht nicht Antragsgegner zu sein vermag⁴⁹³. Inwieweit dem betroffenen Verfassungsrichter ein Rechtsmittel gegen den Akt des Bundespräsidenten zustünde, soll hier dahingestellt bleiben.

---

491 Zu der umstrittenen Frage, ob diese unter Ausschluß der Öffentlichkeit stattzufinden hat, vgl. *B. Schmidt-Bleibtreu* in *Maunz/Schmidt-Bleibtreu/Klein/Ulsamer,* § 105 Rdn. 14 mit eingehenden Literaturnachweisen.
492 So grundsätzlich auch *B. Schmidt-Bleibtreu* in *Maunz/Schmidt-Bleibtreu/Klein/Ulsamer,* § 105 Rdn. 3, der allerdings in den Fällen des § 105 Abs. 1 Nr. 1 BVerfGG (dauernde Dienstunfähigkeit) das BVerfG verpflichten will, die Ermächtigung auszusprechen; hiergegen bereits oben unter Teil 2 C I nach Fn. 100.
493 Die Entscheidungen des BVerfG können mit der Verfassungsbeschwerde nicht angegriffen werden, vgl. nur BVerfG v. 29. 11. 1951, BVerfGE 1, 89 (90); BVerfG v. 28. 5. 1957, BVerfGE 7, 17 (18); BVerfG v. 23. 1. 1958, BVerfGE 7, 239 (243); BVerfG v. 6. 4. 1965, BVerfGE 18, 440 (440 f.); BVerfG v. 16. 6. 1965, BVerfGE 19, 88 (90 ff.); *H. Lechner,* § 90 Erl. 2 c; *C. Pestalozza,* a. a. O. (Fn. 178), S. 103; *K. Stern* in Bonner Kommentar, Art. 93 Rdn. 627.

C. Die Kompetenz des Bundespräsidenten

Während sich die im Vorstehenden behandelte Rechtsfrage unmißverständlich bereits anhand des Normtextes des § 105 BVerfGG beantworten läßt, kann Gleiches nicht in Hinblick auf die Problematik festgestellt werden, welche rechtlichen Konsequenzen der Ermächtigungsbeschluß des Bundesverfassungsgerichts für den Bundespräsidenten bedeutet. Der Wortlaut des Gesetzes klärt nämlich expressis verbis nicht, ob der Bundespräsident an den Ermächtigungsbeschluß des Bundesverfassungsgerichts gebunden ist[494] oder ob ihm durch § 105 Abs 1 BVerfGG eine formelle, eine materiell-rechtliche oder sogar eine die Zweckmäßigkeit der beantragten Entlassung umfassende Prüfungskompetenz eingeräumt ist. Nach der für § 105 Abs. 1 BVerfGG gewählten Formulierung „kann ... ermächtigen" scheint allerdings eine umfassende Prüfungskompetenz des Bundespräsidenten bejaht werden zu müssen, zumal durch den Gebrauch des Wortes „ermächtigen" in der deutschen Rechtssprache regelmäßig zum Ausdruck gebracht wird, daß nur Befugnisse verliehen, nicht aber Pflichten auferlegt werden[495]. Aus diesem Grunde gehen wohl die in der Literatur überwiegend vertretene Ansicht[496] und das Bundesverfassungsgericht[497] auch davon aus, daß dem Bundespräsidenten nach § 105 Abs. 1 BVerfGG keine Rechtspflicht zum Vollzug der ihm angesonnenn Entlassung, sondern eine eigene Ermessensentscheidung obliege.

Angesichts der Flexibilität, des Nuancenreichtums und der Anpassungsfähigkeit der Sprache[498] ist jedoch der Wortlaut einer gesetzlichen Bestimmung in aller Regel nur der Ausgangspunkt für deren Sinnermittlung[499]. Erst durch eine Kombination der verschiedenen Auslegungsmittel läßt sich der zu erforschende „objektivierte Wille des Gesetzgebers"[500] erfassen. Dies zeigt sich insbesondere an der Verfassungsrechtsordnung, in der sich zahlreiche Beispielsfälle finden lassen, in denen der Sinngehalt einer Vorschrift — obwohl diese eindeutig formuliert scheint — erst aufgrund einer solchen Vorgehensweise zutage tritt.

So legt Art. 64 Abs. 1 GG seinem Wortlaut gemäß die Deutung nahe, daß der Bundespräsident die Bundesminister aufgrund eigener politischer Entscheidung ernennen bzw. entlassen kann, er also an den Vorschlag des Bundeskanzlers nicht gebunden ist[501]. Das Wort „Vorschlag", das auch in

---

494 Siehe *K. Doehring,* a. a. O. (Fn. 7), S. 135.
495 Vgl. *K. Lademann,* DÖV 1960, S. 685.
496 *W. Geiger,* a. a. O. (Fn. 12), § 105 Anm. 5; *Leibholz/Rupprecht,* § 105 Rdn. 2; *H. Lechner,* § 105 Erl. Allgemeines; *B. Schmidt-Bleibtreu* in *Maunz/Schmidt-Bleibtreu/Klein/Ulsamer,* § 105 Rdn. 13; a. A. *K. Lademann,* DÖV 1960, S. 686; *K. Doehring,* a. a. O. (Fn. 7), S. 135, 248.
497 Beschl. v. 5. 10. 1977, BVerfGE 46, 34 (42).
498 Vgl. *K. Larenz,* S. 306.
499 Vgl. *A. Meier-Hayoz,* S. 42; *K. Larenz,* S. 307.
500 BVerfG v. 21. 5. 1952, BVerfGE 1, 299 (312), danach ständige Rechtsprechung, vgl. hierzu *K. Stern,* a. a. O. (Fn. 7), S. 125 mit umfassenden Literatur- und Rechtsprechungsnachweisen in Fn. 112.
501 So auch *W.-R. Schenke* in Bonner Kommentar, Art. 64 Rdn. 11.

Art. 64 Abs. 1 GG Verwendung gefunden hat, wird nämlich regelmäßig dann gebraucht, wenn zum Ausdruck gebracht werden soll, daß eine Bindung gerade nicht gewollt ist. Ein Vorschlag kann nach Belieben angenommen oder abgelehnt werden, nach allgemeinem Sprachgebrauch ist dem Begriff „Vorschlag" die Unverbindlichkeit immanent[502]. Die systematisch-teleologische Auslegung des Art. 64 Abs. 1 GG erweist aber, daß dieser vom Verfassungstext her naheliegenden Ansicht nicht gefolgt werden kann. Würde dem Bundespräsidenten die Kompetenz zugestanden, den vom Bundeskanzler Vorgeschlagenen auch aufgrund eigener politischer Erwägungen die Ernennung bzw. Entlassung zu versagen, würde ihm damit zugleich eine Führungsrolle zugestanden, die nach Art. 65 Satz 1 GG dem Bundeskanzler gebührt[503]. Darüber hinaus belegen auch die Regelungen der Art. 63, 67 und 58 GG, daß nach der Konzeption des Grundgesetzes „Herr"[504] des Ernennungs- bzw. Entlassungsverfahrens der Bundeskanzler und nicht der Bundespräsident sein soll[505]. Diese heute nahezu unbestrittene Auffassung[506] weist also nach, daß der Wortlaut des Grundgesetzes, auch wenn er klar erscheint, durchaus nicht konklusiv sein muß, sondern einer Auslegung nach Sinn und Zweck der Normen und contra verbum zugänglich ist.

Eine weitere Bestätigung hierfür liefert die Vorschrift des Art. 60 Abs. 1 GG, nach welcher der Bundespräsident unter anderem die Bundesrichter „ernennt". Gemäß dieser für die Verfassungsnorm gewählten Formulierung scheint wiederum jene Deutung dem Sinngehalt der Vorschrift zu entsprechen, daß der Bundespräsident aufgrund eigener rechtlich ungebundener Entscheidung die ihm übertragene Aufgabe wahrnimmt[507]. Die systematisch-teleologische Auslegung erweist allerdings auch hier, daß ihm das Grundgesetz eine solch weitreichende Kompetenz nicht eingeräumt hat. Nach Art. 95 Abs. 2 GG ist nämlich die Auswahl unter den für ein Bundesrichteramt in Betracht Kommenden einem Richterwahlausschuß und dem für das jeweilige Sachgebiet zuständigen Bundesminister überantwortet. Die für die Formulierung dieser Verfassungsnorm gewählte Wendung „Über die Berufung der Richter dieser Gerichte [Bundesrichter] entscheidet der für das jeweilige Sachgebiet zuständige Bundesminister gemeinsam mit einem Richterwahlausschuß . . ." stellt unmißverständlich klar, daß jenem Gremium die Letztentscheidungskompetenz insoweit zukommen soll, als darüber zu befinden ist, wer zweckmäßigerweise vom Bundespräsidenten zum Bundesrichter ernannt werden solle[508]. Dies ergibt sich nicht nur aus dem verwende-

---

502 Ähnlich *K. Stern,* a. a. O. (Fn. 9), S. 246: „Ein Vorschlag bedeutet seinem Wortsinn nach noch nicht die Pflicht, ihm zu folgen." Vgl. auch *Maunz/Zippelius,* S. 395: „. . . Vorschläge sind keine Verpflichtungen . . .".
503 Vgl. *W.-R. Schenke* in Bonner Kommentar, Art. 64 Rdn. 17.
504 *R. Herzog* in *Maunz-Dürig,* Art. 64 Rdn. 49.
505 Zur Argumentation im einzelnen vgl. etwa. *W.-R. Schenke* in Bonner Kommentar, Art. 64 Rdn. 14 ff.
506 Vgl. etwa *R. Herzog* in *Maunz-Dürig,* Art. 64 Rdn. 49; *H. C. F. Liesegang* in GGK, Art. 64 Rdn. 7; *K. Stern,* a. a. O. (Fn. 9), S. 247; *K. Doehring,* a. a. O. (Fn. 7) S. 160.
507 Vgl. *P. Busse,* DÖV 1965, S. 470 f.
508 Vgl. *N. Achterberg* in Bonner Kommentar, Art. 95 Rdn. 276.

ten Begriff „entscheidet", der nach allgemeinem Sprachgebrauch ein Sich-Festlegen auf einen bestimmten, nicht ohne weiteres zu revidierenden Entschluß beinhaltet, sondern auch das Wort „Richterwahlausschuß" zeigt deutlich, daß die Auswahl der zu Ernennenden verbindlich durch das durch Art. 95 Abs. 2 GG institutionalisierte Gremium erfolgen soll[509]. Für die Auslegung des Art. 60 Abs. 1 GG folgt aus dieser Regelung des Grundgesetzes, daß dem Bundespräsidenten auch bei der Ernennung der Bundesrichter nur eine rechtswahrende Kontrollkompetenz, nicht aber eine eigene personalpolitische Entscheidungskompetenz zugestanden ist[510].

Wollte man trotz der Vorschrift des Art. 95 Abs. 2 GG den gegenteiligen Standpunkt vertreten, ließe man dabei doch außer acht, daß die Verfassung ihrem Zweck nach „eine einheitliche Ordnung des politischen und gesellschaftlichen Lebens der staatlichen Gemeinschaft"[511] bilden soll und deshalb verfassungsrechtliche Bestimmungen so auszulegen sind, daß sie sich zu einem harmonischen Sinngebilde zusammenfügen[512]. Man mag darüber streiten, ob dieses sog. Interpretationsprinzip der Einheit der Verfassung[513] als eigenständiges methodisches Auslegungsmittel anzuerkennen ist oder ob es sich lediglich um einen Unterfall der systematischen Interpretationsmaxime handelt[514]. Als gesichert darf jedenfalls die Erkenntnis gelten, daß sowohl für die verfassungsrechtlichen als auch für die einfachgesetzlichen Normen eine solche Deutung zu wählen ist, die die Wahrung der sachlichen Übereinstimmung mit den übrigen thematisch verknüpften Normen ermöglicht[515].

Für die hier aufgegriffene Rechtsfrage, wer letztverbindlich über die Entlassung eines Verfassungsrichters nach § 105 BVerfGG zu befinden hat, ergibt sich aus diesem Ansatz, daß dem Gesetzeswortlaut, der — wie gezeigt — für eine Ermessensentscheidung des Bundespräsidenten zu sprechen scheint, ausschlaggebende Bedeutung nicht beigemessen werden kann. Letztlich werden deshalb auch hier erst systematische und teleologische Auslegung erweisen müssen, ob der vom Normtext her naheliegenden Ansicht zu folgen ist oder ob dem Bundespräsidenten — wie in den geschilderten Beispielsfällen — nur die Kompetenz übertragen ist, die beantragte Entlassung hinsichtlich ihrer Rechtmäßigkeit zu überprüfen. Allerdings muß ebenfalls in Betracht gezogen werden, daß sich als Ergebnis der im folgenden anzuwendenden Auslegungsmaximen auch eine Beschränkung der Kompetenz des Bundespräsidenten auf die Ausübung des formellen Prüfungsrechts herausstellen könnte.

---

509 Vgl. *F. Steiner,* S. 51.
510 So die überwiegende Ansicht, vgl. *K. Stern,* a. a. O. (Fn. 9), S. 262 mit weiteren Literaturnachweisen in Fn. 326.
511 BVerfG v. 14. 12. 1965, BVerfGE 19, 206 (220).
512 Vgl. etwa BVerfG v. 11. 4. 1972, BVerfGE 33, 23 (27) mit weiteren Rechtsprechungsnachweisen; *K. Stern,* a. a. O. (Fn. 7), S. 130; *K. Hesse,* S. 26 f.
513 So ausdrücklich BVerfG v. 14. 12. 1965, BVerfGE 19, 206 (220); *K. Hesse,* S. 26.
514 Vgl. *F. Müller,* Arbeitsmethoden, S. 165 f.; sowie umfassend *ders.,* Einheit, passim.
515 Vgl. *K. Larenz,* S. 310.

I. Zur Frage der formellen Prüfungskompetenz

Zwar erfaßt die Frage nach der dem Bundespräsidenten durch § 105 Abs. 1 BVerfGG zugewiesenen Kompetenz einen Teilbereich der umfassenderen Problematik, ob und inwieweit ihm generell bei Wahrnehmung der übertragenen Aufgaben Einwirkungs-, Gestaltungs- und Kontrollmöglichkeiten gegenüber den anderen Staatsorganen eingeräumt sind. Indes sind die zu jenem Fragenkomplex allgemein angestellten Erwägungen[516] angesichts der Singularität der Rechtsstellung der Bundesverfassungsrichter nur bedingt verwertbar, um den durch § 105 Abs. 1 BVerfGG eingeräumten Kompetenzumfang zu ermitteln. Gleichwohl können jedoch durchaus jene Überlegungen herangezogen werden, die für das Prüfungsrecht des Bundespräsidenten bezüglich der Ernennung und Entlassung der Mitglieder anderer Verfassungsorgane gelten[517]. In den genannten Fällen wird argumentiert, es sei mit der Stellung des Bundespräsidenten als Staatsoberhaupt unvereinbar, ihm jegliche Rechtsprüfung zu untersagen[518]. Darüber hinaus verpflichte ihn auch seine Bindung an Gesetz und Recht (Art. 20 Abs. 3 GG), den Vollzug ihm angesonnener rechtswidriger Staatsakte zu unterlassen[519]. Auf diese Überlegungen aufbauend ist heute, soweit ersichtlich, unstreitig, daß der Bundespräsident in den aufgeführten Fällen zur Überprüfung jedenfalls der formellen Rechtmäßigkeitsvoraussetzungen berufen ist[520].

Im Falle des § 105 Abs. 1 BVerfGG nun gegenteilig entscheiden zu wollen, erscheint angesichts der vergleichbaren Interessenlage wenig überzeugend, zumal die Auffassung, auch durch jene Vorschrift sei dem Bundespräsidenten eine formelle Prüfungskompetenz eingeräumt, durch weitere Argumente erhärtet wird. Schon allein der Umstand, daß der Vollzug des die Amtsbeendigung bewirkenden Staatsaktes dem Bundespräsidenten und nicht auch dem Plenum des Bundesverfassungsgerichts überantwortet ist, spricht für eine solche. Wollte man den Grund für dieses Mitwirkungserfordernis des Bundespräsidenten nicht in der Sicherung wenigstens der formellen Rechtmäßigkeit sehen, enthielte § 105 Abs. 1 BVerfGG nämlich insoweit eine überflüssige, weil keinen Sinn ergebende, gesetzliche Regelung. Weder aus der Vorschrift des Art. 60 Abs. 1 GG, nach welcher der Bundespräsident die Bundesrichter entläßt, noch mittels sonstiger rechtlicher Erwägungen läßt sich nämlich überzeugend erklären, warum dem Bundespräsidenten und nicht dem Bundesverfassungsgericht die Aufgabe übertragen wurde, die Amtsbeendigung eines Verfassungsrichters zu vollziehen. Selbst wenn man die Richter des Bundesverfassungsgerichts zu den Bundesrichtern im Sinne des Art. 60

---

516 Vgl. etwa *K.-H. Hall,* JZ 1965, S. 305 ff.; *E. Menzel,* DÖV 1965, S. 581 ff.
517 So auch *K. Stern* in Bonner Kommentar, Art. 94 Rdn. 38, bei Erörterung der Problematik, ob dem Bundespräsidenten durch § 10 BVerfGG ein formelles und/oder materiell-rechtliches Prüfungsrecht eingeräumt ist.
518 Vgl. etwa *v. Mangoldt/Klein,* Art. 64 Anm. III d; *Giese/Schunck,* Art. 64 Erl. II 3.
519 So die h. M.; vgl. *H. C. F. Liesegang* in GGK, Art. 64 Rdn. 4; *R. Herzog* in *Maunz-Dürig,* Art. 64 Rdn. 13; *K. Stern,* a. a. O. (Fn. 9), S. 248, jeweils mit weiteren Nachweisen.
520 Vgl. außer den in Fn. 519 Genannten etwa *M. R. Lippert,* S. 294; *H. Steiger,* S. 293; *W.-R. Schenke* in Bonner Kommentar, Art. 63 Rdn. 78.

Abs. 1 GG zählen sollte[521], hätte die dem Bundespräsidenten durch diese Verfassungsnorm grundsätzlich eingeräumte „Entlassungskompetenz" durch § 105 BVerfGG eingeschränkt werden können. Art. 60 Abs. 1 Hlbs. 3 GG normiert nämlich insoweit einen Gesetzesvorbehalt[522].

Allerdings könnte der vorstehenden Argumentation entgegengehalten werden, daß die dem Bundespräsidenten durch § 105 Abs. 1 BVerfGG verliehene Befugnis systematisch lediglich das Gegenstück zu seiner Kompetenz bilde, die Richter des Bundesverfassungsgerichts zu ernennen, § 10 BVerfGG, er also nur deshalb für den Vollzug der Entlassung zuständig sei, weil ihm diese Kompetenz auch in Hinblick auf die Ernennung eingeräumt sei. Indes würde sich dieser Einwand deshalb nicht als schlüssig erweisen, weil dem Bundespräsidenten nach allgemeiner Ansicht durch § 10 BVerfGG auch bei der Ernennung die Kompetenz übertragen ist, das Vorliegen deren formeller Voraussetzungen zu überprüfen[523]. Also selbst dann, wenn man in der Entlassungsbefugnis nach § 105 Abs. 1 BVerfGG nur die systematische Umkehrung der Ernennungsbefugnis nach § 10 BVerfGG sehen wollte[524], würde sich dies nicht als Argument gegen, sondern vielmehr als zusätzliches Argument für die Annahme einer zumindest formellen Prüfungskompetenz erweisen.

Darüber hinaus ließe sich zur Bejahung einer solchen Kompetenz noch das Folgende erwägen. Regelmäßig hat jedes Staatsorgan selbständig die Prüfung vorzunehmen, ob im gegebenen Fall seine Zuständigkeit anzunehmen ist. Die Kompetenz folgt aus objektiven Vorschriften, erteilt keine Rechte, sondern Pflichten. Deshalb hat auch der Bundespräsident in jedem denkbaren Fall zu prüfen, ob seine Kompetenz gegeben ist. Diese ihm überantwortete formale Prüfung kann rechtmäßigerweise durch kein anderes Staatsorgan vorgenommen werden. Insoweit als für sein Tätigwerden ein Antrag erforderlich ist, hat der Bundespräsident also die kompetenzmäßige Pflicht, dessen Voraussetzungen zu prüfen. Sind diese nicht erfüllt, hat er seine Kompetenz zu verneinen und ein Tätigwerden abzulehnen. Demgemäß ist daher kein Fall vorstellbar, in dem ihm die formelle Prüfung seiner eigenen Kompetenz verwehrt werden könnte. Auch im Falle des § 105 BVerfGG hat der Bundespräsident deshalb zumindest das Vorliegen der formellen Ermächtigungsvoraussetzungen zu prüfen, da nach dieser einfachgesetzlichen Bestimmung seine Kompetenz, die Entlassung eines Verfassungsrichters zu vollziehen, nur dann gegeben ist, wenn jenen Erfordernissen Genüge getan ist.

---

521 So ausdrücklich *E. Menzel* in Bonner Kommentar, Art. 60 Erl. 2a; ebenso wohl auch *R. Thoma,* JöR Bd. 6 n. F., S. 167; *v. Mangoldt/Klein,* Art. 60 Anm. III 1c; *F. Klein* in *Maunz/Schmidt-Bleibtreu/Klein/Ulsamer,* § 10 Rdn. 2; a. A. *R. Katz,* JöR Bd. 6 n. F., S. 157; *J. Wintrich,* JöR Bd. 6 n. F., S. 208; *K. Stern* in Bonner Kommentar, Art. 94 Rdn. 15.
522 Vgl. *M. Nierhaus,* S. 115; *U. Hemmrich* in GGK, Art. 60 Rdn. 11; *E. Menzel* in Bonner Kommentar, Art. 60 Erl. 3.
523 Vgl. *K. Kröger,* S. 102; *K. Stern* in Bonner Kommentar, Art. 94 Rdn. 39 mit weiteren Nachweisen; weitergehend *A. Arndt,* DVBl. 1951, S. 298, r. Sp., der dem Bundespräsidenten auch insoweit eine materiell-rechtliche Prüfungskompetenz zubilligen will; a. A. *B. Belau,* DÖV 1951, S. 343, r. Sp.
524 So wohl *H. Lechner,* § 105 Erl. Allgemeines.

Ergänzend sei schließlich darauf hingewiesen, daß nach allgemeinen Grundsätzen und also auch hier die Wahrnehmung der Kompetenzen, die einem Staatsorgan überantwortet sind, nicht in dessen Belieben gestellt ist, sondern daß durch die Zuweisung einer Kompetenz zugleich die Verpflichtung begründet ist, sie in Anspruch zu nehmen[525].

II. Zur Frage der materiellen Prüfungskompetenz

Allerdings sind nun durchaus auch Fallkonstellationen vorstellbar, in denen nicht die formellen, sondern die materiellen Rechtmäßigkeitsvoraussetzungen der Ermächtigung fehlen. Gemeint sind solche Sachverhalte, in denen das Bundesverfassungsgericht beispielsweise aufgrund unzureichender Tatsachenfeststellung oder aufgrund unzureichender Subsumtion fälschlicherweise das Vorliegen eines der in § 105 Abs. 1 Nr. 2 BVerfGG genannten Entlassungsgründe angenommen und deshalb den Bundespräsidenten zur Entlassung des betroffenen Verfassungsrichters ermächtigt hat. Die dadurch aufgeworfene Rechtsfrage, ob der Bundespräsident auch bei derartigen Gegebenheiten den ihm angesonnenen Vollzug nach § 105 Abs. 1 BVerfGG verweigern müsse, kann ebensowenig wie die im Vorstehenden behandelte Problematik unter Hinweis auf allgemeine Erwägungen beantwortet werden, wie sie generell bei Erörterung der Prüfungskompetenzen des Bundespräsidenten in der staatsrechtlichen Literatur aufzufinden sind[526]. Würde man in diesem Problemzusammenhang jedoch wieder jene Überlegungen heranziehen, die im Schrifttum für das Prüfungsrecht des Bundespräsidenten bezüglich der Ernennung und Entlassung der Mitglieder anderer Verfassungsorgane angestellt werden, scheint eine Verweigerungspflicht des Bundespräsidenten bejaht werden zu müssen. Die ihm in jenen Fällen von der herrschenden Meinung zugebilligte rechtswahrende Kontrollkompetenz umfaßt nämlich die Prüfung sowohl der formellen als auch der materiell-rechtlichen Voraussetzungen jener Staatsakte, um deren Vollzug er ersucht worden ist[527].

Für die Annahme einer auch materiellen Prüfungskompetenz ließe sich darüber hinaus anführen, daß andernfalls ein etwaiger Fehlgebrauch der dem Bundesverfassungsgericht durch § 105 BVerfGG eröffneten Möglichkeiten nicht kontrolliert oder korrigiert werden könnte. Selbst wenn insoweit die Zulässigkeit einer Verfassungsbeschwerde erwogen würde, ergäbe sich nämlich, daß das Bundesverfassungsgericht nicht Antragsgegner zu sein vermag[528]. Jedoch erweist sich dieses Argument aufgrund folgender Überlegung

---
525 *K. Stern*, a. a. O. (Fn. 9), S. 235 mit weiteren Literaturnachweisen in Fn. 213.
526 Vgl. hierzu oben unter Teil 4 C I bei Fn. 516.
527 So bezüglich der Ernennung des Bundeskanzlers, Art. 63 Abs. 2 Satz 2 GG, *H. C. F. Liesegang* in GGK, Art. 63 Rdn. 10; *R. Herzog* in *Maunz/Dürig*, Art. 63 Rdn. 51; *W.-R. Schenke* in Bonner Kommentar, Art. 63 Rdn. 78, jeweils mit weiteren Nachweisen. Bezüglich der Ernennung und Entlassung der Bundesminister siehe *H. C. F. Liesegang* in GGK, Art. 64 Rdn. 4; *R. Herzog* in *Maunz-Dürig*, Art. 64 Rdn. 13, 49; *K. Doehring*, a. a. O. (Fn. 7), S. 160, jeweils mit weiteren Nachweisen.
528 Vgl. hierzu oben bei Fn. 493.

letztlich nicht als überzeugend. Der Wortlaut des § 105 Abs. 1 BVerfGG stellt unmißverständlich klar, daß der Bundespräsident nur aufgrund der Ermächtigung des Bundesverfassungsgerichts einen Verfassungsrichter entlassen kann. Also selbst dann, wenn einer der in § 105 Abs. 1 Nr. 2 BVerfGG genannten Entlassungsgründe objektiv und unzweifelhaft gegeben wäre, das Bundesverfassungsgericht die Ermächtigung des Bundespräsidenten aber gleichwohl nicht ausspräche, könnte dieser nicht[529] und also auch nicht kontrollierend bzw. korrigierend tätig werden. Dieser Umstand macht deutlich, daß die Kompetenz des Bundespräsidenten, die Entlassung zu vollziehen, durch § 105 Abs. 1 BVerfGG nicht deshalb normiert worden sein kann, um die Gefahr eines Ermessensfehlgebrauchs des Bundesverfassungsgerichts auszuschließen. Würde man eine materielle Prüfungskompetenz des Bundespräsidenten nach § 105 Abs. 1 BVerfGG bejahen, hätte dies, da der Bundespräsident von ihr Gebrauch machen und bei Fehlen der Entlassungsvoraussetzungen ein Tätigwerden ablehnen müßte, aber gerade jene, offensichtlich mit § 105 Abs. 1 BVerfGG nicht beabsichtigte Wirkung zur Konsequenz. Auch wäre nicht einzusehen, daß eine Rechtmäßigkeitskontrolle durch den Bundespräsidenten, falls man sie bejahen sollte, dann nicht stattfinden kann, wenn eine Ermächtigung nicht erteilt ist, aber doch dann stattfinden soll, wenn eine solche ausgesprochen wurde. Die Gefahr nämlich, daß das Plenum des Bundesverfassungsgerichts willkürlich einen Richter nicht zur Entlassung vorschlägt, eventuell um ihn aus falsch verstandener Kollegialität zu schützen, scheint — hypothetisch betrachtet — ebenso groß, wenn nicht gar größer als diejenige, daß sich das Bundesverfassungsgericht eines unliebsamen Gerichtsmitglieds entledigen möchte. Jene Interpretation des § 105 Abs. 1 BVerfGG, wonach der Bundespräsident auch das Vorliegen der materiell-rechtlichen Entlassungsvoraussetzungen zu überprüfen hätte, erfaßt daher wohl kaum den Sinn der gesetzlichen Regelung[530].

Auch durch einen Hinweis auf die dem Bundespräsidenten vom Grundgesetz eingeräumte Rechtsstellung lassen sich die im Vorstehenden gegen die Annahme einer materiellen Prüfungskompetenz erhobenen Bedenken nicht ausräumen.

Zwar wird das Amt des Bundespräsidenten, offenbar im Anschluß an die Ausführungen und an die Terminologie Benjamin Constants[531], vielfach als selbständige, den drei klassischen Gewalten übergeordnete, neutrale vierte Gewalt verstanden, der als sog. „pouvoir neutre" die Aufgabe zukomme, Spannungen zwischen den anderen Staatsgewalten auszugleichen und Machtmißbrauch zu verhindern bzw. zu korrigieren[532]. Folglich, so könnte

---

529 Vgl. hierzu oben Teil 4 B am Anfang.
530 A. A. *K. Lademann,* DÖV 1960, S. 686, l. Sp., der davon ausgeht, daß der Vollzug der Amtsbeendigung dem Bundespräsidenten nach § 105 Abs. 1 BVerfGG deshalb überantwortet sei, um zu verhindern, daß „ein unliebsamer Richter zu Unrecht ausgeschaltet werden könnte...".
531 S. S. 18 ff.
532 Vgl. *Praß,* DVBl. 1948/49, S. 322, r. Sp.; *K. Schmid,* DÖV 1948/49, S. 205, l. Sp.; *Th. Eschenburg,* S. 647; *Th. Maunz* in *Maunz/Dürig,* Art. 54 (Erstbearbeitung) Rdn. 4; *v. Mangoldt/Klein,* Anm. III 3 vor Art. 54; *Maunz/Zippelius,* S. 394; differenzierend *H. Lehne,* S. 192 ff.

argumentiert werden, sei dem Bundespräsidenten auch im Falle des § 105 Abs. 1 BVerfGG eine umfassende Kontrollkompetenz nicht zu versagen. Indes selbst dann, wenn man die Rechtsstellung des Bundespräsidenten in der eben beschriebenen Weise qualifizieren wollte[533], erwiese sich doch, daß diese Ansicht keine schlüssige Begründung für die Annahme einer auch materiellen Prüfungskompetenz zu geben vermag. Nach Auffassung Benjamin Constants, auf dessen Konzeption der vierten Gewalt die im Vorstehenden skizzierte Ansicht nur beruhen könnte, soll der pouvoir neutre deshalb mäßigend auf die anderen Staatsgewalten einwirken, weil es dem Interesse des Staatsganzen widerspräche, „wenn die anderen Gewalten im Streit miteinander liegen, anstatt ohne unnötige Reibung zusammenzuwirken"[534]. Aufgabe des pouvoir neutre ist also die Koordination der klassischen drei Gewalten aus Gründen des Staatswohls[535], nicht aber die Verhinderung des Machtmißbrauchs einer Gewalt schlechthin. Betrachtet man unter diesem Gesichtspunkt den konkreten Konflikt des § 105 Abs. 1 BVerfGG, der sich aus dem Interessengegensatz zwischen dem Plenum des Bundesverfassungsgerichts und jenem Richter ergibt, zu dessen Entlassung der Bundespräsident ermächtigt worden ist, so erweist sich, daß eine Kompetenz des Bundespräsidenten, gegebenenfalls einen Ermessensfehlgebrauch des Bundesverfassungsgerichts aufzudecken und zu verhindern, sich nicht in das von Constant entworfene Kompetenzbild einfügen würde. Räumte man nämlich dem Bundespräsidenten eine solche Befugnis ein, würde er Konflikte im Internum einer Staatsgewalt bereinigen, nicht aber Spannungen zwischen unterschiedlichen Staatsgewalten ausräumen, denn die Frage, ob ein Verfassungsrichter wegen gravierender Pflichtwidrigkeiten zu entlassen ist, betrifft ausschließlich die innere Ordnung des Bundesverfassungsgerichts[536]; Kompetenzbereiche der übrigen Staatsgewalten werden hierdurch in keiner Weise berührt.

Läßt sich demnach unter Hinweis auf die klassische Konzeption der vierten Gewalt eine materielle Prüfungskompetenz des Bundespräsidenten nach § 105 Abs. 1 BVerfGG nicht rechtfertigen, so gilt Gleiches auch dann, falls man eine weitere Aufgabe des pouvoir neutre darin sehen wollte, nur den Exzeß einer der drei anderen Gewalten zu bändigen. Nach der Konzeption des Grundgesetzes ist die Erfüllung dieser durchaus denkbaren Aufgabe nämlich dem Bundesverfassungsgericht selbst und nicht dem Bundespräsidenten überantwortet. Aufgrund der dem Bundesverfassungsgericht durch Art. 93 GG zur Erledigung zugewiesenen Verfahrensarten kann es das Handeln jedes Staatsorgans daraufhin kontrollieren, ob das Grundgesetz beachtet worden ist. Auch die bei Annahme einer materiellen Prüfungskompetenz als neutralisierend gedachte Entscheidung des Bundespräsidenten nach § 105

---

533 Hiergegen, mit überzeugender Argumentation, *K. Doehring,* Der Staat 3 (1964), S. 208 ff.; kritisch auch *O. Kimminich* in Bonner Kommentar, Vorbem. z. Art. 54—61 Rdn. 41 mit ausführlicher Darstellung des Streitstandes.
534 *K. Doehring,* Der Staat 3 (1964), S. 203.
535 Vgl. *B. Constant,* S. 19.
536 Vgl. bereits oben Teil 2 C 1 c aa (9) (b) am Ende.

Abs. 1 BVerfGG könnte daher, zumindest im Wege der Präsidentenklage nach Art. 61 GG, durch das Bundesverfassungsgericht neutralisiert werden. Dieses Argument läßt sich noch durch den Hinweis verdeutlichen, daß das Bundesverfassungsgericht selbst die Stellung des sog. pouvoir neutre nach dem Grundgesetz einnimmt[537], denn als letzte Instanz in Verfassungsfragen ist ihm die Aufgabe übertragen, für die Einhaltung der Verfassung durch jedes andere Staatsorgan zu sorgen[538]. Demgemäß wird dem Bundesverfassungsgericht auch allgemein die Funktion zuerkannt, *Hüter der Verfassung* zu sein[539].

Ein letztes Bedenken, dem Bundespräsidenten eine materiell-rechtliche Kontrollkompetenz zu versagen, mag hier noch erhoben werden, nämlich das, daß das Bundesverfassungsgericht bei der Beschlußfassung über die Entlassungsermächtigung in eigener Sache handele und deshalb einer Kontrolle bedürfe. Doch auch dieses Argument hält nicht stand, bedenkt man, daß die letzte Instanz in gewisser Weise immer in eigener Sache tätig wird und oftmals die eigene Auffassung bestätigt. Ganz deutlich wird dies, hält man sich vor Augen, daß das Bundesverfassungsgericht auch bei der Entscheidung über den Ausschluß eines Richters von Amts wegen (§ 18 BVerfGG) oder über dessen Befangenheit (§ 19 BVerfGG) endgültig über seine eigene Zusammensetzung befindet und also in jenen Fällen ebenfalls in re sua tätig wird[540].

Die vorstehenden Ausführungen erweisen also, daß von der Rechtsordnung eine materielle Prüfungskompetenz des Bundespräsidenten nicht gewollt sein kann. Für diese These lassen sich darüber hinaus noch einige Gesichtspunkte anführen, die aber letztlich auch nur die schon dargelegten Schlußfolgerungen verstärken.

Als erstes sei hier nochmals auf jene Argumentation eingegangen, nach welcher das Mitwirkungserfordernis des Bundespräsidenten in § 105 Abs. 1 BVerfGG deshalb normiert worden sei, um einen Ermessensfehlgebrauch des Bundesverfassungsgerichts zu verhindern[541]. Wollte man trotz der im Vorstehenden aufgezeigten Bedenken diese Ansicht teilen, ergäbe sich dennoch, daß es der Annahme einer materiellen Prüfungskompetenz des Bundespräsidenten nicht bedarf, um eine solche Gefahr auszuschließen. § 105 Abs. 4 BVerfGG bestimmt nämlich, daß der Ermächtigungsbeschluß nach Abs. 1 der Zustimmung von zwei Dritteln der Mitglieder des Gerichts bedarf

---

537 So auch *R.-R. Grauhan,* S. 112; *K. Doehring,* Der Staat 3 (1964), S. 213; *ders.,* a. a. O. (Fn. 7), S. 153; a. A. *H. Lehne,* S. 202, mit der Begründung, daß die Gerichte und also auch das BVerfG nur auf Antrag tätig werden können und ihre Entscheidungen ausschließlich aufgrund „feststehender Rechtssätze" zu treffen haben.
538 Dieser Hauptzweck der Verfassungsgerichtsbarkeit ist unbestritten, vgl. *K. Stern,* a. a. O. (Fn. 9), S. 952 mit ausführlichen Literaturnachweisen in Fn. 78.
539 *Schmidt-Bleibtreu/Klein,* Art. 93 Rdn. 1 f.; *K. Stern,* a. a. O. (Fn. 9), S. 952; *ders.* in Bonner Kommentar, Art. 93 Rdn. 38; so auch das Selbstverständnis des BVerfG vgl. BVerfG v. 21. 3. 1957, BVerfGE 6; 300 (304); BVerfG v. 10. 6. 1975, BVerfGE 40, 88 (93); demgegenüber kritisch *W. Meyer* in GGK, Art. 93 Rdn. 3; *P. Badura,* S. 487.
540 Vgl. zu dieser Argumentation *K. Doehring,* a. a. O. (Fn. 7), S. 248.
541 Vgl. hierzu oben nach Fn. 527.

und sichert auf diese Weise eine pflichtgemäße Ermessensausübung des Bundesverfassungsgerichts. Die Kontrollschwelle durch das Bundesverfassungsgericht ist so hoch angesetzt, daß die Gefahr eines Ermessensfehlgebrauchs ernstlich nicht zu besorgen ist.

Auch darf im vorliegenden Zusammenhang nicht übersehen werden, daß, bejaht man ein materielles Prüfungsrecht des Bundespräsidenten, die Möglichkeit nicht ausgeschlossen werden kann, daß auch der Bundespräsident unter Mißachtung seiner ihm eingeräumten Kompetenzen und also bewußt rechtswidrig handeln könnte. Zwar könnte nach der Konzeption des Grundgesetzes auch in derartigen Fällen sein Verhalten — zumindest im Wege der Präsidentenanklage, Art. 61 GG — kontrolliert werden, doch wäre es das Bundesverfassungsgericht, das wiederum hierzu berufen wäre und auf diesem Wege seine durch den Ermächtigungsbeschluß zum Ausdruck gebrachte Auffassung durchsetzen könnte. Wollte man dieses Ergebnis dadurch korrigieren, daß man hier ausnahmsweise die Präsidentenklage nicht zulassen würde[542], so hätte dies die der Gesamtkonzeption des Grundgesetzes widersprechende Konsequenz, daß das Staatsorgan Bundespräsident rechtlich nicht zur Verantwortung gezogen werden könnte. Auch hieran erweist sich also, daß ein materielles Prüfungsrecht des Bundespräsidenten ein Unikum im Gesamtgefüge der Kompetenzverteilung des Grundgesetzes darstellen würde und daß deshalb insofern nicht einmal eine Vermutung für eine in dieser Art bestehende Befugnis sprechen kann.

Als weiterer Gesichtspunkt für die hier dargelegte Auffassung ist noch das Folgende anzuführen. Im gewaltenteilenden System des Grundgesetzes ist das Amt des Bundespräsidenten der Exekutive zuzuordnen. Dies gilt jedenfalls dann, wenn man an der klassischen Dreiteilung der Gewalten festhalten will[543]. Billigte man dem Bundespräsidenten die hier in Frage stehende Kompetenz zu, hätte dies gleichzeitig zur Folge, daß der ausführenden Gewalt in Hinblick auf die Gewaltenbalance ein Übergewicht verliehen würde. Diese Feststellung ist hier deshalb von besonderer Bedeutung, weil nach der Konzeption des Grundgesetzes das Bundesverfassungsgericht als einzige Kontrollinstanz der Gewaltenteilung — jedenfalls nach der hier geteilten Ansicht — die Stellung und die Aufgaben des klassischen pouvoir neutre wahrnimmt[544]. Würde dem Bundespräsidenten aufgrund der Annahme eines materiellen Prüfungsrechts die Kompetenz eingeräumt, das Bundesverfassungsgericht zu kontrollieren, verlöre dieses einen gewichtigen Teil seiner von der Verfassung gewollten Funktion. Im vorliegenden Zusammenhang sei deshalb nochmals auf eine sinnvolle Verbalinterpretation des § 105 Abs. 1 BVerfGG

---

542 So wohl *B. Schmidt-Bleibtreu* in *Maunz/Schmidt-Bleibtreu/Klein/Ulsamer,* § 105 Rdn. 13, der, abgesehen von einigen Spezialfällen, davon ausgeht, daß der Gebrauch der Ermächtigung im politischen, *gerichtlich nicht mehr überprüfbaren* Ermessen des Bundespräsidenten stehe, das jedoch regelmäßig im Sinne des Plenarbeschlusses ausgeübt werden würde.
543 Siehe hierzu *K. Doehring,* a. a. O. (Fn. 7), S. 110 f.; vgl. auch *O. Kimminich,* VVDStRL 25 (1967), S. 71.
544 Siehe oben bei Fn. 537.

zurückgekommen. Die dort niedergelegte Kann-Bestimmung erweist, daß der Gesetzgeber dem Bundesverfassungsgericht in Hinblick darauf, ob das Amt eines Verfassungsrichters beendet werden soll, einen Ermessensspielraum einräumt. Es wäre nicht einzusehen, daß die gleiche Ermessensprüfung nochmals von einem anderen Staatsorgan vorgenommen werden sollte. Die für den Normtext des § 105 Abs. 1 BVerfGG verwendete Formulierung „ermächtigen" ist daher nur als Freigabe des formalen Vollzugs zu deuten.

Die These, daß das Bundesverfassungsgericht selbst letztverbindlich über das Vorliegen der materiell-rechtlichen Entlassungsvoraussetzungen befindet, wird schließlich auch durch folgende Erwägung erhärtet. Geht man bei der Interpretation des Grundgesetzes mit Selbstverständlichkeit davon aus, daß eine Entscheidung des Bundesverfassungsgerichts von niemanden, es sei denn durch das Gericht selbst korrigiert werden[545] und daß somit eine solche Entscheidung im formellen Sinne niemals „falsch" sein kann[546], so ist nicht einzusehen, daß in der vorliegenden Frage etwas anderes gelten sollte. Der berühmte Ausspruch *nemo contra deum nisi deus ipse,* dessen Urheberschaft bis heute ungeklärt und umstritten ist[547], gilt in vollem Umfang und uneingeschränkt für die gesamte Tätigkeit des Bundesverfassungsgerichts und also auch hier. Über die Frage, ob die materiell-rechtlichen Entlassungsvoraussetzungen nach § 105 Abs. 1 Nr. 2 BVerfGG erfüllt sind, entscheidet daher endgültig und mit bindender Wirkung das Plenum des Bundesverfassungsgerichts[548]. Eine materielle Prüfungskompetenz kommt dem Bundespräsidenten nicht zu.

Auch die Befugnis, die Zweckmäßigkeit der ihm angesonnenen Entlassung zu überprüfen, ist dem Bundespräsidenten, wie sich aus dem Vorangegangenen mit Selbstverständlichkeit ergibt, durch § 105 Abs. 1 BVerfGG nicht verliehen. Fehlt ihm schon die Kompetenz, die materielle Rechtmäßigkeit des Ermächtigungsbeschlusses zu kontrollieren, so ist nicht einzusehen, daß ihm gleichwohl eine über die Rechtmäßigkeitskontrolle hinausgehende Zweckmäßigkeitskontrolle eröffnet sein sollte.

Wird der Bundespräsident nach § 105 Abs. 1 Nr. 2 BVerfGG zur Entlassung eines Verfassungsrichters ermächtigt, ist er deshalb nur zur Prüfung verpflichtet, ob deren formelle Voraussetzungen erfüllt sind[549]. Weitergehende Kompetenzen sind ihm nicht eingeräumt. Herr des Entlassungsverfahrens ist also nicht der Bundespräsident, sondern — wie die vorstehenden Ausführungen deutlich zeigen — das Plenum des Bundesverfassungsgerichts.

---

545 Vgl. *K. Doehring,* a. a. O. (Fn. 7), S. 209.
546 Vgl. hierzu *Th. Oppermann,* JZ 1971, S. 301; *K. Doehring,* a. a. O. (Fn. 7), S. 17; a. A. *B.-O. Bryde,* S. 530.
547 Einen Deutungsversuch unternimmt *C. Schmitt,* Theologie, S. 122 f.
548 So auch *K. Doehring,* a. a. O. (Fn. 7), S. 135, 248; differenzierend *K. Lademann,* DÖV 1960, S. 686, l. Sp.; a. A. die h. M., vgl. BVerfG, Beschl. v. 5. 10. 1977, BVerfGE 46, 34 (42); *W. Geiger,* a. a. O. (Fn. 12), § 105 Anm. 5; *Leibholz/Rupprecht,* § 105 Rdn. 2; *H. Lechner,* § 105 Erl. Allgemeines; *B. Schmidt-Bleibtreu* in *Maunz/Schmidt-Bleibtreu/Klein/Ulsamer,* § 105 Rdn. 13; *W. K. Geck,* a. a. O. (Fn. 2), S. 56.
549 Im Ergebnis so auch *E. Albert,* S. 101, allerdings ohne nähere Begründung.

Der Vollständigkeit halber sei hier noch der Frage nachgegangen, ob der durch den Bundespräsident entlassene Verfassungsrichter[550] hiergegen Rechtsschutz in Anspruch nehmen und zulässigerweise Rechtsmittel ergreifen kann. Zu denken wäre etwa an das der Verfassungsbeschwerde (Art. 93 Abs. 1 Nr. 4a GG i.V.m. §§ 13 Nr. 8a, 90 ff. BVerfGG) wegen Verletzung des Art. 3 Abs. 1 GG durch Willkür. Sieht man mit der hier vertretenen Ansicht den Bundespräsidenten als an die Ermächtigung gebunden an, wäre ein solches Rechtsmittel sinnlos, denn der Bundespräsident durfte nicht anders handeln. Meint man — entgegen der hier vertretenen Ansicht — er sei nicht gebunden, würde wiederum das Bundesverfassungsgericht das Handeln des Bundespräsidenten korrigieren können und so letztlich doch Herr der Entscheidung bleiben. Dabei soll nicht verkannt werden, daß rein rechnerisch auch ein extremer und nur theoretisch in Betracht zu ziehender Fall eintreten könnte. Es wäre nicht völlig auszuschließen, daß z. B. der Erste Senat über eine solche Verfassungsbeschwerde zu entscheiden hätte, der betroffene Richter diesem angehört und wegen Befangenheit nicht stimmberechtigt wäre, dieser Senat in der Sache also entgegen der früheren Plenarentscheidung judizieren würde. In jedem Falle würde sich der durch den Vollzugsakt des Bundespräsidenten Beschwerte gegen die durch den Ermächtigungsbeschluß zum Ausdruck gebrachte Auffassung des Bundesverfassungsgerichts nicht durchsetzen können. Der Inanspruchnahme eines Rechtsmittels würde deshalb jegliches Rechtsschutzbedürfnis fehlen, weil sie aussichtslos wäre, da sie in keinem Fall dazu dienen könnte, das rechtliche Begehren des beschwerten Verfassungsrichters durchzusetzen.

Zusammenfassung von Teil 4

Die im Vorstehenden angestellten Erwägungen, aus welchen gefolgert worden ist, daß das Plenum des Bundesverfassungsgerichts gemäß § 105 Abs. 1 BVerfGG verbindlich über das Vorliegen der materiell-rechtlichen Entlassungsvoraussetzungen entscheidet, lassen sich — wie gezeigt — durchaus normativ und schlüssig begründen. Ihre eigentliche Rechtfertigung finden sie jedoch in der einzigartigen Stellung des Bundesverfassungsgerichts im Gesamtsystem des Grundgesetzes, d.h. in dessen exzeptioneller Kompetenzverteilung und in der ratio legis der von ihm normierten Entscheidungszuständigkeiten. Letztlich ist es also die dem Bundesverfassungsgericht als Hüter der Verfassung übertragene Aufgabe[551], die jene Auslegung des § 105 Abs. 1 BVerfGG bedingt.

---

550 Auf jene Sachverhaltsalternative, wonach der Bundespräsident die ihm angesonnene Entlassung verweigert, ist hier nicht einzugehen, da in einem derartigen Fall der „betroffene" Verfassungsrichter mangels Beschwer ein Rechtsmittel zulässigerweise offensichtlich nicht erheben kann.
551 Vgl. die in Fn. 539 Genannten.

Demgemäß ist die berühmte Frage des Juvenal: quis custodiet ipsos custodes?[552] für die deutsche Rechtsordnung durch § 105 Abs. 1 BVerfGG dahingehend beantwortet, daß die Kontrolle der Kontrolleure nur ihnen selbst obliegt. Ob man daneben das Vorhandensein einer außerrechtlichen Kontrolle durch die öffentliche Meinung annimmt[553], hat für die hier untersuchte Rechtsfrage keine Bedeutung. Eine solche Überlegung gehört thematisch in den Bereich der politischen Soziologie, deren Erkenntnisse die Gestaltung des Rechts vielleicht beeinflussen können, aber erst durch Umsetzung in Normen zur Wirkung gelangen würden.

---

552 So verweist auch *M. Rheinstein* auf diesen Ausspruch des Juvenal, vgl. dazu JuS 1974, S. 409 mit Fn. 1; sinngemäß und im hier gemeinten Zusammenhang ebenfalls *K. Doehring,* Diskussionsbeitrag in Magistrati o funzionari?, S. 744: „. . . chi veglierà sui guardiani stessi?".
553 Vgl. *B.-O. Bryde,* S. 352.

Teil 5   Ergebnisse in Thesen

Die Ergebnisse der vorstehenden Untersuchung seien im folgenden thesenartig zusammengefaßt, wobei darauf hinzuweisen ist, daß sich ihr volles Verständnis naturgemäß nur im Zusammenhang mit der im einzelnen dargelegten Argumentation erschließt.

Zu Teil 1: Verfassungsgerichtsbarkeit und Politik

Aus der Rechtsnatur des Bundesverfassungsgerichts folgt, daß es weder politisch verantwortlich ist noch politische Verantwortung trägt und so nicht zur Verantwortung gezogen werden kann. Gleiches gilt für die Gerichtsmitglieder, da deren Rechts- und Pflichtenstellung maßgeblich durch die Zugehörigkeit zu diesem Organ geprägt wird.

Zu Teil 2: Rechtliche Verantwortlichkeit der Richter des Bundesverfassungsgerichts für ihre Amtsführung

1. Art. 97 GG gewährleistet auch den Richtern des Bundesverfassungsgerichts die sachliche und persönliche Unabhängigkeit.
2. Die Richter des Bundesverfassungsgerichts können den Straftatbestand der Rechtsbeugung (§ 336 StGB) nur in den kontradiktorischen verfassungsgerichtlichen Verfahren verwirklichen; d. h. nur jene verfassungsgerichtlichen Verfahren sind durch § 336 StGB gegen Rechtsbeugung geschützt, in welchen über — zumindest möglicherweise — widerstreitende Parteiinteressen zu verhandeln und zu entscheiden ist. Die strafrechtliche Verantwortlichkeit der Richter des Bundesverfassungsgerichts wird also maßgeblich durch die Rechtsnatur der verfassungsgerichtlichen Verfahren beeinflußt.
3. Obwohl kontradiktorischer Natur, handelt es sich bei dem Amtsbeendigungsverfahren nach § 105 BVerfGG nicht um eine „Rechtssache" im Sinne des § 336 StGB. Grund hierfür ist einerseits der Gewaltenteilungsgrundsatz des Grundgesetzes, andererseits rechtfertigt sich diese These auch durch teleologische Interpretation des § 336 StGB.
4. Das Treffen einer inhaltlichen und insoweit objektiv „falschen", weil mit dem Grundgesetz nicht übereinstimmenden Entscheidung ist nicht als taugliche Tathandlung im Sinne des § 336 StGB zu qualifizieren. Keine andere Staatsgewalt könnte sich auf die Unrichtigkeit einer solchen Entscheidung berufen.

5. Als „entehrende Handlung" im Sinne des § 105 Abs. 1 Nr. 2, 1. Alt. BVerfGG und damit als Entlassungsgrund ist jede strafbare Verhaltensweise eines Verfassungsrichters zu werten, die zu einer gerichtlichen Verurteilung geführt hat und die moralisch verwerflich scheint, weil sie gemäß objektiver Kriterien geeignet ist, das der verfassungsrichterlichen Tätigkeit entgegengebrachte Vertrauen und damit gleichzeitig die Glaubwürdigkeit verfassungsgerichtlicher Rechtsprechung zu erschüttern.

6. Als „grobe Pflichtverletzung" im Sinne des § 105 Abs. 1 Nr. 2, 3. Alt. BVerfGG und damit als Entlassungsgrund ist jeder Pflichtenverstoß eines Verfassungsrichters anzunehmen, der einen so wesentlichen Ansehensverlust bewirkt hat, daß eine Weiterverwendung in diesem Amt die Integrität der Institution Bundesverfassungsgericht unzumutbar belasten und dadurch zu einer solchen Vertrauenseinbuße führen würde, die die Funktionserfüllung des Bundesverfassungsgerichts letztlich zerstören würde. Die hier in Frage stehenden Pflichten ergeben sich — unbeschadet der Vorschrift des § 11 Abs. 1 BVerfGG — aus den Normen des Deutschen Richtergesetzes und jenen des Bundesbeamtengesetzes.

7. Angesichts der bisherigen Praxis des Bundesverfassungsgerichts bezüglich der Entscheidung über die Befangenheit von Verfassungsrichtern bestehen Zweifel, inwieweit das Bundesverfassungsgericht der hier vertretenen Auffassung in Hinblick auf § 105 BVerfGG folgen würde.

Zu Teil 3: Rechtliche Verantwortlichkeit der Richter des Bundesverfassungsgerichts für ihr Verhalten außerhalb der Amtsführung

1. Die Richter des Bundesverfassungsgerichts sind für ihr außerdienstliches Verhalten ohne Einschränkungen strafrechtlich verantwortlich.

2. Das außerdienstliche gesetzwidrige Verhalten eines Verfassungsrichters kann ebenfalls „entehrend" im Sinne des § 105 Abs. 1 Nr. 2, 1. Alt. BVerfGG wirken und die Entlassung rechtfertigen. Die der Person des Verfassungsrichters entgegengebrachte Wertschätzung wird wesentlich nämlich auch durch dessen private Lebensführung beeinflußt, da hinsichtlich des Gesamterscheinungsbildes der Persönlichkeit nicht differenziert werden kann.

3. Als „grobe Pflichtverletzung" im Sinne des § 105 Abs. 1 Nr. 2, 3. Alt. BVerfGG und damit als Entlassungsgrund ist auch jeder Pflichtenverstoß im außerdienstlichen Bereich zu werten, der einen funktionsgefährdenden Effekt im Sinne eines Ansehensverlusts herbeigeführt hat. Die bei Gestaltung des Privatlebens zu beachtenden Pflichten werden ebenfalls durch die Vorschriften des Deutschen Richtergesetzes und des Bundesbeamtengesetzes geregelt.

Zu Teil 4: Das Entlassungsverfahren nach § 105 BVerfGG

1. Wird der Bundespräsident nach § 105 BVerfGG zur Entlassung eines Verfassungsrichters ermächtigt, ist er verpflichtet zu prüfen, ob deren formelle Voraussetzungen erfüllt sind. Die Kompetenz, die materiell-rechtlichen Voraussetzungen des ihm angesonnenen Vollzugsakts oder gar dessen Zweckmäßigkeit zu überprüfen, ist ihm nicht eingeräumt.
2. Über die Frage, ob das Amt eines Verfassungsrichters beendet werden soll, entscheidet nach der hier vertretenen Ansicht letztverbindlich das Bundesverfassungsgericht; allerdings deutete es selbst in einem obiter dictum die gegenteilige Rechtsauffassung an.
3. Weder gegen den Ermächtigungsbeschluß des Bundesverfassungsgerichts noch gegen die Entlassungsverfügung des Bundespräsidenten kann der betroffene Verfassungsrichter zulässigerweise Rechtsschutz in Anspruch nehmen. Ein entsprechendes Verfahren steht nicht zur Verfügung.

Literaturverzeichnis

Albert, E.: Materielle Prüfungsbefugnisse des Bundespräsidenten, Diss. Erlangen 1956
Anschütz, G.: Die Verfassung des Deutschen Reiches vom 11. August 1919, Kommentar, Vierte Bearbeitung, 14. Aufl., Berlin 1933
Arndt, A.: Das Bundesverfassungsgericht, DVBl. 1951, S. 297 ff.
— Anmerkung zum Urteil des BVerfG v. 13. 11. 1957, NJW 1958, S. 337 f.

Babel, G.: Probleme der abstrakten Normenkontrolle, Berlin 1965
Bachof, O.: Wege zum Rechtsstaat, Königstein/Ts. 1979
Badura, P.: Staatsrecht, München 1986
Bally, H.: Die eidliche und ehrenwörtliche Bestärkung von Versprechen und Verträgen, Diss. Heidelberg 1913, abgedr. in: Kleine Schriften zum Allgemeinen Teil des BGB, Bd. 32, Heft 10
Battis, U.: Bundesbeamtengesetz, München 1980
Baur, F.: Justizaufsicht und richterliche Unabhängigkeit, Tübigen 1954
Begemann, H.: Das Haftungsprivileg des Richters im Strafrecht, NJW 1968, S. 1361 ff.
Behnke, K.: Bundesdisziplinarordnung, Kommentar, 2. Aufl., Stuttgart, Berlin, Köln, Mainz 1970
Belau, B.: Das Recht des Bundespräsidenten zur Ernennung von Bundesbeamten und Bundesrichtern, DÖV 1951, S. 339 ff.
Bemmann, G.: Über die strafrechtliche Verantwortlichkeit des Richters. Gedächtnisschrift für Gustav Radbruch, S. 308 ff., Göttingen 1968
Benda, E.: Das Bundesverfassungsgericht im Spannungsfeld von Recht und Politik, ZRP 1977, S. 1 ff.
Benda, E. zus. mit Klein, E.: Bemerkungen zur richterlichen Unabhängigkeit, DRiZ 1975, S. 166 ff.
Besson, W.: Politik I, Evangelisches Staatslexikon, 3. Aufl. 1987, Sp. 2552 ff. (zit. EvStL)
Bettermann, K. A.: Die Unabhängigkeit der Gerichte und der gesetzliche Richter, Die Grundrechte (hrsg. v. K. A. Bettermann, H. C. Nipperdey, U. Scheuner), Bd. 3 Hlbbd. 2 (1959), S. 523 ff.
— Das Gerichtsverfassungsrecht in der Rechtsprechung des Bundesverfassungsgerichts, AöR 92. Band (1967), S. 496 ff.
— Vom Sinn und von den Grenzen der richterlichen Unabhängigkeit, in: Die Unabhängigkeit des Richters, S. 45 ff., Köln, Berlin 1969 (zit. Richterliche Unabhängigkeit)
— Anmerkung zum Urteil des VG Braunschweig v. 15. 6. 1972, DVBl. 1973, S. 48 f.
— Die konkrete Normenkontrolle und sonstige Gerichtsvorlagen. Bundesverfassungsgericht und Grundgesetz, Festgabe aus Anlaß des 25jährigen Bestehens des Bundesverfassungsgerichts, Bd. I Verfassungsgerichtsbarkeit, S. 323 ff., Tübingen 1976 (zit. Konkrete Normenkontrolle)
Billing, W.: Das Problem der Richterwahl zum Bundesverfassungsgericht, Berlin 1969

Bockelmann, P.: Strafrecht Besonderer Teil 3, München 1980
Böckenförde, E.-W.: Die Methoden der Verfassungsinterpretation — Bestandsaufnahme und Kritik, NJW 1976, S. 2089 ff.
Bruns, H.-J.: Das Recht der Strafzumessung, 2. Aufl., Köln, Berlin, Bonn, München 1985
Bryde, B.-O.: Verfassungsentwicklung, Baden-Baden 1982
Burmeister, J.: Die kommunale Verfassungsbeschwerde im System der verfassungsgerichtlichen Verfahrensarten, JA 1980, S. 17 ff.
Busse, P.: Die Ernennung der Bundesrichter durch den Bundespräsidenten, DÖV 1965, S. 469 ff.

Claussen, H. R./Janzen, W.: Bundesdisziplinarordnung, Handkommentar unter Berücksichtigung des materiellen Disziplinarrechts, 5. Aufl., Köln, Berlin, Bonn, München 1985
Constant, B.: Cours de Politique Constitutionnelle, Bd. 1, Librairie de Guillaumin et Compagnie, Paris 1861
Creifelds, C.: Rechtswörterbuch, 8. Aufl., München 1986

Doehring, K.: Der „pouvoir neutre" und das Grundgesetz, Der Staat 3 (1964), S. 201 ff.
— Das Staatsrecht der Bundesrepublik Deutschland, 3. Aufl., Frankfurt a. M. 1984 (zit. Staatsrecht)
— Die Rechtsprechung als Rechtsquelle des Völkerrechts. Richterliche Rechtsfortbildung, Festschrift der Juristischen Fakultät zur 600-Jahr-Feier der Ruprecht-Karls-Universität Heidelberg, S. 541 ff., Heidelberg 1986 (zit. Rechtsprechung)
— Die Autorität des Rechts als Maßstab für die Widerstandsfähigkeit unserer Demokratie, DRiZ 1987, S. 5 ff.
v. Doemming, K.-B.: Entstehungsgeschichte der Artikel des Grundgesetzes, zu Art. 126, JöR Bd. 1 (1951) n. F., S. 846 ff.
Dolzer, R.: Die staatstheoretische und staatsrechtliche Stellung des Bundesverfassungsgerichts, Berlin 1972
Dopatka, F.-W.: Das Bundesverfassungsgericht und seine Umwelt, Berlin 1982
— Verfassungsgerichtsbarkeit und demokratischer Gesetzgeber, Recht und Politik, 1984, S. 9 ff.
Dreher, E./Tröndle, H.: Strafgesetzbuch und Nebengesetze, Kommentar, 43. Aufl., München 1986 (zit. Dreher/Tröndle)

Endemann, W.: Zur Bindungswirkung von Entscheidungen des Bundesverfassungsgerichts in Verfassungsbeschwerdeverfahren. Festschrift für Gebhard Müller zum 70. Geburtstag, S. 21 ff., Tübingen 1970
Engelhardt, D.: Das richterliche Prüfungsrecht im modernen Verfassungsstaat, JöR Bd. 8 (1959) n. F., S. 100 ff.
Engisch, K.: Einführung in das juristische Denken, 8. Aufl., Stuttgart, Berlin, Köln, Mainz 1983
Erbel, G.: Das Sittengesetz als Schranke der Grundrechte, Berlin 1971
Erdmann, G.: Organstreitigkeiten vor dem Bundesverfassungsgericht, Diss. Heidelberg 1963
Erichsen, H.-U.: Die einstweilige Anordnung. Bundesverfassungsgericht und Grundgesetz, Festgabe aus Anlaß des 25jährigen Bestehens des Bundesverfassungsgerichts, Bd. I Verfassungsgerichtsbarkeit, S. 170 ff., Tübingen 1976
Eschenburg, Th.: Staat und Gesellschaft in Deutschland, 3. Aufl., Stuttgart 1958

Esser, J.: Vorverständnis und Methodenwahl in der Rechtsfindung, Studien und Texte zur Theorie und Methodologie des Rechts (hrsg. v. J. Esser), Bd. 7, Frankfurt a. M. 1970

Forsthoff, E.: Lehrbuch des Verwaltungsrechts, Erster Band: Allgemeiner Teil, 8. Aufl., München, Berlin 1961 (zit. Verwaltungsrecht, 8. Aufl.)
— Lehrbuch des Verwaltungsrechts, Erster Band: Allgemeiner Teil, 10. Aufl., München 1973 (zit. Verwaltungsrecht)
— Der Staat der Industriegesellschaft, München 1971
Friesenhahn, E.: Über Begriff und Arten der Rechtsprechung. Festschrift für Richard Thoma zum 75. Geburtstag, S. 21 ff., Tübingen 1950 (zit. Über Begriff und Arten der Rechtsprechung)
— Wesen und Grenzen der Verfassungsgerichtsbarkeit, ZSchwR Bd. 73 (1954), S. 129 ff.
— Die Verfassungsgerichtsbarkeit in der Bundesrepublik Deutschland. Verfassungsgerichtsbarkeit in der Gegenwart, Beiträge zum ausländischen öffentlichen Recht und Völkerrecht Bd. 36, Köln, Berlin 1962 (zit. Verfassungsgerichtsbarkeit in der Gegenwart)
— Zur Zuständigkeitsabgrenzung zwischen Bundesverfassungsgericht und Landesverfassungsgerichtsbarkeit. Bundesverfassungsgericht und Grundgesetz, Festgabe aus Anlaß des 25jährigen Bestehens des Bundesverfassungsgerichts, Bd. I Verfassungsgerichtsbarkeit, S. 748 ff., Tübingen 1976 (zit. Zuständigkeitsabgrenzung)
Frowein, J. Abr.: Die Rechtsprechung des Bundesverfassungsgerichts zum Wahlrecht, AöR 99. Band (1974), S. 72 ff.
Fuß, E.-W.: Die einstweilige Anordnung im verfassungsgerichtlichen Verfahren, DÖV 1959, S. 201 ff.

Gebhardt, R.: Die einstweilige Anordnung des Bundesverfassungsgerichts, Diss. München 1965
Geck, W. K.: Das Bundesverfassungsgericht und die allgemeinen Regeln des Völkerrechts. Bundesverfassungsgericht und Grundgesetz, Festgabe aus Anlaß des 25jährigen Bestehens des Bundesverfassungsgerichts, Bd. II Verfassungsauslegung, S. 125 ff., Tübingen 1976 (zit. Allgemeine Regeln des Völkerrechts)
— Wahl und Amtsrecht der Bundesverfassungsrichter, Baden-Baden 1986 (zit. Bundesverfassungsrichter)
Geiger, W.: Gesetz über das Bundesverfassungsgericht vom 12. März 1951, Kommentar, Berlin und Frankfurt a. M. 1952 (zit. BVerfGG)
— Die Bundesverfassungsgerichtsbarkeit in ihrem Verhältnis zur Landesverfassungsgerichtsbarkeit und ihre Einwirkung auf die Verfassungsordnung der Länder. Verfassung und Verwaltung in Theorie und Wirklichkeit, Festschrift für Wilhelm Laforet anläßlich seines 75. Geburtstages, S. 251 ff., München 1952 (zit. Bundesverfassungsgerichtsbarkeit — Landesverfassungsgerichtsbarkeit)
— Ergänzende Bemerkungen zum Bericht des Berichterstatters zur Stellung des Bundesverfassungsgerichts, JöR Bd. 6 (1957) n. F., S. 137 ff.
— Das Bundesverfassungsgericht im Spannungsfeld zwischen Recht und Politik, EuGRZ 1985, S. 401 ff.
Gerner, E./Decker, F./Kauffmann, H.: Deutsches Richtergesetz, Kommentar, Köln, Berlin, Bonn, München 1963 (zit. Gerner/Decker/Kauffmann)
Giese, F.: Deutsches Staatsrecht, Berlin, Wien 1930
Giese, F./Schunck, E.: Grundgesetz für die Bundesrepublik Deutschland, Kommentar, 9. Aufl., Frankfurt a. M. 1976 (zit. Giese/Schunck)

Goessl, M.: Organstreitigkeiten innerhalb des Bundes, Berlin 1961

Granderath, R.: Die einstweilige Anordnung im Verfahren vor dem Bundesverfassungsgericht, NJW 1971, S. 542 ff.

Grauhan, R.-R.: Gibt es in der Bundesrepublik einen „pouvoir neutre"?, Diss. Heidelberg 1959

Grimm, D.: Verfassungsgerichtsbarkeit im demokratischen System, JZ 1976, S. 697 ff.

Grundmann, W.: Einstweilige Anordnungen bei behaupteter Verfassungswidrigkeit von Gesetzen, DVBl. 1959, S. 875 ff.

Grunsky, W.: Zur Haftung für richterliche Amtspflichtverletzungen. Funktionswandel der Privatrechtsinstitutionen, Festschrift für Ludwig Raiser zum 70. Geburtstag, S. 141 ff., Tübingen 1974 (zit. Richterliche Amtspflichtverletzungen)

— Grundlagen des Verfahrensrechts, 2. Aufl., Bielefeld 1974 (zit. Verfahrensrecht)

Hagen, H.: „Unrichtige Sachbehandlung" im Prozeß und Prozeßkostenrisiko, NJW 1970, S. 1017 ff.

Hahn, C.: Die gesammten Materialien zu dem Gerichtsverfassungsgesetz und dem Einführungsgesetz zu demselben, 1. Bd. 1. Abt., Berlin 1879

Hall, K.-H.: Überlegungen zur Prüfungskompetenz des Bundespräsidenten, JZ 1965, S. 305 ff.

Haller, W.: Supreme Court und Politik in den USA, Bern 1972

Hamann, A./Lenz, H.: Das Grundgesetz für die Bundesrepublik Deutschland vom 23. Mai 1949, 3. Aufl., Neuwied, Berlin 1970 (zit. Hamann/Lenz)

v. Hammerstein, C.: Das Verhältnis von Bundes- und Landesverfassungsgerichtsbarkeit, Diss. Göttingen 1960

Heimeshoff, E.: Parteipolitische Betätigung von Richtern, DRiZ 1975, S. 261 ff.

Helfferich, G.: Die einstweilige Anordnung in der Verfassungsgerichtsbarkeit der Bundesrepublik Deutschland, Diss. Tübingen 1962

Henke, W.: Verfassung, Gesetz und Richter (Das Normenkontrollverfahren), Der Staat 3 (1964), S. 433 ff.

Henning, O.: Die Rechtsbeugung im geltenden Recht und in den deutschen Strafgesetzentwürfen unter besonderer Berücksichtigung der Amtlichen Entwürfe eines Allgemeinen deutschen Straf = Gesetzbuches von 1925 und 1927, Diss. Heidelberg 1929

Hesse, K.: Grundzüge des Verfassungsrechts der Bundesrepublik Deutschland, 15. Aufl., Heidelberg 1985

Höpker-Aschoff, H.: Denkschrift des Bundesverfassungsgerichts, JöR Bd. 6 (1957) n. F., S. 144 ff.

— Schreiben des Präsidenten des Bundesverfassungsgerichts vom 13. Oktober 1952, JöR Bd. 6 (1957) n. F., S. 149 ff.

Ipsen, J.: Staatsorganisationsrecht, Frankfurt a. M. 1986

Jackson, R. H.: The Struggle for Judicial Supremacy, New York 1949

Jäde, H.: Souverän in roten Roben?, in: Auf dem Weg zum Richteramt (hrsg. v. G.-K. Kaltenbrunner), S. 121 ff., München 1979

Jescheck, H.-H.: Lehrbuch des Strafrechts Allgemeiner Teil, 3. Aufl., Berlin 1978

John, R. Ed.: Entwurf mit Motiven zu einem Strafgesetzbuche für den Norddeutschen Bund, Berlin 1868

Katz, R.: Schreiben an den Bundesminister der Justiz vom 29. Oktober 1952, JöR Bd. 6 (1957) n. F., S. 156 ff.

Kelsen, H.: Wesen und Entwicklung der Staatsgerichtsbarkeit, VVDStRL 5 (1929), S. 30 ff.
— Wer soll Hüter der Verfassung sein?, Die Justiz Band VI (1930/31), S. 576 ff.
Kerbusch, H.: Die Bindung an Entscheidungen des Bundesverfassungsgerichts, Diss. Köln 1982
Kern, E./Wolf, M.: Gerichtsverfassungsrecht, 5. Aufl., München 1975 (zit. Kern/Wolf)
Kimminich, O.: Das Staatsoberhaupt in der parlamentarischen Demokratie, VVDStRL 25 (1967), S. 2 ff.
Klein, E. zus. mit Benda, E.: Bemerkungen zur richterlichen Unabhängigkeit, DRiZ 1975, S. 166 ff.
Kleinknecht, Th./Meyer, K.: Strafprozeßordnung, Kommentar, 37. Aufl., München 1985 /zit. Kleinknecht/Meyer)
Koellreuter, O.: Deutsches Staatsrecht, Stuttgart, Köln 1953
Köttgen, A.: Abgeordnete und Minister als Statusinhaber. Forschungen und Berichte aus dem öffentlichen Recht, Gedächtnisschrift für Walter Jellinek, S. 195 ff., 2. (unverändert textl.) Aufl., München 1955
Kohl, H. (Hrsg.): Die politischen Reden des Fürsten Bismarck, Bd. 2, Stuttgart 1892
Kohler, J.: Über die Amtsvergehen, GA 54 (1907), S. 16 ff.
Kommentar zum Bonner Grundgesetz (Bonner Kommentar), Hamburg, Stand: November 1986 (zit. Verf. in Bonner Kommentar)
Kommentar zum Grundgesetz für die Bundesrepublik Deutschland (Hrsg. R. Wassermann), Neuwied, Darmstadt 1984 (zit. Verf. in AK-GG)
Kopp, F. O.: Verwaltungsgerichtsordnung, Kommentar, 7. Aufl., München 1986
Korinek, K.: Die Verfassungsgerichtsbarkeit im Gefüge der Staatsfunktionen, VVDStRL 39 (1981), S. 7 ff.
Kratzer, J.: Artikel 142 des Grundgesetzes und die Grundrechte in der Bayerischen Verfassung. Verfassung und Verwaltung, Festschrift für Wilhelm Laforet anläßlich seines 75, Geburtstages, S. 107 ff., München 1952
— Sind Normenkontrollbeschlüsse revisionsfähig?, DÖV 1954, S. 44 ff.
Kriele, M.: Recht und Politik in der Verfassungsrechtsprechung. Zum Problem des judicial self-restraint, NJW 1976, S. 777 ff.
Kröger, K.: Richterwahl. Bundesverfassungsgericht und Grundgesetz, Festgabe aus Anlaß des 25jährigen Bestehens des Bundesverfassungsgerichts, Bd. I Verfassungsgerichtsbarkeit, S. 76 ff., Tübingen 1976
Kunig, Ph.: Das Rechtsstaatsprinzip, Tübingen 1986
Kutscher, H.: Die Kompetenzen des Bundesverfassungsgerichts 1951 bis 1969. Festschrift für Gebhard Müller zum 70. Geburtstag, S. 161 ff., Tübingen 1970

Lackner, K.: Strafgesetzbuch, Kommentar, 17. Aufl., München 1987
Lademann, K.: Die Ermächtigung des Bundespräsidenten nach § 105 BVerfGG, DÖV 1960, S. 685 ff.
Lambert, E.: Le gouvernement des juges et la lutte contre la législation sociale aux Etats-Unis, 5. Aufl., Paris 1921
Landfried, C.: Das Bundesverfassungsgericht — Hüter oder Herr der Verfassung? Zur politischen Funktion des Bundesverfassungsgerichts in der Bundesrepublik Deutschland, Der Bürger im Staat 1984, S. 232 ff.
— Bundesverfassungsgericht und Gesetzgeber, Baden-Baden 1984
Larenz, K.: Methodenlehre der Rechtswissenschaft, 5. Aufl., Berlin, Heidelberg, New York, Tokyo 1983
Laufer, H.: Verfassungsgerichtsbarkeit und politischer Prozeß, Tübingen 1968
Lechner, H.: Bundesverfassungsgerichtsgesetz, Kommentar, 3. Aufl., München 1973

Lechner, H. zus. mit Wintrich, J.: Die Verfassungsgerichtsbarkeit, Die Grundrechte (hrsg. v. K. A. Bettermann, H. C. Nipperdey, U. Scheuner), Bd. 3 Hlbbd. 2 (1969), S. 643 ff. (zit. J. Wintrich/H. Lechner)

Lehne, H.: Der Bundespräsident als neutrale Gewalt nach dem Grundgesetz der Bundesrepublik Deutschland, Diss. Bonn 1960

Leibholz, G.: Einleitung zum Statusbericht des Bundesverfassungsgerichts, JöR Bd. 6 (1957) n. F., S. 110 ff.

— Bericht an das Plenum des Bundesverfassungsgerichts zur „Status"-Frage, JöR Bd. 6 (1957) n. F., S. 120 ff.

— Der Status des Bundesverfassungsgerichts, in: Das Bundesverfassungsgericht (hrsg. v. Bundesverfassungsgericht), S. 61 ff., Karlsruhe 1963

Leibholz, G./Rinck, H. J./Hesselberger, D.: Grundgesetz für die Bundesrepublik Deutschland, Kommentar an Hand der Rechtsprechung des Bundesverfassungsgerichts, 6. Aufl., Köln 1980, Stand: Dezember 1986 (zit. Leibholz/Rinck)

Leibholz, G./Rupprecht, R.: Bundesverfassungsgerichtsgesetz, Rechtsprechungskommentar, Köln-Marienburg 1968 (zit. Leibholz/Rupprecht)

Leipold, D.: Grundlagen des einstweiligen Rechtsschutzes, München 1971

Leisner, W.: Der Bund-Länder-Streit vor dem Bundesverfassungsgericht. Bundesverfassungsgericht und Grundgesetz, Festgabe aus Anlaß des 25jährigen Bestehens des Bundesverfassungsgerichts, Bd. I Verfassungsgerichtsbarkeit, S. 260 ff., Tübingen 1976

v. Lilienthal: Anmerkung zum Urteil des Reichsgerichts in Strafsachen v. 23. 3. 1922, JW 1922, S. 1025

Lippert, M. R.: Bestellung und Abberufung der Regierungschefs und ihre funktionale Bedeutung für das parlamentarische Regierungssystem, Berlin 1973

Loewenstein, K.: Verfassungslehre, 3. Aufl. (unver. Nachdruck der 2. Aufl.), Tübingen 1975

Lorenz, D.: Der Organstreit vor dem Bundesverfassungsgericht. Bundesverfassungsgericht und Grundgesetz, Festgabe aus Anlaß des 25jährigen Bestehens des Bundesverfassungsgerichts, Bd. I Verfassungsgerichtsbarkeit, S. 225 ff., Tübingen 1976

Magistrati o funzionari?, hrsg. v. Facoltà di Scienze, Politiche „Cesare Alfieri" Istituto di diritto pubblico comparato, Milano 1962

v. Mangoldt, H.: Das Bonner Grundgesetz, Kommentar, Berlin, Frankfurt a. M. 1953

v. Mangoldt, H./Klein, F.: Das Bonner Grundgesetz, Kommentar, 2. Aufl., Berlin, Frankfurt a. M. 1964 (zit. v. Mangoldt/Klein)

v. Mangoldt, H./Klein, F./Starck, C.: Das Bonner Grundgesetz, Kommentar, Bd. 1, 3. Aufl., München 1985 (zit. v. Mangoldt/Klein/Starck)

v. Mangoldt, Hans: Vom heutigen Standort der Bundesaufsicht, Berlin, Frankfurt a. M. 1966

Marcic, R.: Verfassungsgerichtsbarkeit und Reine Rechtslehre, Wien 1966.

Matz, W.: Entstehungsgeschichte der Artikel des Grundgesetzes, zu Art. 18, JöR Bd. 1 (1951) n. F., S. 171 ff.

Maunz, Th.: Ist die Unabhängigkeit der Verwaltungsgerichte genügend gesichert?, DVBl. 1950, S. 398 ff.

Maunz, Th./Dürig, G./Herzog, R./Scholz, R./Lerche, P./Papier, H.-J./Randelzhofer, A./Schmidt-Assmann, E.: Grundgesetz, Kommentar, München, Stand: Januar 1987 (zit. Verf. in Maunz-Dürig)

Maunz, Th./Schmidt-Bleibtreu, B./Klein, F./Ulsamer, G.: Bundesverfassungsgerichtsgesetz, Kommentar, München, Stand: Oktober 1985 (zit. Verf. in Maunz/Schmidt-Bleibtreu/Klein/Ulsamer)

Maunz, Th./Zippelius, R.: Deutsches Staatsrecht, 26. Aufl., München 1985 (zit. Maunz/Zippelius).
Maurach, R./Schroeder, F.-C.: Strafrecht Besonderer Teil, Teilband 2, 6. Aufl., Heidelberg, Karlsruhe 1981 (zit. Maurach/Schröder)
Maurer, H.: Das Verbot politischer Parteien, AöR 96. Band (1971), S. 203 ff.
Mayer-Maly, Th.: Über die der Rechtswissenschaft und der richterlichen Rechtsfortbildung gezogenen Grenzen, JZ 1986, S. 557 ff.
McWhinney, E.: Supreme courts and judicial law-making, Dordrecht, Boston, Lancaster 1986
Meier-Hayoz, A.: Der Richter als Gesetzgeber, Zürich 1951
Menzel, E.: Ermessensfreiheit des Bundespräsidenten bei der Ernennung der Bundesminister?, DÖV 1965, S. 581 ff.
Müller, F.: Arbeitsmethoden des Verfassungsrechts, in: Enzyklopädie der geisteswissenschaftlichen Arbeitsmethoden (hrsg. v. M. Thiel), 11. Lieferung, Methoden der Rechtswissenschaft Teil 1, S. 123 ff., München, Wien 1972 (zit. Arbeitsmethoden)
— Die Einheit der Verfassung, Berlin 1979 (zit. Einheit)
— Richterrecht — rechtstheoretisch formuliert. Richterliche Rechtsfortbildung, Festgabe der Juristischen Fakultät zur 600-Jahr-Feier der Ruprecht-Karls-Universität Heidelberg, S. 65 ff., Heidelberg 1986 (zit. Richterrecht)
v. Münch, I. (Hrsg.): Grundgesetz-Kommentar, München, Bd. 1, 3. Aufl. 1985; Bd. 2, 2. Aufl. 1983; Bd. 3, 2. Aufl. 1983 (zit. Verf. in GGK)
v. Mutius, A.: Grundfälle zum Kommunalrecht, JuS 1977, S. 99 ff.

Nierhaus, M.: Entscheidung, Präsidialakt und Gegenzeichnung, München 1973
Niethammer-Vonberg, C.: Parteipolitische Betätigung der Richter, Berlin 1969

Olschewski, B.-D.: Wahlprüfung und subjektiver Wahlrechtsschutz, Berlin 1970
Oppermann, Th.: Verfassungswidrige Verfassungsrechtsprechung?, JZ 1971, S. 301

Palandt, O.: Bürgerliches Gesetzbuch, Kommentar, 46. Aufl., München 1987 (zit. Palandt/Bearbeiter)
Papadimitriu, G.: Die Stellung der allgemeinen Regeln des Völkerrechts im innerstaatlichen Recht, Berlin 1972
Parlamentarischer Rat: Verhandlungen des Hauptausschusses, Bonn 1948/49 (zit. Parlamentarischer Rat, HA . . . Sitzung)
— Schriftlicher Bericht zum Entwurf des Grundgesetzes für die Bundesrepublik Deutschland, erstattet von den Berichterstattern des Hauptausschusses für das Plenum, Abg. Dr. v. Mangoldt, S. 5 ff., Bonn 1948/49 (zit. Parlamentarischer Rat, Schriftlicher Bericht, Abg. Dr. v. Mangoldt)
— Schriftlicher Bericht zum Entwurf des Grundgesetzes für die Bundesrepublik Deutschland, erstattet von den Berichterstattern des Hauptausschusses für das Plenum, Abg. Zinn, S. 43 ff., Bonn 1948/49 (zit. Parlamentarischer Rat, Schriftlicher Bericht, Abg. Zinn)
Pestalozza, C.: Verfassungsprozessuale Probleme in der öffentlich-rechtlichen Arbeit, München 1976 (zit. Verfassungsprozessuale Probleme)
— Verfassungsprozeßrecht, 2. Aufl., München 1982 (zit. Verfassungsprozeßrecht)
Poetzsch-Heffter, F.: Handkommentar der Reichsverfassung vom 11. August 1919, 3. Aufl, Berlin 1928
Praß: Die Bundesorgane, DVBl. 1948/49, S. 317 ff.

Radbruch, G.: Gesetzliches Unrecht und übergesetzliches Recht, SJZ 1946, S. 105 ff.
Rauschning, D.: Die Sicherung der Beachtung von Verfassungsrecht, Bad Homburg v. d. H., Berlin, Zürich 1969

Rebmann, K./Roth, W./Herrmann, S.: Gesetz über Ordnungswidrigkeiten, Kommentar, Stuttgart, Berlin, Köln, Mainz, Stand: August 1986 (zit. Rebmann/Roth/Herrmann)

Redeker, K./v. Oertzen, H.-J.: Verwaltungsgerichtsordnung, Kommentar, 8. Aufl., Stuttgart, Berlin, Köln, Mainz 1985 (zit. Redeker/v. Oertzen)

Rheinstein, M.: Wer wacht über die Wächter?, Neufassung, JuS 1974, S. 409 ff.

Roellecke, G.: Prinzipien der Verfassungsinterpretation in der Rechtsprechung des Bundesverfassungsgerichts. Bundesverfassungsgericht und Grundgesetz, Festgabe aus Anlaß des 25jährigen Bestehens des Bundesverfassungsgerichts, Bd. II Verfassungsauslegung, S. 22 ff., Tübingen 1976

Roth, G. H.: Forum: Recht, Politik, Ideologie in der Rechtsprechung — Rechtssoziologische Bemerkungen aus Anlaß des Bundesverfassungsgerichtsurteils zu § 218 StGB, JuS 1975, S. 617 ff.

Rupp, H. G.: Zur Bindungswirkung der Entscheidung des Bundesverfassungsgerichts. Tübinger Festschrift für Eduard Kern, S. 403 ff.; Tübingen 1968

Rupp, H. H.: Vom Wandel der Grundrechte, AöR 101. Band (1976), S. 161 ff.

Rupp-v.Brünneck, W.: Verfassungsgerichtsbarkeit und gesetzgebende Gewalt. Wechselseitiges Verhältnis zwischen Verfassungsgericht und Parlament, AöR 102. Band (1977), S. 1 ff.

Sachs, M.: Die Bindung des Bundesverfassungsgerichts an seine Entscheidungen, München 1977

— Die Vorlage an das Bundesverfassungsgericht bei Bund-Länder-Streitigkeiten, DÖV 1981, S. 707 ff.

Scherer, G.: Die Verfassungsbeschwerde, Diss. Freiburg 1959

Scheuner, U.: Das Bundesverfassungsgericht und die Bindungskraft seiner Entscheidungen, DÖV 1954, S. 641 ff.

— Verfassungsgerichtsbarkeit und Gesetzgebung, DÖV 1980, S. 473 ff.

Schiffers, R.: Das Gesetz über das Bundesverfassungsgericht vom 12. März 1951, Düsseldorf 1984

Schlaich, K.: Das Bundesverfassungsgericht — Stellung, Verfahren, Entscheidung, JuS 1981, S. 823 ff.

— Das Bundesverfassungsgericht, München 1985

Schlitzberger, E.: Einstweilige Anordnungen des Bundesverfassungsgerichts im Einzelinteresse, JR 1965, S. 404 ff.

Schmid, K.: Die politische und staatsrechtliche Ordnung der Bundesrepublik Deutschland, DÖV 1948/49, S. 201 ff.

Schmidt, E.: Lehrkommentar zur Strafprozeßordnung und zum Gerichtsverfassungsgesetz, Teil I, 2. Aufl., Göttingen 1964

Schmidt-Bleibtreu, B./Klein, F.: Kommentar zum Grundgesetz für die Bundesrepublik Deutschland, 6. Aufl., Neuwied, Darmstadt 1983 (zit. Schmidt-Bleibtreu/Klein)

Schmidt-Räntsch, G.: Deutsches Richtergesetz, Kommentar, 3. Aufl., München 1983

Schmidt-Speicher, U.: Hauptprobleme der Rechtsbeugung, Berlin 1982

Schmitt, C.: Der Hüter der Verfassung, Tübingen 1931

— Das Reichsgericht als Hüter der Verfassung, in: Verfassungsrechtliche Aufsätze aus den Jahren 1924-1954 von Carl Schmitt, S. 63 ff., Berlin 1958 (zit. Das Reichsgericht als Hüter der Verfassung)

— Politische Theologie II, Berlin 1970 (zit. Theologie)

Schmitt Glaeser, W.: Mißbrauch und Verwirkung von Grundrechten im politischen Meinungskampf, Bad Homburg v. d. H., Berlin, Zürich 1968

Schneider, H.: Zur authentischen Interpretation von Gesetzen. Völkerrecht als Rechtsordnung — Internationale Gerichtsbarkeit — Menschenrechte, Festschrift für Hermann Mosler, S. 849 ff., Berlin, Heidelberg, New York 1983

Schönke, A./Schröder, H./Lenckner, Th./Cramer, P./Eser, A./Stree, W.: Strafgesetzbuch, Kommentar, 22. Aufl., München 1985 (zit. Verf. in Schönke-Schröder)

Scholtissek, H.: Zur Zuständigkeit des Bundesverfassungsgerichts aus Art. 93 Abs. 1 Nr. 4 GG. Festschrift für Gebhard Müller zum 70. Geburtstag, S. 461 ff., Tübingen 1970

Schreiber, H.-L.: Probleme der Rechtsbeugung, GA 1972, S. 193 ff.

Schultz, G.: Blick in die Zeit, MDR 1965, S. 883 ff.

Schumann, E.: Verfassungs- und Menschenrechtsbeschwerde gegen richterliche Entscheidungen, Berlin 1963.

— Bundesverfassungsgericht, Evangelisches Staatslexikon, 3. Aufl. 1987, Sp. 360 ff. (zit. EvStL)

Seebode, M.: Das Verbrechen der Rechtsbeugung, Neuwied, Berlin 1969

Seifert, K.-H.: Bundeswahlrecht, 3. Aufl., München 1976

Seuffert, W.: Zum Verfahren nach Artikel 18 GG. Menschenwürde und freiheitliche Rechtsordnung, Festschrift für Willi Geiger zum 65. Geburtstag, S. 797 ff., Tübingen 1974

Söhn, H.: Die abstrakte Normenkontrolle. Bundesverfassungsgericht und Grundgesetz, Festgabe aus Anlaß des 25jährigen Bestehens des Bundesverfassungsgerichts, Bd. I Verfassungsgerichtsbarkeit, S. 292 ff., Tübingen 1976

Spanner, H.: Die richterliche Prüfung von Gesetzen und Verordnungen, Wien 1951 (zit. Richterliche Prüfung)

— Die Beschwerdebefugnis bei der Verfassungsbeschwerde. Bundesverfassungsgericht und Grundgesetz, Festgabe aus Anlaß des 25jährigen Bestehens des Bundesverfassungsgerichts, Bd. I Verfassungsgerichtsbarkeit, S. 374 ff., Tübingen 1976 (zit. Verfassungsbeschwerde)

Spendel, G.: Richter und Rechtsbeugung. Einheit und Vielfalt des Strafrechts, Festschrift für Karl Peters zum 70. Geburtstag, S. 163 ff., Tübingen 1974

Stadler, M.: Die richterliche Neutralität in den Verfahren nach dem Bundesverfassungsgerichtsgesetz, Diss. Regensburg 1977

Starck, C.: Das „Sittengesetz" als Schranke der freien Entfaltung der Persönlichkeit. Menschenwürde und freiheitliche Rechtsordnung, Festschrift für Willi Geiger zum 65. Geburtstag, S. 259 ff., Tübingen 1974

Steiger, H.: Organisatorische Grundlagen des parlamentarischen Regierungssystems, Berlin 1973

Stein, E.: Staatsrecht, 10. Aufl, Tübingen 1986

Steiner, F.: Die Prüfungskompetenz des Bundespräsidenten bei der Ernennung der Bundesrichter, Diss. Heidelberg 1974

Stern, K.: Verfahrensrechtliche Probleme der Grundrechtsverwirkung und des Parteiverbots. Bundesverfassungsgericht und Grundgesetz, Fstgabe aus Anlaß des 25jährigen Bestehens des Bundesverfassungsgericht, Bd. I Verfassungsgerichtsbarkeit, S. 194 ff., Tübingen 1976 (zit. Grundrechtsverwirkung und Parteiverbot)

— Verfassungsgerichtsbarkeit des Bundes und der Länder, Hamburg 1978 (zit. Verfassungsgerichtsbarkeit)

— Das Staatsrecht der Bundesrepublik Deutschland, München, Bd.I, 2. Aufl. 1984; Bd. II, 1980 (zit. Bd. I bzw. Bd. II)

Strafgesetzbuch. Leipziger Kommentar, hrsg. v. H.-H. Jescheck, W. Ruß, G. Willms, Zu §§ 331—355, 357, 358, 10. Aufl., Berlin 1982 (zit. Verf. in LK)

Systematischer Kommentar zum Strafgesetzbuch (hrsg. v. H.-J. Rudolphi, E. Horn, E. Samson), Bd. 2, Frankfurt, Stand: Februar 1987 (zit. Verf. in SK StGB)

Thoma, R.: Rechtsgutachten betreffend die Stellung des Bundesverfassungsgerichts, JöR Bd. 6 (1967) n. F., S. 161 ff.
Trepper, A.: Richterbestechung (§ 334 StGB) und Rechtsbeugung (§ 336 StGB) unter Berücksichtigung auch der Strafrechtsreform, Diss. Erlangen 1914
Triepel, H.: Streitigkeiten zwischen Reich und Ländern. Festgabe für Wilhelm Kahl, 2. Beitrag, Tübingen 1923
Tschira, O./Schmitt Glaeser, W.: Verwaltungsprozeßrecht, 7. Aufl., Stuttgart, München, Hannover 1985 (zit. Tschira/Schmitt Glaeser)
Tüttenberg, H. P.: Die einstweilige Anordnung im verfassungsgerichtlichen Verfahren, Diss. Mainz 1968

Ule, C. H.: Beamtenrecht, Kommentar, Köln, Berlin, Bonn, München 1970
Verfassungsausschuß der Ministerpräsidenten-Konferenz der westlichen Besatzungszonen, Bericht über den Verfassungskonvent auf Herrenchiemsee vom 10. bis 23. August 1948, München 1948 (zit. Herrenchiemsee-Bericht)
Vogel, K.: Rechtskraft und Gesetzeskraft der Entscheidungen des Bundesverfassungsgerichts. Bundesverfassungsgericht und Grundgesetz, Festgabe aus Anlaß des 25jährigen Bestehens des Bundesverfassungsgerichts, Bd. I Verfassungsgerichtsbarkeit, S. 568 ff., Tübingen 1976

v. Weber, H.: Anmerkung zum Urteil des OGH BrZ, Köln, v. 15. 11. 1949, NJW 1950, S. 272 ff.
— Zum SRP-Urteil des Bundesverfassungsgerichts, JZ 1953, S. 293 ff.
Wenig, R.: Die gesetzeskräftige Feststellung einer allgemeinen Regel des Völkerrechts durch das Bundesverfassungsgericht, Berlin 1971
Wessels, J.: Strafrecht Allgemeiner Teil, 16. Aufl., Heidelberg 1986
Wintrich, J.: Schreiben an den Bundesminister der Justiz vom 28. Juli 1955, JöR Bd. 6 (1957) n. F., S. 208 ff.
— Schreiben an den Vorsitzenden des Ausschusses für Beamtenrecht Dr. Kleindinst vom 8. Februar 1956, JöR Bd. 6 (1957) n. F., S. 215 ff.
Wintrich, J. zus. mit Lechner, H.: Die Verfassungsgerichtsbarkeit, Die Grundrechte (hrsg. v. K. A. Bettermann, H. C. Nipperdey, U. Scheuner), Bd. 3 Hlbbd. 2 (1959), S. 643 ff. (zit. J. Wintrich/H. Lechner)
Wipfelder, H.-J.: Was darf ein Richter sagen?, ZRP 1982, S. 121 ff.
Wolff, H. J./Bachof, O.: Verwaltungsrecht II, 4. Aufl., München 1976 (zit. Wolff/Bachof)
Wuttke, H.: Wahlprüfungsentscheidungen als Angriffsgegenstand einer Verfassungsbeschwerde, AöR 96. Band (1971), S. 506 ff.

Zuck, R.: Das Bundesverfassungsgericht als Dritte Kammer, ZRP 1978, S. 189 ff.
Zweigert, K.: Juristische Interpretation, Studium Generale 7 (1954), S. 380 ff.